改革开放40年：中国经济发展系列丛书

伟大的飞跃：
中国能源发展40年

WEIDA DE FEIYUE

ZHONGGUO NENGYUAN FAZHAN 40 NIAN

国家发展改革委宏观经济研究院能源研究所◎著

人民出版社

总　序

2018 年正值我国改革开放 40 周年。改革开放是决定当代中国命运的关键抉择，开启了人类历史上最为波澜壮阔的工业化和现代化进程。40 年来，中国经济社会发生了翻天覆地的变化，取得了举世瞩目的成就。党的十八大以来，以习近平同志为核心的党中央带领全国人民迎难而上、开拓进取，取得了改革开放和社会主义现代化建设的历史性变革和决定性进展。

统计显示，从 1978 年到 2017 年，我国国内生产总值按不变价计算增长了 33.5 倍，年均增长 9.5%。人均国内生产总值由 385 元增长到 59660 元，扣除价格因素，增长了 22.8 倍，年均增长 8.5%，实现了由低收入国家向中高收入国家的跨越；农业综合生产能力大幅提高，工业发展突飞猛进，服务业快速增长，建立了全球最完整的产业体系，220 多种工业产品产量位居世界第一，成为世界第一制造大国，产业结构由 27.7 : 47.7 : 24.6 调整为 7.9 : 40.5 : 51.6，就业结构由 70.5 : 17.3 : 12.2 调整为 27.0 : 28.1 : 44.9，我国用 40 年时间走过了发达国家近 100 年的工业化历程；城镇化率从 17.9% 提高到 58.5%，城镇常住人口从 1.7 亿人增加到 8.1 亿人，城市数量从 193 个增加到 657 个。40 年来，我国新增的城镇人口相当于美国总人口的 2 倍、日本的 5 倍、英国的 10 倍；对外贸易额从不到 100 亿美元增加到 4.11 万亿美元，跃居世界第一贸易大国，累计吸引外国直接投资 1.9 万亿美元。

我国已全方位融合全球经济体系，成为推动世界经济增长的重要引擎；农村贫困人口减少 7.4 亿，占全球减贫人口总数的 70% 以上，农村贫困发生率下降 94.4 个百分点。城乡居民恩格尔系数分别从 57.5% 和 67.7% 下降到 29.3% 和 32.2%。人均预期寿命从 1981 年的 67.8 岁提高到 76.7 岁。人民生活从短缺走向充裕、从贫困走向小康和全面小康。更为可贵的是，改革开放 40 年来，中国共产党在领导推进经济发展过程中，不断深化规律性认识，形成了许多重要的经验和启示。

中国宏观经济研究院（国家发展和改革委员会宏观经济研究院，以下简称宏观院）作为改革开放的亲历者和见证者，多年来始终把为中央宏观决策和国家发展改革委中心工作服务作为立院之本和第一要务，参与了许多改革开放重大课题研究和文件的起草工作。值此改革开放 40 周年之际，宏观院集全院之力，组织撰写了《改革开放 40 年：中国经济发展系列丛书》（以下简称《丛书》）。内容涵盖宏观经济、投资、外经、产业、区域、社会、市场、能源、运输、体制改革等经济社会发展的各个领域，既是对过去 40 年经验成就的回顾和总结，也包含了对新时代中国特色社会主义发展的展望与思考。

在《丛书》写作过程中，王家诚、俞建国、石康、齐援军等同志对书稿进行了审阅把关，人民出版社对《丛书》出版给予了大力支持，在此一并表示感谢！

由于时间和水平所限，《丛书》内容难免有不足之处，敬请读者批评指正。

中国宏观经济研究院

《丛书》编委会

2018 年 10 月

前　言

改革开放以来，经过 40 年的砥砺奋进，我国能源发展实现了从弱到强的伟大飞跃，取得了举世瞩目的历史成就。能源作为国民经济发展的重要物质基础，供给能力不断增强，以 6 倍的供给总量增长支撑了 30 多倍的 GDP 增长；能源效率大幅提升，节能减排成效显著；能源科技创新持续进步，能源体制改革稳步推进，能源国际合作逐步深化。特别是党的十八大以来，随着能源发展主要矛盾由总量供给不足转变为高碳结构突出，我国实施了能源生产和消费革命战略，能源绿色低碳转型加速，清洁低碳能源正逐步成为供应主体，能源科技水平和装备制造能力接近世界前沿，能源治理体系现代化步伐加快，推动我国能源迈向高质量发展新阶段，将为生态文明建设和美丽中国目标实现提供坚实助力，有望在全球能源科技变革浪潮中发挥引领作用。

能源研究所成立于 1980 年，是我国第一个国家级能源政策研究机构。成立伊始，便投身到能源领域改革、开放、发展的大潮中，是改革开放 40 年我国能源发展的重要亲历者、见证者和践行者。长期以来，能源研究所贯彻为中央宏观政策决策和国家发改委中心工作服务宗旨，主持研究并参与起草了多个时期国家能源发展战略规划、节能减排综合性工作方案、控制温室气体排放工作方案等重大政策文件，在能源安全保障、能源法律法规、能源体制改革、绿色低碳发展、能源国际合作等方面为国家重大决策提供了重要支撑。同时，秉承开放办所理念，既承担国家有关部门安排的大量外事活动，在 G20 峰会、联合国 2030 年可持续发展议程、中美能效论坛、气候变化国际谈判等领域为国家外事工作积极贡献力量，又广泛开展国际合作交流，与国际能源署、世界能源理事会、联合国开发计划署、世界银行、美国哥伦比亚大学、意大利都灵理工大学等国际机构、多边组织、研究院所实现密切互动，还不断加大人才"引进来"和"走出去"力度，从牛津大学等世界著名高校引进人才，派遣科研人员赴劳伦斯伯克利实验室、亚太能源研究中心等机构访问学习，提升人才国际化水平。

党的十八大以来，能源研究所坚持以习近平新时代中国特色社会主义思想为指导，树牢"四个意识"，落实"两个维护"，紧紧围绕新时代党和国家重大战略部署，深入开展了《生态文明建设背景下我国能源转型研究》《推动能源供需两侧结构性改革研究》《依托"一带一路"深化国际能源合作研究》《京津冀及周边地区能源结构现状、预测及清洁能源保障方案》《长江经济带能源协同发展专题研究》《能源生产和消费革命的实现路径和机制研究》《中国 2050 高比例可再生能源发展情景暨路径研究》《重塑能源：面向 2050 年能源消费和生产革命路线图》等重大课题研究，为中央制定能源生产和消费革命、生态文明建设、区域协同发展等重大战略政策贡献力量，为我国能源迈向绿色低碳发展新路径、建设美丽中国宏伟目标添砖加瓦。

以此为基础，能源研究所组织老、中、青三代专家力量，文献搜集与亲历体会相照应，归纳总结与案例剖析相融合，完成了本书的编写工作。本书共安排 8 个章节，采取总分结构，系统回顾、总结改革开放 40 年以来我国能源发展历程、成就与经验。其中，第一章"改革开放 40 年能源发展取得巨大成就"，系统分析了改革开放 40 年来我国能源发展历程；第二章至第八章，从煤炭、石油天然气、电力、可再生能源、能源与环境、节能与提高能效、能源国际合作等七个领域，基于各个领域自身发展历程和特点，分析梳理了不同阶段改革举措、取得成就和改革经验。当然，能源领域改革开放历程涉及面广、问题复杂、难度颇大，限于作者研究水平所限，书中难免有不当和错漏之处，敬请批评指正。

　　本书编写工作自始至终得到了国家发展和改革委员会、国家能源局、国家发展和改革委员会宏观经济研究院以及国家发展和改革委委员会能源研究所领导、专家的指导与帮助，在此表示衷心的感谢！

国家发展和改革委员会能源研究所副所长

（主持工作）

王仲颖

2018 年 10 月

目　录

第一章　改革开放40年能源发展取得巨大成就

能源是人类社会生存发展的重要物质基础，攸关国计民生和国家战略竞争力。改革开放的40年，是我国能源事业取得巨大成就的40年，是我国能源管理体制从计划经济体制逐步向市场体制转变的40年，是我国能源投融资体制改革取得显著进展的40年，也是我国能源行业加强国际合作，贯彻"走出去""引进来"战略的40年。

一、改革开放40年来，我国安全稳定的能源供应和快速增长的能源消费总量，有力地支撑了国民经济高速成长

一是能源快速发展有力支撑全国经济高速增长。1978年我国一次能源消费总量5.7亿吨标准煤、能源生产总量6.3亿吨标准煤、发电装机容量5712万千瓦、全社会用电量2498亿千瓦时，到2017年，我国一次能源消费总量达到44.9亿吨标准煤、能源生产总量达到35.9亿吨标准煤、发电装机容量达到177703万千瓦、全社会用电量达到63077亿千瓦时。1978—2017年间，我国一次能源消费量、能源生产量、发电装机容量及全社会用电量年均分别增长5.4%、4.6%、9.2%和8.6%。同期，我国国内生产总值（GDP）由1978年

的 3679 亿元快速增长到 2017 年的 824828 亿元，按不变价格增计算，增长了 34.5 倍，年均增长 9.5%。我国能源及电力消费总量的快速增长，有力地支撑了经济社会的高速发展。

二是能源和电力消费促进区域经济优先发展。分地区看，能源消费总量和全社会用电量比较大的省份，经济增长规模也相对较大。广东、江苏、山东三省全社会用电量居全国前三位，三省经济总量也居全国前三位。从单位 GDP 电耗来看，如北京、天津、上海等产业结构相对优化的省份单位 GDP 电耗较低，北京市 2016 年万元 GDP 电耗不足 400 千瓦时，为全国最优。经济大省广东和江苏万元 GDP 电耗分别为 694 千瓦时 / 万元和 705 千瓦时 / 万元，均低于全国平均水平。

三是能源优化发展是经济高质量发展的重要特征。长期以来，我国一次能源消费与经济增长基本上同步，充分表明能源消费对经济增长的支撑作用。能源消费弹性系数反映了经济增长对能源消费的依赖程度。2000 年以来，我国能源消费随工业化、城镇化进程出现快速增长的阶段，一次能源消费呈现高速增长态势，个别年份能源消费弹性系数超过 1.5，表明该时期能源消费对经济增长的支撑作用加强。"十一五"时期，囿于我国加大节能减排力度、促进能源结构优化调整等政策实施，我国能源消费弹性系数年平均为 0.59。"十二五"时期我国能源消费弹性系数年平均为 0.45，一次能源消费总体进入低增长阶段，并逐步走向与经济增长脱钩的态势，我国经济发展也开始走向高质量发展阶段；从电力消费来看，我国电力消费与经济增长相关性非常强，总体在 0.8—1.0 之间，表明电力消费对我国经济增长的支撑作用，相对于一次能源消费的支持作用，经济增长对电力的依赖作用加强。

二、改革开放40年来，能源成为历次经济社会改革先行领域，能源领域每次改革都推动着我国社会的快速进步

党的十一届三中全会决定把全党的工作重点转移到社会主义现代化建设上来，国家开启了改革开放的伟大征程。伴随着我国改革开放进程，国家有序推进经济体制改革和促进社会革新，包括能源行业管理、能源国有企业改革等在内的能源体制改革得到逐步深化，能源行业大力推进政企分开，加快市场化步伐，形成了多元保障的新型能源工业体系。

回顾改革开放以来我国能源行业发展历程，可以说，在我国历次重大改革进程中，能源行业基本上都处于改革的先行领域，也是当前深化改革的重点领域。总体上看，40年来能源行业改革沿着由计划向市场，行业管理的"统"与"分"、重点能源企业在中央与地方间的"收"与"放"三条主线交叉展开。可分四个阶段：

第一阶段：改革开放初至我国社会主义市场经济初步确立时期（1978—1992年）。

这一时期是全面加强能源行业基础工作阶段，能源各行业不同程度和进度上实施政企分工，释放改革活力，开始由计划经济向有计划商品经济，再向社会主义市场经济转变。

煤炭行业转换经营机制、实施有水快流，提倡创汇争优，支撑经济社会快速发展。到1991年，我国煤炭出口首次超过2000万吨，达到2012万吨，有力地服务了改革开放大局。油气行业采取"引进来"方针、开启石油资源的对外合作，撤销石油工业部，相继组建海上、石化和陆上三个行政性总公司。1982年，成立了中国海洋石油总公司；1983年2月，成立中国石油化工总公司；1988年，国家

撤销石油工业部，成立中国石油天然气总公司。三大国家石油公司的成立，优化了资源的综合利用，强化了公司的生产经营责任，促进了中国石油工业的发展。电力体制改革经历了集资办电、拓宽建设资金渠道历程，缓解电力短缺制约经济发展的局面。全国电力装机由1978年的5712万千瓦，快速增至1992年的16653万千瓦，年均增长7.9%。

第二阶段：我国社会主义市场经济初步确立至走向新世纪全面开放时期（1993—2001年）。

以1992年邓小平同志南方谈话掀起新一轮改革开放大潮以及党的十四大初步确立社会主义市场经济为标志，至走向新世纪加入世界贸易组织、迎接经济全球化，这一时期能源领域改革走在社会主义市场经济改革的前列。

煤炭行业全面推动市场化改革，通过推行政企分开、放开煤炭价格、加速走向市场、有效构建新型煤炭工业体系。这一时期，煤炭价格在各能源行业中率先走上了市场化的道路，煤炭价格改革先后经历了由体制外到体制内、由计划外到计划内、由非电煤到电煤、由非重点合同到重点合同逐步放开的过程，煤炭行业发展迎来了加速改革时期。油气行业推进建立现代企业制度，走向全球化开放发展之路。国有三大公司重组改制，相继在纽约、伦敦、香港成功上市，进入了国际资本市场，初步构建起符合现代企业制度要求和国际资本市场准则规范的体制架构，中国石油石化工业对外开放进入了产权融合的新的历史时期。电力工业撤销行业专门行政管理部门，推进政企分开和现代企业制度建设。1996年和1997年，按现代企业制度组建的大型国有公司——国家电网建设有限公司和中国国家电力公司相继成立，标志着我国电力工业管理体制由计划经济向社会主义市场经济的历史性转折。

第三阶段："保障安全供应和转变发展方式"两手抓、两手硬，构建新型能源工业体系的阶段（2002—2012 年）。

2001 年我国加入世界贸易组织（WTO），面向更广阔的海外市场，我国迅速发展形成了外向型的经济体系，工业产品加速扩大出口，带动我国经济社会高速发展，我国能源行业也迎来了极速扩张的黄金十年期。这一时期保障能源供应安全、生产安全和运行安全的问题突出，导致煤炭产能及电力装机急剧扩张，同时转变能源发展方式和优化能源结构快速推进，要求加快能源及电力体制改革。

煤炭工业发展兼顾保障能源供应安全和转变发展方式。这一时期改革的重点是推进传统煤炭工业向现代煤炭工业的转变，推进煤炭经济发展方式转变。2013 年，全国煤炭产量 39.74 亿吨，是历史最高点。这一时期随着煤炭生产规模迅速扩大，带来了一系列的安全问题和管理体制改革瓶颈，国家随后对煤炭安全监督管理体制进行了改革，加强了安全生产投入，煤矿安全生产形势总体稳定、趋向好转。油气行业建立多元主体的市场结构。行政管理体制改革方面，加强了政府对行业的宏观管理。在市场化改革方面，取消了石油贸易专营权，取消部分投资准入的限制，促进市场结构发生重大变化，涌现出多元化的市场主体。以国有经济为主导、多种经济成分共同参与的市场结构初步形成。电力行业开启第二轮改革，重点采取厂网分开、主辅分离等模式。国务院颁布《电力体制改革方案》（国发〔2002〕5 号），明确重组发电和电网企业，实行竞价上网，从纵横双向彻底拆分国家电力公司，建立电力市场运行规则和政府监管体系等。优化能源结构及清洁发展政策需要，驱动可再生能源与核能快速发展。到 2012 年，我国并网风电装机达到了 6142 万千瓦，占全国发电装机总量的 4.4%，太阳能发电装机容量达到 341 万千瓦，核电装机容量达到 1257 万千瓦。

第四阶段：全面深化改革、减量绿色发展阶段（2013 年以来）。

2013 年以来，我国经济社会发展出现了重大的调整，面临经济增速换挡期、结构调整阵痛期、前期刺激政策集中消化期的"三期叠加"。面对新时代新情况，党中央提出了全面深化改革的总体部署。我国经济开启从高速增长到高质量发展转变，能源需求增速回落。同时，全球能源供应能力显著增强。我国能源行业的内外部环境发生了重要转变，部分产品供应过剩，煤炭企业利润下降，全行业亏损加剧。2016 年国家出台了《能源生产和消费革命战略（2016—2030 年）》（发改基础〔2016〕2795 号），作为指导我国中长期能源发展的纲领性文件。

煤炭行业去产能成为能源领域供给侧结构性改革的重点抓手，也是我国供给侧结构性改革的主战场。2016 年，我国以供给侧结构性改革为主线，大力推动煤炭行业去产能，出台系列政策措施。积极引导煤炭企业加快退出落后产能，总体上推动行业结构优化，调控煤炭供需平衡。2016 年全年煤炭产量 34.1 亿吨，比 2013 年最高点下降了 5.6 亿吨。尽管 2017 年全国煤炭产量略有增长，但产能扩张态势已经不再。油气领域开启新一轮改革。2012—2016 年，国际原油价格急剧下跌，国内煤炭、石油、天然气等资源性产品价格也总体走低，为我国能源资源管理体制改革营造了宽松环境。在此过程中，国家出台了相关的改革政策及措施，一是开放油气资源勘探开发市场。二是扩大能源矿业权竞争性出让范围。三是推进能源矿产资源税费制度改革。电力体制改革在全面深化改革的背景下进入了新的探索。这一时期国家出台《关于进一步深化电力体制改革的若干意见》（中发〔2015〕9 号），以"放开两头、管住中间"为体制框架，涉及电价改革、电网独立、放开市场等一系列核心环节，加速推进了全国电力体制改革。

三、改革开放 40 年来，我国不断借鉴国外先进技术和推动国内能源技术创新，促进能源技术变革走了一条从跟跑，到并跑，再到部分领域领跑的创新驱动发展之路

从能源技术发展来看，改革开放之初，我国能源技术体系全面落后于主要发达国家，经过 40 年发展，我国能源技术水平得到大幅提升，尤其是近年来，随着我国能源产业快速发展，能源科技创新能力不断增强，在很大一部分领域跟上了国际先进水平，在部分领域已建立了具有国际竞争力的能源装备技术产业，部分能源技术甚至达到了世界领先水平，有力保障了国家能源安全和能源结构优化，但与能源科技强国相比，仍存在原创和核心技术缺乏等问题挑战。表现在，一是化石能源资源深度勘探和绿色开采技术取得进展。二是新能源和可再生能源技术逐步成熟。三是先进节能技术与发达国家差距明显缩小。四是能源基础设施及集成配套应用技术也明显进步。

四、当前，世界能源格局深刻调整，供求关系总体缓和，应对气候变化进入新阶段，新一轮能源革命蓬勃兴起，我国能源发展正同时面对能源安全保障、能源环境治理和应对全球气候变化的三大问题的严峻挑战

从我国现实来看，保障能源供应安全、消除能源开发利用带来的环境污染，以及应对全球气候变化问题，即安全发展、清洁发展

和低碳发展问题，是我国能源发展的三个核心问题。主要发达国家曾从容有序解决前两个问题，现在正集中应对第三个问题，与之完全不同，我国现在同时面对三个问题严峻挑战，呈现三步并作一步走之艰难局面。

一是安全发展问题是要一以贯之去化解的问题。2017年我国石油对外依存度接近70%，天然气对外依存度达到40%。我国进口油气供应安全，事实上主要依赖以美国为主导的国际能源安全体系来实现的，未来，这种保障体系的不确定性会越发凸显。如何参与、改良并完善这种保障体系，进而保障能源进口安全是我们面临的长期挑战。二是清洁发展问题是要重中之重去应对的问题。长期以来，能源开发利用是造成我国环境污染和生态恶化的重要原因，煤炭开发利用是我国能源引起的生态环境破坏的主体，煤炭分散燃烧是煤炭利用产生污染物排放的主体。如何实现能源清洁发展，是我国当前及今后一段时期生态文明建设"瓶颈"所在。三是低碳发展问题是要着眼长远去解决的问题。2014年全球CO_2排放355亿吨，其中我国高达97.6亿吨，占全球的1/4以上，燃煤贡献了主要的CO_2排放量。在此大背景下，我国承诺的"国家自主贡献"提出将于2030年左右使CO_2排放强度比2005年下降60%—65%，实现CO_2排放峰值并力争尽早达峰。我国这一低碳发展决策，是应对全球气候变化主动而为之、力争跟上并引领低碳发展潮流的战略抉择。

当前，国家在推动能源革命过程中，要针对各种问题不同紧迫程度和危害程度，采取相应策略性手段和措施。今后十年，尤其是"十三五""十四五"时期要集中力量全面治理环境污染，推动实现清洁发展。

五、未来，我国能源革命将加速推动能源技术变革，推动清洁低碳、安全高效发展，引领走向自能源时代

在《能源生产和消费革命战略（2016—2030年）》中，明确提出"超前研究个体化、普泛化、自主化的自能源体系相关技术"，这是官方文件中首次提出"自能源体系"。

所谓自能源体系，就是通过各种先进技术应用，使得未来的每一个单体，无论是一个人、一件物品、一幢建筑、一个大型平台，或在能源开发传输利中过程中可以简化为单体的每一个系统或子系统，都既是能源生产者，也是能源消费者，且能源供应与消费可以先自身平衡，然后通过更高层次系统参与外部供需平衡，也可以根据经济学规律和市场要求，便捷地先与外部供需平衡。能源的传统与信息传输一样便捷、经济和适用。可以设想未来能源发展的一个场景：未来某一个人在户外运动，他的衣服、裤子、帽子甚至体表涂的防晒霜类等都可以自动吸收他运动产生的热量，光照、微风吹过的能量，然后自动收集储存，这些能源可以用于给自己的智能设备（如手机、人机辅助设备）充电、给关节热敷治疗，也可以与外界交易、捐赠等。其他部门，如交通汽车、建筑物也将如此。

在这样一个自能源体系中，电力是能源传输的载体，可再生能源及分布式利用将成为开发利用层面最宽广的方式，能源发展自然是绿色低碳可持续的。但这需要各种技术方面的突破。

第二章 煤炭：支撑中国经济社会高速发展

　　中国是世界上开发利用煤炭最早的国家。中国先秦古籍《山海经》中称煤为"石涅"[①]，并记载了几处"石涅"产地，经考证都是现今煤田的所在地，例如书中所指"女床之山"，在华阴西六百里，相当于现今渭北煤田麟游、永寿一带，表明中国早在战国时代之前就已发现和开始用煤炭资源。在汉代的一些史料中，有现今河南六河沟、登封、洛阳等地采煤的记载（黄毅等，2009）。当时煤炭不仅用于取暖、炊事，而且也是煮盐、炼铁的燃料。汉朝以后，称煤为"石墨"或"石炭"，煤炭进一步得到利用。可见中国劳动人民不仅有悠久的用煤历史，而且积累了丰富的找煤经验和煤田地质知识，在现代地质学诞生之前，就已经创造出在当时具有一定水平的煤田地质科学技术。尽管很早发现和使用煤炭，但直到新中国成立之前，中国煤炭工业发展一直都很缓慢。1949 年新中国成立后，中国煤炭工业在十分薄弱的基础上开始了艰难起步，初步建立起计划经济时代完整的煤炭工业体系，并在曲折发展中，获得不断进步。

　　改革开放以来，伴随着国家经济体制、能源管理体制、国有资产管理体制的改革，煤炭工业逐步深化改革，推进政企分开，加快

[①]《山海经·西山经》："西南三百里曰女床之山，其阳多赤铜，其阴多石涅。"

市场化步伐，形成了新型煤炭工业体系，煤炭行业管理体制变革沿着由计划向市场，行业管理的"统"与"分"、重点煤炭企业在中央与地方间的"收"与"放"三条主线交叉展开。有力支撑了改革开放以来中国经济社会的高速发展，也极大支撑了世界经济和平稳定发展。

第一节 由计划经济走向市场经济，构建新型煤炭工业体系

党的十一届三中全会确定我国工作重点转移到经济建设上来，国家开启了改革开放的伟大征程。我国煤炭工业迎来了从传统计划经济模式走向市场经济模式的艰难转型阶段。可分四个阶段：

一、第一阶段：全面加强煤矿基础工作阶段（1978—1992 年）

这一阶段国家积极释放改革活力，煤炭行业转换经营机制、实施有水快流，提倡创汇争优，支撑经济社会快速发展。

改革开放调动了人民的积极性，释放了经济发展活力。"文化大革命"造成了煤炭矿区与矿井接替脱节、后劲不足、安全欠账多、煤炭供应短缺等一系列问题。针对这些问题，1979—1980 年，我国煤炭工业开始了全面调整和整顿，取得了较大成效。尽管如此，我国煤炭产量远不能满足经济社会的发展需要，为了缓解国内煤炭供应不足的矛盾，我国煤炭工业调整发展思路，采取有水快流、大中小煤矿并举的发展方针。1982 年党的十二大后，为实现"煤炭

翻一番保经济翻两番"的战略目标，煤炭行业在生产经营、工资分配、销售、用工等方面进行了积极探索，国家也大力推动了煤炭行业管理体制改革，为全面改革发展奠定了基础。1983 年 4 月，国务院批转煤炭部发布《关于加快发展小煤矿八项措施的报告》，坚持"两条腿走路"。这些政策的出台，极大地促进了乡镇小煤矿的发展，1984 年，乡镇小煤矿产量比上年增加 4300 多万吨，超过国家统配煤矿的产量。从 1985 年开始，对原统配煤矿实行投入产出总承包。实行总承包增加企业经济效益，调动了企业的生产积极性，煤炭产量稳步增长，企业发展能力明显增强，经济技术指标有较大的提升。到 1994 年国有重点煤矿产量达到 4.89 亿吨，较 1984 年增长近 1 亿吨。同时，为保障对外开放引进技术的需要，煤炭工业还大力提倡创汇争优，加大煤炭产品出口，换取改革开放之初宝贵的外汇资源，支援其他部门经济建设。到 1991 年，我国煤炭出口首次超过 2000 万吨，达到 2012 万吨，有力地服务了改革开放大局。

二、第二阶段：全面推动煤炭市场化改革推动构建新型煤炭工业体系阶段（1993—2001 年）

这一阶段，随着社会主义市场经济制度逐步全面确立，煤炭行业推行政企分开、放开煤炭价格、加速走向市场、有效构建新型煤炭工业体系。

以 1992 年邓小平同志南方谈话掀起新一轮改革开放大潮，以及党的十四大初步确立社会主义市场为标志，煤炭行业发展迎来了加速改革时期。这一时期，随着多种经济形式的煤炭企业出现，以及社会主义市场经济建设的逐步深入，煤炭价格在各能源行业中率先走上了市场化的道路。我国做出了逐步放开煤炭价格、取消补贴、把煤炭企业推向市场的重大决策，煤炭价格改革先后经历了由体制外到体制内，由计划外到计划内，由非电煤到电煤，由非重点合同到重点合同逐步放开的过程。

1992 年 7 月国家试点放开煤炭价格的同时又对电煤实行政府指导价，煤炭价格实际上是放而不开，价格水平一直较低。真正到 1993 年底，国务院作出三年放开煤价，三年抽回亏损补贴，把煤炭企业推向市场。1995 年放开了非发电用煤价格，同时对电煤实行指导价政策，形成了煤炭价格"双轨制"。此后，由于电力体制改革滞后，形成煤电矛盾，煤炭价格在后来的改革进程中逐步走向市场。如 2002 年，取消电煤指导价政策，政府对"重点合同"电煤价格进行协调，其他煤炭价格完全由市场决定；2006 年延续了 40 年之久的煤炭订货会改名为全国煤炭产运需衔接合同汇总会，以价格谈判为主的订货会宣告结束，煤炭价格改革终告一段落。

在逐步放开煤炭价格管制的同时，国家进一步通过实行政企分开，自负盈亏，扩大企业的市场经营自主权等政策措施，推进煤炭工业向市场经济体制转变。这一时期，煤炭工业坚持以经济效益为中心，以扭亏增盈为目标，进一步落实企业自主权，努力建立产权清晰、权责分明、政企分开、管理科学的现代企业制度；实施以产定人、减员增效、下岗分流，转换企业经营机制，加快建设高产高效矿井，提高企业管理水平。如 1993 年，为解决政企不分问题，撤销中国统配煤矿总公司，将其行政职能组建煤炭工业部，并在职能方面出现以下变化：取消原总公司指令性生产计划，改为行政指导性计划；不干预企业生产经营活动，逐步取消统配煤炭指令性分配计划，放开煤价，培育和发展煤炭市场。1998 年 6 月，将煤炭工业部改组为国家经济贸易委员会管理的国家煤炭工业局；明确将国有重点煤矿下放给地方，增强地方人民政府和社会中介组织的功能。此后，尽管我国煤炭管理机构不断发生变化，但其职能主要围绕煤炭工业的宏观调控和产业政策的制定，而不再干预企业的生产经营决策。

20 世纪 90 年代中后期，随着国内煤炭产量增加，加之受亚洲金融危机和国内外市场变化影响，国内煤炭市场严重供大于求，全行业陷入困境，煤炭行业一些深层次矛盾开始显现。为此国家大力推进煤炭行业管理体制改革，下放中央管理的国有重点煤矿，加快煤炭行业改革和结构调整。重点是注重制度创新、机制转换、解决结构性矛盾等深层次问题。如 1998 年撤并煤炭工业部后，94 个国有重点煤矿，176 个企事业单位、320 万职工和 133 万退休人员全部下放到地方管理。下放煤炭管理权限，达到深化体制改革、转变政府职能、发展社会主义市场经济的目标。同时，针对管理权下放、小散乱严重等问题，加强了整改过程，实行了关产压井等政策措施。面对各类非法、违法小煤矿的乱采滥挖、扰乱煤炭生产和经营秩序、资源回采率低、资源浪费严重、安全事故居高不下等严峻局面，以及当时煤炭产能严重过剩的现状，1998 年 12 月，国务院专门下发《关于关闭非法和布局不合理煤矿有关问题的通知》（国发〔1998〕43 号），严格实行关井压产措施，计划用一年时间关闭小煤矿 2.58 万处，压产 2.5 亿吨。全国小煤矿由 1998 年的 8 万多个减少到 2001 年的 2.2 万个左右，1998 年至 2000 年煤炭产量一路下降，由 1998 年的 12.5 亿吨降至 2000 年的 10.0 亿吨。实行关产压井，初步实现优化煤炭工业结构，促进煤炭工业健康发展。

三、第三阶段："保障安全供应和转变发展方式"两手抓、两手硬，构建新型煤炭工业体系阶段（2002—2012 年）

2001 年我国加入世界贸易组织（WTO），面向更广阔的海外市场，我国迅速发展形成了外向型的经济体系，工业产品加速扩大出口，带动我国经济社会高速发展。作为支撑经济社会发展的能源产品，也迎来了极速扩张的黄金十年期。这一时期保障能源供应安全、生产安全和运行安全的问题突出。煤炭生产规模迅速扩大，带来了一系列的安全问题和管理体制改革瓶颈，为解决这些问题，国家组建了相关安全生产监督管理机构、出台了系列改革政策，总体推进煤炭工业朝向保障安全供应和发展方式转变共同进步。

这一时期，为了加强煤炭安全生产管理监督工作，2001 年，组建国家安全生产监督管理局，与国家煤矿安全监察局一个机构、两块牌子。2005 年 2 月，成立煤矿瓦斯防治部际协调领导小组，建立健全煤矿瓦斯防治工作体系，基本形成了左右协调、上下联动的组织网络。成立了煤矿瓦斯防治部际协调领导小组，27 个产煤省（区、市）也都成立了煤矿瓦斯防治工作领导小组，实行领导负责制。煤矿安全生产形势总体稳定、趋向好转。

为贯彻落实党的十六届三中全会《关于完善社会主义市场经济体制若干问题的决定》，国家进一步改革煤炭投资体制，建立和完善国有资产监管体制，推行资源有偿使用制度，改革煤炭订货会制度，实施煤电价格联动，市场配置资源的基础性作用逐步发挥。2005 年、2006 年，国务院陆续颁布《关于促进煤炭工业健康发展的意见》（国发〔2005〕18 号）、《关于深化煤炭资源有偿使用制度改革试点实施方案》（国函〔2006〕102 号）、《关于在山西省开展煤炭工业可持续发展政策措施试点的意见》（国函〔2006〕52号）等，明确要逐步实行煤炭矿业权有偿取得制度，逐步形成矿业权价款市场发现机制，实现矿业权资产化管理；建立矿产资源补偿费、探矿权、采矿权使用费动态调整机制；建立煤矿矿山环境治理和生态恢复责任机制，预提矿山环境治理恢复保证金；逐步建立煤炭可持续发展基金、煤矿转产发展基金。

在这一阶段，煤炭行业全面加强了煤炭资源管理，加快建设大型煤炭基地；实施企业办社会职能分离，推进企业内部改革；加快产业结构调整，促进煤炭安全生产形势好转；积极推进科技进步，逐步建立自主创新体系；开展山西煤炭工业可持续发展试点，逐步完善煤炭法规政策体系；建设和谐矿区，全面提高企业素质；战胜自然灾害，努力确保煤炭安全供应；改革政府管理部门，加强行业管理等，这些改革措施有效推动构建了中国新型煤炭工业体系。到2013年，全国煤炭产量39.74亿吨，成为历史最高点。总体上看，这一阶段改革的重点是推进传煤炭工业向现代煤炭工业的转变，推进煤炭经济发展方式转变。

四、第四阶段：全面深化改革、减量绿色发展阶段（2013年至今）

2013年以来，我国经济社会发展出现了重大的调整，面临经济增速换档期、结构调整阵痛期、前期刺激政策集中消化期等"三期叠加"。我国经济开启从高速增长到高质量发展转变。经济增速的下降，导致对能源原材料的需求大幅下降。同时，我国经济发展速度变化，也影响到全球经济发展预期，带动全球大宗商品供应相对过剩、价格下降，加之全球能源供应能力显著增强，我国能源尤其是煤炭行业的外部环境发生了重要转变，产品供应过剩，企业利润下降，全行业亏损加剧。

2013 年 11 月，党的十八届三中全会审议通过的《中共中央关于全面深化改革若干重大问题的决定》，提出了全面深化改革的总体部署。是我国在新的历史起点上全面深化改革的科学指南和行动纲领。2014 年 6 月，习近平总书记在中央财经领导小组第六次会议上，从推进能源消费革命、供给革命、技术革命、体制革命和全方位加强国际能源合作等方面，详细阐述了推进我国能源生产和消费革命的内涵。2016 年国家出台了《能源生产和消费革命战略（2016—2030 年）》（发改基础〔2016〕2795 号），作为指导我国中长期能源发展的纲领性文件。2016 年，为贯彻落实全面深化改革总体部署，面对煤炭行业全面亏损状况，我国以供给侧结构性改革为主线，大力推动煤炭行业去产能，出台了《国务院关于煤炭行业化解过剩产能实现脱困发展的意见》（国发〔2016〕7 号），随后出台了系列配套政策措施，地方也出台了相应的煤炭行业去产能政策措施。

2016 年以来，国家大力推进煤炭行业供给侧结构性改革政策措施，促进了煤炭行业减量、清洁、安全、有序发展，为推动能源生产和消费革命，构建现代能源体系打下了坚实基础。全国煤炭产量在 2014 年同比下降 2.5% 和 2015 年下降 3.3% 的基础上，2016 年再次下降 9.0%。2016 年全年煤炭产量 34.1 亿吨，比 2013 年最高点下降了 5.6 亿吨。2017 年全国煤炭产量略有增长，煤炭行业的经营形势得到显著好转。2016 年全年累计利润总额为 1090.9 亿元，同比增长 223.6%，煤炭采选业利润总额占采矿业利润总额的 60%。2017 年延续并扩大了 2016 年的势头，全年煤炭采选业利润总额达到 2959.3 亿元，比上年增加近 2000 亿元，是上年同期的 2.7 倍，占采矿业利润总额的 63.7%。同期，石油和天然气、黑色金属、有色金属和非金属采选业利润总额仅分别为 391.9 亿元、413.0 亿元、527.2 亿元和 354.0 亿元，分别占采矿业利润总额的 8.4%、8.9%、11.3% 和 7.6%。但从历史数据看，2017 年的煤炭采选业利润总额仍未达到 2012 年水平。从煤炭采选业固定资产投资来看，2017 年全年煤炭采选业固定资产投资总额 2648 亿元，同比减少 12.8%，较 2012 年最高峰时下降了一半左右（图 2-1），表明煤炭行业经过前些年非理性投资、近年来去产能政策等过程，行业发展回归理性。

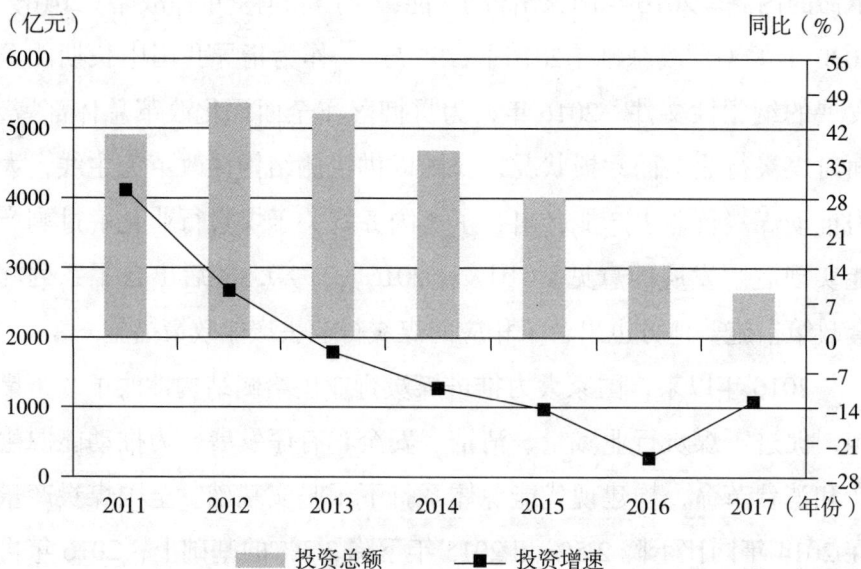

图 2-1　近年煤炭采选业固定资产投资总额及增速

数据来源：国家统计局。

为加快推动煤炭企业兼并重组转型升级，2017 年底，国家发改委联合其他 11 个部委出台《关于进一步推进煤炭企业兼并重组转型升级的意见》（发改运行〔2017〕2118 号），进一步明确了兼并重组目标。我国煤炭的产业集中度和区域集中度都有较大提高。

从煤炭产业集中度来看，尽管近年来我国大型煤炭企业保持较快发展，生产集中度不断提高，但总体产业集中度仍低于世界上主要煤炭生产国家。2015 年，我国亿吨级煤炭企业数量 9 家，分别为神华、同煤、中煤、山东能源、陕煤化、兖矿、山西焦煤、冀中能源、河南能源，前四家企业的产量占全国煤炭总量的比重为 23.6%，即 2015 年 CR_4 指数为 23.6%；前八家企业的产量占全国煤炭总量的比重为 35.5%，即 CR_8 指数为 35.5%，比 2010 年提高 5.4 个百分点。而 2011 年，美国、澳大利亚、俄罗斯、印度等四个主要产煤国煤炭产业 CR_4 指数分别为 67.32%、55.5%、93.5%、82.2%。回望煤炭行业发展历程，煤炭行业最困难、受伤害最大时期是 1998—2000 年和 2012—2015 年这两个时期，这两个时期都是煤炭生产严重过剩期。研究表明，煤炭产业集中度过低，既是我国煤炭粗放式发展的重要表现，也是造成这两个时期生产无序扩张的重要原因。世界主要煤炭生产国的产业集中度都比较高，这是资源采掘业的本质属性决定的。在我国煤炭行业长期减量发展态势下，产业集中度的提升，可以有效应对或缓解未来行业收缩带来的一系列经营及社会风险。

从主要省份来看，2017 年我国产量超过 1 亿吨的省区有八个，分别为内蒙古、山西、陕西、贵州、新疆、山东、河南和安徽，全年产量分别为 8.75 亿吨、8.55 亿吨、5.5 亿吨、1.5 亿吨、1.45 亿吨、1.29 亿吨、1.16 亿吨和 1.1 亿吨，合计 29.3 亿吨，占全国总产量的 85.1%，其中内蒙古、山西和陕西产量 22.8 亿吨，占全国比重为 66.2%，比上一年增加约 4 个百分点，显示全国煤炭生产不断向晋陕蒙地区集中（图 2-2）。

（亿吨）

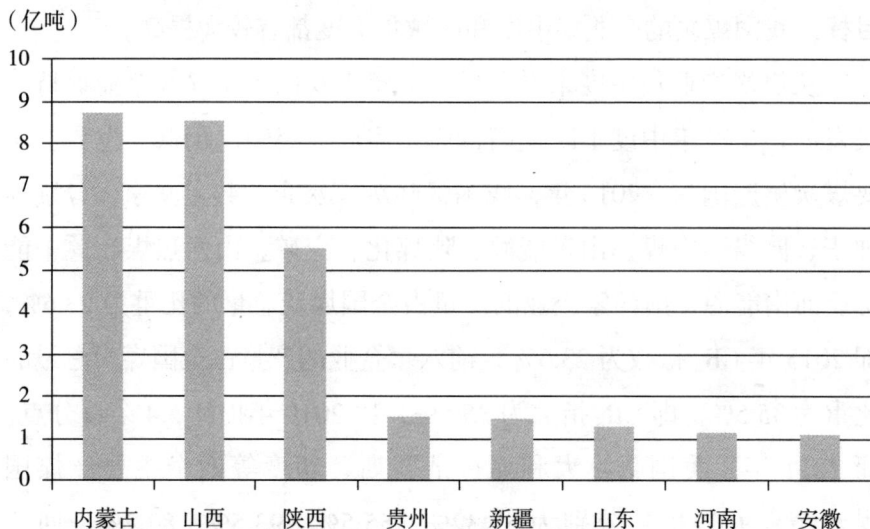

图 2-2　主要省区 2017 年煤炭产量

第二节　黑金能源支撑中国经济高速发展，
也带来巨大问题

一、煤炭是中国最丰富的能源资源

煤炭是我国主要的一次能源资源。从我国一次能源资源来看，根据多年地质勘探工作的成果测算，我国常规能源（包括煤炭、石油、天然气和水能，水能按使用 100 年计算）探明（技术可开发）总储量约 8270 亿吨标准煤，剩余可采储量 1572.3 亿吨标准煤，约占世界总量的 10%。其中：煤炭 1636.9 亿吨，占 62.5%；石油 21.6 亿吨，占 1.7%；天然气 2.9 万亿立方米，占 2.1%；水力资源 1.75 万亿千瓦时（按可重复使用 100 年计算），占 33.7%。我国常规能源资源的构成决定了煤炭是我国最主要的能源资源。

尽管从全球来看，中国煤炭资源仅占全球的 12.8%，不足美国（26.6%）和苏联地区（25.6%）的一半。但从国内能源资源禀赋来看，煤炭是中国最为丰富的能源资源，储量多，分布广，煤种齐全，具有广阔的开发远景。

根据中国第三次煤炭资源预测资料，中国垂深 2000 米以浅煤炭资源总量为 5.57 万亿吨，其中，新疆、内蒙古、山西和陕西共约占 78%；1000 米以浅煤炭资源量为 2.86 万亿吨，其中，新疆、内蒙古、山西和陕西共约占 80%。据中国土资源部《全国矿产资源储量通报（2016）》，截至 2015 年，1000 米以浅煤炭查明资源储量为 1.57 万亿吨，查明程度 55%。其中前四位的内蒙古、新疆、山西和陕西共约占 78%；前十位还包括贵州、河南、云南、宁夏、甘肃和安徽，10 省区占全国煤炭查明资源储量的 92% 以上（图 2-3）。

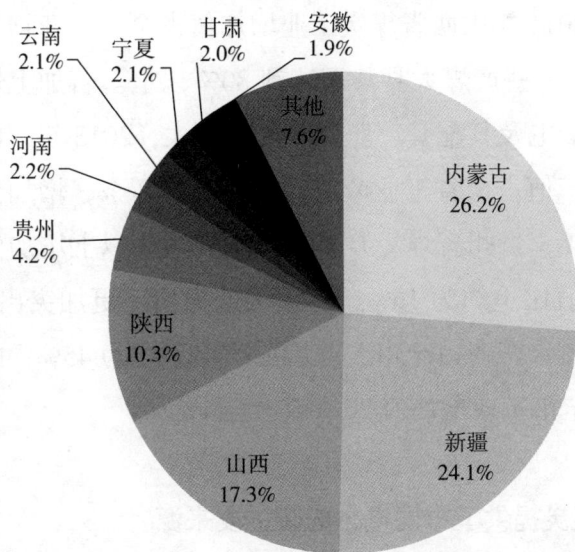

图 2-3 中国煤炭资源分布

二、煤炭对中国经济社会高速发展提供巨大支撑

改革开放以来，我国经济长期保持高速增长态势，1979 年至 2017 年，我国国内生产总值（GDP）年平均增长 9.5%，累计增长了 33.5 倍，尤其是第二产业 GDP 年平均增长 10.7%，累计增长了 52.3 倍。同期，我国一次能源消费增长 6.86 倍，煤炭消费增长了 5.7 倍，显然我国经济增长与能源及煤炭的支撑是分不开的。

（一）煤炭及相关产业是全国部分省市的重要产业

煤炭及相关产业是资源性产业，对我国经济增长贡献巨大，是我国的重要产业。根据谢和平等人（2012 年）研究结果表明，"十一五"期间，中国煤炭生产和主要用煤行业对 GDP 总量和增量的总贡献率分别为 15% 和 18% 左右。从部分省份来看，煤炭及相关产业更是支柱性产业。如长期以来山西省工业产业"一煤独大"特征明显。2011 年山西省煤炭工业增加值占全省工业增加值的比重高达 63.4%，一些产煤大县甚至达到 80% 以上。若加上煤炭相关产业，如煤焦冶电及其配套产业等则占比更大，2013 年，山西省煤炭及相关产业产值占全省工业产值的比重高达 86%，增加值占比高达 94%。2016 年，贵州省煤炭开采和洗选业规模以上增加值占规模以上工业增加值比重约为 16%。有些市这种情况更加突出，2017 年，鄂尔多斯市煤炭产业占全市工业增加值比重约为 45%，山西阳泉市煤炭产业占全市工业增加值 70% 以上。

（二）煤炭提供了中国电力的最主要来源

燃煤发电是中国最主要的电力来源。2012 年以前，中国燃煤发

电量占全国发电总量的比重长期处于 3/4 以上。2012 年以来，随着能源结构优化及调整力度加大，加快推进能源生产和消费革命等，非煤发电量的比重不断上升，燃煤发电比重不断下降，至 2017 年，燃煤发电量占全国发电总量的比重下降至 64.5%（图 2-4）。

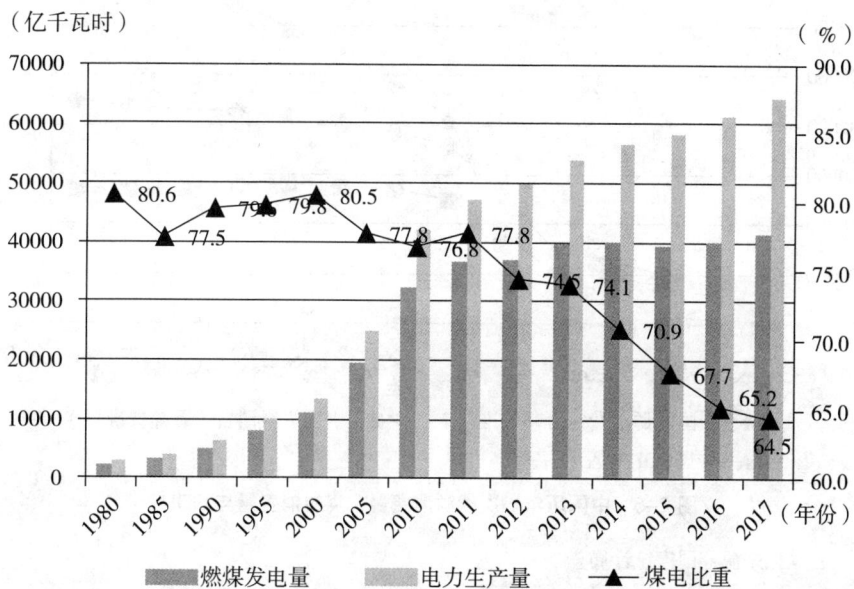

图 2-4　燃煤发电量及占中国发电总量的比重

（三）煤炭是主要能源品种，有力支撑经济高速增长

长期以来，煤炭生产占中国一次能源生产的 3/4，煤炭消费占中国一次能源消费的 60% 以上。1980—2013 年，中国以一次能源消费年均增长 6.0%、煤炭消费年均增长 6.1%，支撑了经济年均增长 9.9% 的增速（图 2-5）。中国经济的高速发展，有力地带动世界经济繁荣发展。

无论从电力供应还是一次能源供应来看，可以说正是由于煤炭资源的大规模开发利用，才支撑了中国能源及电力的供应安全，有效地保障了中国经济社会的高速发展。

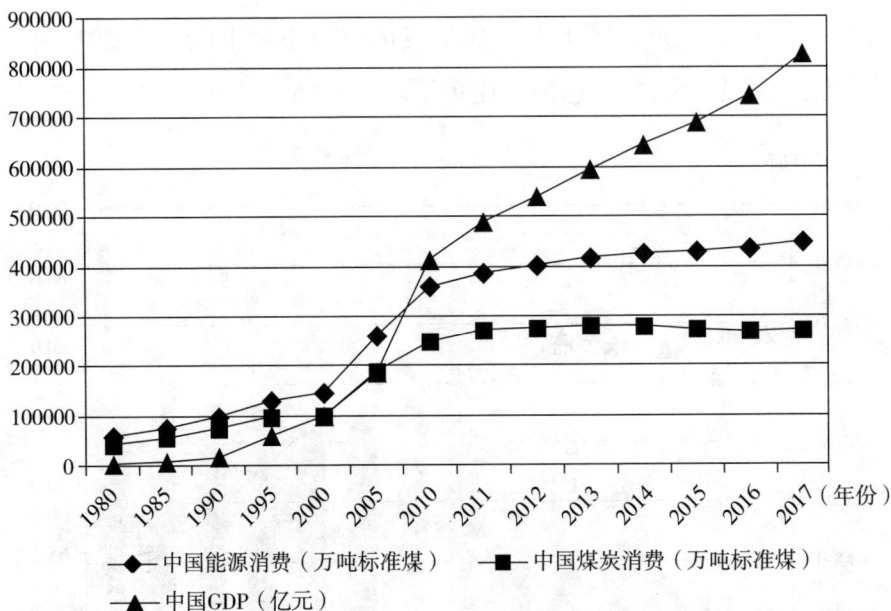

图 2-5　中国历年一次能源消费量、煤炭消费量与 GDP

数据来源：国家统计局。

三、煤炭开发利用也造成了中国环境与生态的极大恶化

长期以来，中国煤炭粗放的生产和利用方式，造成了严重的资源浪费、环境污染和生态破坏。第一，中国煤炭开发利用造成大量的资源浪费。在煤炭生产过程中，煤炭资源、矿井水资源、煤层气资源及共伴生矿产资源浪费情况严重；在煤炭的储存、装卸和运输过程中，常常产生煤炭自燃、煤炭散落、煤尘飘散，导致煤炭资源大量损失；在煤炭的利用过程中，部分由于效率低下，造成严重浪费。第二，煤炭开发利用导致恶劣的环境污染。一是粗放式煤炭生

产导致区域性环境破坏。如煤炭开采破坏和压占土地、造成植被破坏和水土流失、导致大量污水排放和重金属污染。二是不到位的贮运管理方式造成环境污染。如堆贮中煤的自燃、扬尘等形成污染等。三是低下的利用效率，产生了恶劣的环境污染。如，燃煤排放大量二氧化硫（SO_2）产生酸雨天气；产生大量氮氧化物（NOx）加重酸雨和大气污染；燃煤释放大量悬浮颗粒物，形成严重雾霾天气；燃煤产生大量的重金属环境污染等。第三，煤炭开发利用产生严重的生态破坏。一是煤炭不合理布局及保护性开发缺乏，加重了生态脆弱区的压力。二是煤炭利用产生的酸雨天气，严重破坏了生态系统。三是高碳能源本身及不成熟二氧化碳（CO_2）处理技术，加剧全球气候变化。如中国每年约 80% 的二氧化碳排放量来自燃煤，作为温室气体，二氧化碳的大量排放，加剧了全球气候变化进程。

四、低碳发展已经成为世界潮流，中国煤炭发展面临困局

长远看，煤炭能源被其他能源品种替代、绝对量的减少煤炭消费量是主要国家发展重要趋势。第一，共同应对气候变化推动减排是发展大势。作为高碳化石能源，煤炭的大量消费带来了大量二氧化碳等温室气体排放，2014 年全球二氧化碳排放 355 亿吨，其中中国高达 97.6 亿吨，占全球的 1/4，燃煤贡献了中国主要的二氧化碳排放量（表 2–1）。气候变化已经是全人类面临的共同挑战。《联合国气候变化框架公约》生效 20 多年以来，全球应对气候变化工作取得众多积极进展。2015 年 11 月召开全球气候变化巴黎大会，在共同应对全球气候变化大背景下，中国承诺的"国家自主贡献"中提出将于 2030 年左右使二氧化碳排放强度比 2005 年下降 60%—65%，实现二氧化碳排放峰值并力争尽早达峰，非化石能源占一次能源消

费比重达到 20% 左右。

表 2-1　世界及主要国家二氧化碳排放

单位：亿吨 CO_2，%

	2000 年	2005 年	2010 年	2011 年	2012 年	2013 年	2014 年	2014 年占比
世界	255.01	302.79	334.71	344.13	348.19	353.12	354.99	100
中国	35.14	63.26	84.72	92.06	94.15	96.74	97.61	27.5
美国	63.77	64.95	61.43	60.01	57.86	59.41	59.95	16.9
印度	9.53	11.80	16.40	17.04	18.55	19.31	20.88	5.9
俄罗斯	15.58	15.95	16.46	17.10	17.17	16.83	16.57	4.7
日本	13.33	14.05	13.12	13.14	13.98	13.86	13.43	3.8
德国	9.04	8.80	8.35	8.11	8.27	8.46	7.99	2.2
韩国	5.29	6.02	7.14	7.54	7.61	7.68	7.68	2.2
沙特	3.30	4.22	5.65	5.78	6.13	6.18	6.65	1.9
伊朗	3.53	4.71	5.95	6.20	6.21	6.33	6.50	1.8
加拿大	5.94	6.36	6.12	6.23	6.13	6.20	6.21	1.7
巴西	3.56	3.84	4.80	5.01	5.19	5.59	5.82	1.6
印尼	2.87	3.59	4.53	4.96	5.24	5.30	5.49	1.5
墨西哥	3.83	4.71	4.93	5.14	5.05	5.07	5.00	1.4

数据来源：BP 统计年鉴。

第二，主要国家能源低碳转型战略加速推进。21 世纪以来，世界各国纷纷制定能源转型战略，低碳成为能源发展大势。2003 年英国首先提出低碳经济政策；2006 年日本提出核能立国战略，提出将核电比重提高到 40%，尽管由于福岛核事故影响，日本的核能立国战略成为泡影，但低碳发展已经成为日本全社会共识；2007 年美国提出能源法案，进一步明确低碳发展内涵；金融危机后，欧盟也提出进一步增大可再生能源发展计划，制定更高的能源效率目标，在欧盟整体确定了能源低碳化的社会目标，并通过法律形式确定低碳化为长期的发展方向。如 2009 年 4 月公布《欧盟气候变化行动与可再生能源一揽子计划》中提出，到 2020 年能源效率较 2008 年提高 20%，可再生能源占总能源消费比例达 20%，温室气体排放比 1990 年减少 20%；2011 年 12 月发布的《欧盟 2050 年能源路线图》提出了实现欧盟到 2050 年碳排放量比 1990 年下降 80%—95% 的目标及路径。德国制定能源转型战略，提出到 2050 年使可再生能源占到终端能源消费的 60%，使可再生能源发电量占到总发电量的 80% 等目标。此外，主要发达国家积极抢占能源技术进步先机，制定各种政策，寻求替代能源的经济性解决方案，完善碳税、碳交易额机制等，推动能源发展转型，提升国家核心竞争力。

在世界低碳发展转型大背景下，我国煤炭发展面临前所未有的挑战，需要走出一条符合生态文明建设的发展之路。

第三节　打造现代煤炭体系，走向绿色发展时代

改革开放 40 年来，我国煤炭行业取得巨大成就。尤其是党的十八大以来，我国大力推进生态文明建设，推动能源生产和消费革命，促进形成现代能源体系。煤炭行业也形成了现代的区域生产格局（大基地为主导）、现代的煤炭运输通道（铁路、公路、水路，铁路专线）体系，煤炭清洁利用技术引领世界发展、安全生产水平大幅提升。

一、形成西部为主、大型煤炭基地主导的生产格局

根据资源禀赋，中国煤炭生产逐步向中部、西部地区转移。2017年，中国东部产煤省区包括北京、河北、黑龙江、吉林、辽宁、山东、江苏、浙江和福建等，煤炭生产量占全国的9.4%左右；中部产煤六省区包括山西、安徽、江西、河南、湖北和湖南，生产量占全国的32.4%左右；西北产煤省区包括内蒙古、新疆、宁夏、陕西、甘肃和青海省，生产量占全国的50.3%左右；西南产煤省区包括贵州、云南、广西、四川和重庆，煤炭产量占全国的7.9%左右。

截至2016年，中国煤炭产量超过1亿吨的煤炭企业集团共6个，合计产量10.53亿吨，其中中国神华集团煤炭产量约4.3亿吨，为全球第一大煤炭生产企业；产量在5000万—10000万吨的企业集团8个，共产煤5.78亿吨；产量在3000万—5000万吨的企业集团8个，产量共计3.0亿吨。中国十四个大型煤炭基地的煤炭产量占全国的95%以上。

二、建立铁路、公路、水运综合煤炭输送网络

截至2017年底，中国铁路营业里程达到12.7万公里。2010年以来，中国铁路煤炭运量年均超过20亿吨，占全国煤炭生产总量的50%—60%。主要的运煤干线有：大秦线，连接山西大同与河北秦皇岛港，输运能力超5亿吨；侯月线，自山西侯马到河南月山，向东的终点是山东日照港，运煤能力近2亿吨；朔黄线，西起山西忻州神池县，与神朔铁路相连，东至河北黄骅港，运输能力3.5亿吨。神朔线，西起陕西神木县大柳塔镇，东至山西省朔州市，运输能力3亿吨。

中国已建成秦皇岛港、天津港、黄骅港、京唐港、青岛港、日

照港、连云港等北方七港为主的煤炭中转港口，北方七港煤炭发运量占全国主要港口发运量 90% 以上。近年，中国港口发运量保持在 6.5 亿吨左右，占煤炭生产总量的 17% 左右。

三、科技创新体系建设，煤炭清洁利用技术引领世界发展

中国煤炭行业大力实施创新驱动发展战略，已建成若干个国家重点实验室、国家工程实验室、国家工程研究中心、国家能源研发中心等，在煤炭开发、资源共采、清洁利用方面取得重大突破。尤其是煤炭液化技术、煤制气、煤制烯烃、煤制乙二醇等现代煤化工技术取得巨大成功，开始商业化运营。在煤粉锅炉高效清洁燃烧、自动化控制等方面技术也取得重大进展。

尤其是党的十八大以来，我国煤炭产业在绿色开采关键技术方面取得重大突破，在清洁利用方向取得了显著的成效。

在煤炭绿色开采方面：一是"三下"采煤与充填开采取得重要进展。如，近水平煤层开采的地表移动规律预计、观测与条带开采理论基本成熟，在急倾斜煤层的地表移动规律、协调开采等方面取得了重要进展；为了真正减缓地表下沉，我国开发了长臂工作面综合机械化充填开采技术，该技术是我国采煤技术重要进展之一。二是在综采工作面充填开采设备领域取得显著进步。如为防止煤炭开采引起的地面沉陷破坏，保护矿区环境，研发了综采工作面架后充填开采技术，研制了自夯式充填开采液压支架。综合机械化充填采煤设备在冀中能源集团、山东能源集团等矿区应用并取得效果，可安全、高效、高采出率采出建筑物下煤炭资源，采区采出率达 85% 以上，采空区充实率达 90% 以上，将地面变形有效控制在建筑物能

承受的范围内。三是在采煤沉陷区治理技术及应用领域取得显著成效。如，针对我国高潜水位矿区采煤沉陷积水、生态环境恶化、宜居城市建设需求等问题，研发了采煤沉陷积水区城市次生湿地构建技术，该技术成果在唐山、淮北、徐州、济宁等多个矿区推广应用，在唐山矿采煤沉陷区建立了南湖城市次生湿地示范区，形成了改善唐山区域气候和生态环境的"绿肺"，年接待国内外游客达300余万人次；针对我国东部矿区井工开采造成地表大面积积水，导致陆地农业生态系统剧烈变化，土地破坏严重，复垦耕地质量差，区域农业景观配置不合理等问题，研发了采煤沉陷区土地复垦与农业生态再塑技术，该技术成果已成功应用于开滦、徐州、兖州、淮北等10多个东部煤矿区，复垦总面积达3.3万公顷。四是在洗选加工技术领域，在选煤技术、工艺和生产规模方面已经步入世界领先行业。如，2016年我国原煤洗选能力达到26亿吨，其中炼焦煤入选能力约10亿吨，动力煤入选能力16亿吨，原煤入选能力大幅提升；原煤入选量23.45亿吨，入选率68.9%，入选量和入选率大幅提高，其中动力煤入选量约13.6亿吨，入选率超过56%，动力煤洗选方面取得成效；截至2016年底，我国已建成千万吨级选煤厂75座，总设计入洗原煤能力超过11亿吨，超过全国选煤能力的42%，最大规模达到4000万吨/年，进入世界先进水平行列；同时，各种新技术、新工艺、大型关键装备得到全面推广应用。单系统入选能力500万吨的各种工艺和关键大型装备基本立足国内。新一代空气重介干法分选技术得到重大突破，年产60万吨示范设备成功投入商业运行；直径1500毫米四供介大型三产品重介质旋流器在世界上独树一帜。

在煤炭清洁利用方面：一是先进燃煤发电技术达到国际先进水平。如我国超（超）临界发电基本实现国产化，达到国际先进水平，大规模超临界和超超临界技术得到推广，600℃等级超超临界发电装机容量已超过 1 亿千瓦，具备制造 100 万千瓦、31 兆帕斯卡、600℃等级发电机组的技术和能力，百万千瓦二次再热技术、间接空冷技术首次实现商业运行；党的十八大以来我国开始对燃煤发电机组进行改造，燃煤发电超低排放机组可达到燃气机组常规污染物排放水平，截至 2017 年 6 月，超低排放改造已累计完成 5.7 亿千瓦，占煤电机组装机容量的 60%。华能"绿色煤电"商业示范 IGCC（带 CCS）项目，运行分析结果表明，全厂净效率可达 41.08%，粉尘小于 $0.6mg/m^3$、二氧化硫小于 $0.9mg/m^3$、氮氧化物小于 $50mg/m^3$，粉尘和二氧化硫排放远低于天然气发电污染物排放标准。二是在煤炭深加工领域取得了一系列重大突破。如，我国攻克了大型先进煤气化、合成气转化、大型煤制甲醇、煤直接制油、煤间接制油、煤制烯烃、煤制乙二醇等一大批技术难题，开发了一大批大型设备，煤制油、煤制烯烃、煤制乙二醇等煤炭清洁高效转化示范工程顺利实施，我国煤炭清洁高效转化技术创新和产业化均走在了世界前列。截至 2017 年底，我国煤制油产能达到 783 万吨 / 年、煤（甲醇）制烯烃产能达到 791 万吨 / 年、煤制乙二醇产能达到 270 万吨 / 年、煤制天然气产能达到 51 亿立方米。二是在散煤治理方面也取得较大进步。目前，中小型燃煤工业锅炉是我国除电站锅炉外的主要用煤装备，总量约 54.6 万台，占目前在役工业锅炉总数的 85%，年煤炭消耗量达 6 亿—6.5 亿吨，占煤炭消费总量的 20% 左右。另外，我国窑炉、民用等分散用煤占我国煤炭消费量的 10%，近几年窑炉通过节能环保改造，在能效和环保水平有所提高；民用燃煤量大面广，用煤量在 1 亿吨左右。2014 年以来，随着我国大力加强大气污染物治理力度，分散燃煤得到限制，我国北方地区推动煤改气、煤改电工作，减少了分散煤炭使用量。同时，一些企业纷纷发展清洁型煤 + 清洁炉具，降低民用燃煤的污染物排放。如山东兖矿的"蓝天工程"利用"煤炉匹配"模式，取得十分好的效果。

因此，总体上看，我国煤炭绿色发展具备了产业化发展基础。

四、安全生产大幅改善，先进煤矿安全水平世界领先

通过不断加大安全生产投入，大力推进煤矿结构调整，改进安全管理工作等措施，中国煤炭安全水平得到大幅提升。煤炭生产百万吨死亡率不断下降，由 2000 年的 4.189 人 / 百万吨下降到 2017 年的 0.110 人 / 百万吨，年死亡人数由高峰期 2002 年的近 7000 人降至 2017 年的 375 人（图 2-6）。中国神华集团安全生产水平自 2005 年以来保持世界领先，其百万吨死亡人数比煤炭安全生产最先进的美国还要低，仅是美国的 1/7。

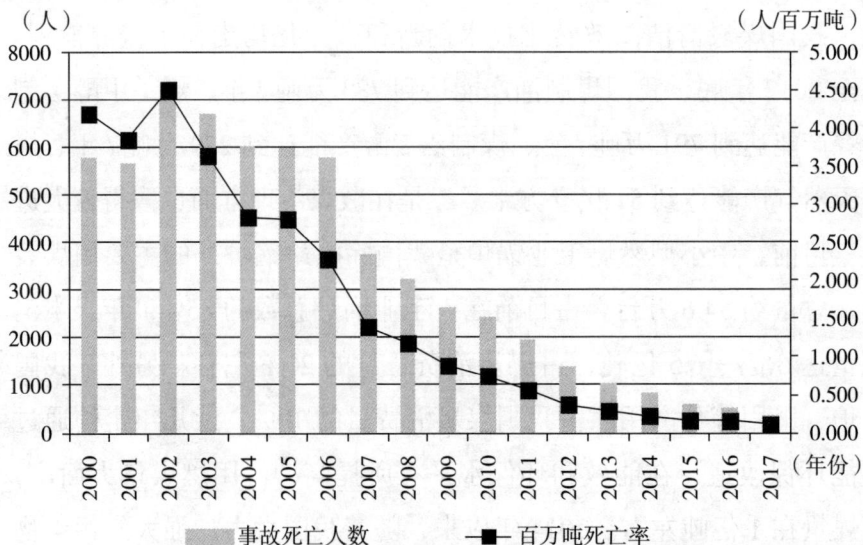

图 2-6　2000 年以来中国煤炭生产事故死亡人数及百万吨死亡率

第四节　典型煤炭地区和企业改革发展之路

一、山西省煤炭发展转型和综合示范改革

长期以来，山西省的煤炭资源开发对中国能源安全供给保障作出了重大贡献。1949—2017 年，山西省在占中国 1/60 的国土面积上累计生产煤炭超过 183 亿吨，占全国的 1/4，净调出 122 亿吨，占全国的 3/4，焦炭产量和外调量分别占全国的 40% 和 60%。但长时间、高强度、大规模、粗放式的开采，也造成了山西省巨大的生态环境损害，带来地表沉陷、生态破坏等后遗症，形成了资源诅咒。煤炭为山西发展立下功劳，也被贴上了血煤、腐败等负面标签。为增强可持续发展、落实能源生产和消费革命，加速推进供给侧结构性改革，作为煤炭生产大省，山西省率先走了一条煤炭发展转型道路。

2008 年全球金融危机后，山西省就提出转型跨越发展；2010 年 12 月，中国国务院批准设立山西省国家资源型经济转型综合配套改革试验区（以下简称山西综改区）；2012 年 8 月，国务院批准山西综改区改革试验总体方案（以下简称综改方案），山西省综合改革试验至此正式展开，山西省煤炭发展转型也大规模开启。

2015 年山西省政府的工作报告中提出，山西省要做好煤炭这篇大文章，推动煤炭消费、供给、管理、科技革命。坚持总量控制、节约优先，形成集约高效的能源消费方式，提高省内清洁煤炭消费比例；大力发展清洁燃煤发电、煤基能源深度转化、热电联产集中供热，推广燃煤锅炉和窑炉污染控制技术；加快建设国家新型综合

能源基地,重点推动建设晋北、晋中、晋东三大煤炭基地,晋北、晋中、晋东三大煤电基地,沁水、河东两大煤层气基地,晋北等煤化工基地,大幅提高清洁能源和可再生能源比例;推进煤炭行政审批制度改革,再取消、调整、下放一批涉煤行政审批事项,推进煤炭资源市场化配置,完善矿业权二级交易市场,探索建立矿业权转让超额收益调节机制等。

2016 年,为落实国家有关去产能政策、推进供给侧结构性改革,山西省加快煤炭产能退出,并于当年 8 月份发布了《关于对山西省 2016 年化解煤炭过剩产能目标分解及时间进度安排的公告(第一批)》,被外界称为"煤炭大省打响去产能的第一枪"。2016 年目标是率先退出 2000 万吨产能,计划在 2020 年前退出 1 亿吨以上。其间,原则上停止核准新建煤炭项目,停止审批新增产能的技术改造项目,不再审批煤炭生产能力核增项目,全省矿井数量由目前的 1078 座减少到 900 座以内。

总体上,通过全力实施供给侧改革、有效化解过剩产能,加强省内企业横向整合、做大做强,优化企业市场结构;进一步做细做优煤炭深加工,提升产品市场价值;努力通过科技手段,实现煤的清洁高效低碳综合利用等,使得山西省黑色煤炭初步实现绿色发展。

在资源整合方面,进一步化解长期存在的"多、小、散、弱"等问题,通过鼓励横向整合、企业兼并重组、淘汰落后及"上大压小"等措施。山西省煤矿矿井数量由 20 世纪 80 年代的上万座,降至 2008 年之前的 2600 座,进一减少至 2016 年底的 1000 座以内,30 万吨以下矿井全部淘汰。全省煤炭产量也由 2008 年的 6.56 亿吨,增长至 2014 年历史最高值的 9.77 亿吨,2015 年产量基本与上年持平。

在推进供给侧结构性改革方面，鉴于新的形势及特点，2016 年初国家出台相关去产能政策，山西省紧跟落实供给侧结构性改革政策，推动煤炭行业去产能。2016 年，全省关闭 25 座煤矿，退出产能 2325 万吨，完成年初制定的退出 2000 万吨产能目标；并积极争取国家出台的"减量置换"政策，抓住机遇大力发展先进产能，对 18 座已经开工建设但手续不全的先进产能煤矿项目进行了认真研究，上报国家并全部得到批复，加快了全省煤炭产业结构调整步伐，奠定了推进新旧动能转换的良好基础。通过严格落实国家煤炭减量生产政策，山西省 2016 年全年煤炭产量 8.32 亿吨，比上年下降 15% 左右。全省煤炭价格结束了从 2011 年 5 月到 2016 年 4 月连续 59 个月下跌、行业效益从 2014 年 7 月到 2016 年 9 月连续 26 个月亏损的局面。山西省煤炭行业由 2015 年底的 90% 以上亏损，到 2016 年底 60% 以上赢利。

在煤炭转化及深加工方面，山西省着力推进煤转电、煤转化产业发展，提高煤炭就地转化率，同时加大煤炭产业延伸，发展新型煤化工行业。2015 年 10 月，山西省制定《推进煤电一体化深度融合实施方案》（晋经信电力字〔2015〕225 号），依照方案，到 2017 年，全省现役统调主力发电企业将全部实现煤电一体化或长协合同运营全覆盖。山西省鼓励大型煤炭企业发挥资源、资金优势，建设大型现代煤化工项目，不断提高非煤产业在企业产值中的比重，仅 2015 年就推动潞安集团忻州煤炭清洁利用油电化热一体化项目、阳煤集团晋北煤化工园区、同煤集团 40 立方米 / 年煤制天然气等 11 个项目落地，总投资 1854 亿元，当年完成投资 96 亿元。2015 年山西省列入新兴产业的现代煤化工项目达 48 个、占全省重点工程项目的 1/10，如阳煤集团太化新材料园区、晋煤集团山西华阳燃气公司 4

亿立方米焦炉煤气制天然气、阳煤集团平定乙二醇项目、潞安集团清洁利用油化电热一体化示范项目、兰花集团年产 20 万吨己内酰胺一期工程项目、同煤集团 40 亿立方米煤制天然气以及 60 万吨烯烃项目等。

此外，在推动资本市场合作、实现煤炭与资源市场共同发展、煤炭与非煤炭产业融合发展、环境治理与项目建设协同发展等方面也加快发展转型。如在煤炭资源日渐枯竭的"煤都"大同，充分利用当地丰富的光照资源以及采煤沉陷区的大量闲置土地，闯出了一条新的"阳光"大道。按照规划，从 2015 年到 2017 年，用 3 年时间在大同市南郊区、新荣区和左云县的 13 个乡镇，总面积 1687.8 平方千米采煤沉陷区范围内，建设 300 万千瓦的光伏发电项目。其中，2015 年开工的一期项目投资约 100 亿元，总装机达 100 万千瓦，建设 13 个光伏电站，建成后年均上网电量 15 亿千瓦时、节约标煤 48 万吨。又如在山西省太原市西山地区，在原采煤沉陷区内，建设集旅游、娱乐、休闲为一体的颇具地方文化特色的场所。再如中国最大煤层气开发利用基地的晋煤集团，将产业延伸到了煤层气产业链上游的装备制造业。通过自主研发和与国内外知名公司、高等院校合作等方式，已初步发展形成 4 大类、20 余种产品的煤层气装备及配套材料，研制生产的水平定向千米钻机达到全球最先进水平。以及民营企业朔州润臻新技术开发有限公司，利用粉煤灰，制造一种全球最先进的绿色循环建筑材料碳金板材，毫不起眼的粉煤灰就这样身价百倍地由每吨 20 元升值到了上千元。目前，这家民营企业可年消化粉煤灰 150 万吨，以拥有核心技术知识产权的碳金板材生产的家居产品已达到四大系列数 10 个品种，并远销加拿大、丹麦、俄罗斯等国。

二、神华集团公司：中国煤炭企业的标杆

中国神华集团有限责任公司（简称神华集团公司）成立于 1995 年 10 月，是以煤为基础，集电力、铁路、港口、航运、煤制油与煤化工为一体，产运销一条龙经营的特大型能源企业，是目前中国规模最大、现代化程度最高的煤炭企业和世界上最大的煤炭供应商。由神华集团独家发起成立的中国神华能源股份有限公司分别在香港、上海上市。截至 2015 年底，神华集团公司共有全资和控股子公司 21 家，投入生产的煤矿 54 个，投运电厂总装机容量 7851 万千瓦，拥有 2155 千米的自营铁路、2.7 亿吨吞吐能力的港口和煤码头以及拥有 40 艘船舶的航运公司，总资产 9314 亿元，在册员工 20.8 万。2015 年，神华集团生产经营取得了难能可贵的成绩。完成自产商品煤量 4.01 亿吨、煤炭销量 4.85 亿吨、发电量 3171 亿度、自营铁路运量 3.64 亿吨、主要油品化工品 807 万吨、港口吞吐量 1.76 亿吨，货运装船量 6787 万吨，实现营业收入 2364 亿元、利润总额 318 亿元。企业经济贡献率连续多年居全国煤炭行业第一，年利润总额在中央直管企业中名列前茅，安全生产多年来保持世界先进水平。

发展现代煤制油、煤化工产业是国家重大战略举措之一。神华集团主要建成并运行了 4 个大型煤制油、煤化工示范工程：鄂尔多斯煤直接液化百万吨级示范工程、年产 18 万吨煤间接液化示范工程、年产聚乙烯、聚丙烯各 30 万吨的神华包头煤制烯烃示范工程和年产聚丙烯 50 万吨的神宁煤业集团煤基烯烃示范工程。

目前，神华集团公司拥有具有自主知识产权的煤直接液化、间接液化、煤制烯烃等世界领先的核心技术和规模最大的工业化示范装置。

专栏 2-1　神华在行动：采煤不忘生态，沉陷区变绿地

大柳塔煤矿是神东矿区最早建成的千万吨矿井，位于陕西省神木县大柳塔镇。建矿初期，井区植被覆盖率仅为 3%，生态环境十分脆弱，神东煤炭集团创新了"三期三圈"建设模式，在采前将植被覆盖率提高到了 60%，形成了稳定的生态环境，增强了地表生态环境对采煤沉陷影响的抵御能力；在采中创新生态保护性开发技术，减小采煤对地表环境的影响；在采后建设沉陷区生态经济林（沙棘）基地、微生物基地和生态经济（野樱桃）示范基地，在大柳塔矿采煤沉陷区形成"开采一次性煤炭，建设永续利用的生态资源"。（新华社记者　王建华）

专栏 2-2　神华在行动：神华集团变身绿色能源产业的引领者

神华煤直接液化示范工程的成功运营，使中国成为世界上唯一掌握百万吨级煤直接液化核心技术的国家。"一种煤直接液化的方法"不仅获得中国第十四届专利金奖，还获得包括美国、日本在内 8 个国家的专利授权。

短短 22 年，神华一跃成为煤炭行业的领跑者，不仅构建了"矿、电、路、港、航、煤制油煤化工"一体化的独特商业模式，而且正在进行黑色能源变身绿色能源的伟大实践。

1."采煤不见煤"实现清洁生产

在世界一流示范矿井的大柳塔煤矿，与人们想象中煤山堆积、尘土飞扬、黑水横流的场景完全不同，进入矿区到处是鲜花绿荫，不经指点人们甚至都找不到井口，神东创新绿色开采新技术，实现了井下矸石不升井、污水不外排，同时开发了煤炭外运车厢封尘剂

和洗选装车全封闭技术，共计封闭皮带栈桥20000多米，全面实现"产煤不见煤"的清洁生产。神东煤炭公司党委副书记张永智介绍，"由于采煤工艺改革，在神东看不到其他煤炭企业必然产生的煤矸石，从源头上控制矸石排放的污染。此外，采用铁路车辆封尘技术，每年煤炭路损减少了100万吨，如果一吨煤200元的成本相当于增收2亿元"。

大柳塔煤矿井下不仅有大学生采掘队，甚至还有硕士、博士采煤工，采煤一线基本都实现了机械化和信息化。

中国煤炭工业起步晚于世界100多年，如今世界上最先进的采矿技术和设备却在神东一一呈现：最长的工作面、最高的采高、最大的采煤机、最大的运输机……

2003年，《神东现代化矿区建设与生产技术》获国家科技进步一等奖，与载人航天飞船"神舟"五号同台领奖。一个天上，一个地下，这是对神东科技成就最大的肯定。

科技的力量不仅让神东成为效率最高的矿井，而且是最安全的矿井。据介绍，神东全员工效最高达到124吨/工以上，是发达采矿国家的2—3倍，是国有重点煤矿的30倍，用人仅为传统煤矿的3%，资源回采率提高到85%以上。无止境的安全追求让神东多次实现生产亿吨煤炭零死亡，公司百万吨死亡率控制在0.02以下，远低于美国同行业0.03的水平。

2. 以煤为原点延伸产业链

在鄂尔多斯伊金霍洛旗马家塔阿大公路边上，一座全国独一无二的加油站静候过往车辆，这里专门提供神华集团自产自销的煤制油产品。其中汽、柴油硫含量小于5ppm，满足欧V标准。

神华鄂尔多斯煤直接液化能源利用率可达60%以上，是以煤生产液体产品中效率最高的一种。神华煤直接液化示范工程的成功运营，使我国成为世界上唯一掌握百万吨级煤直接液化核心技术的国家。"一种煤直接液化的方法"不仅获得中国第十四届专利金奖，还获得包括美国、日本在内8个国家的专利授权。

神华煤直接液化项目不仅社会效益突出，还有可观的经济效益。2012年，鄂尔多斯煤制油分公司销售油品85.6万吨，上缴税费12.97亿元，吨油税费1511.9元，远高于一般煤化工企业和石油化工企业。

在神华人眼里，煤不再是唯一的终端产品——以煤为原点，煤制油、煤制烯烃、粉煤灰提取氧化铝……这些世界尖端的煤化工技术，已经被神华——攻克，它的目标是将煤"吃干榨尽"。如今，神华的煤下游产品包括汽油、柴油、石脑油、液化石油气、乙烯、丙烯等，基本覆盖了石油化工的主要产品。

作为资源性企业，神华深知再丰厚的资源也有用完的时候，除了在煤炭深加工上做文章外，煤、电、路、港、航、化一体化经营理念让其成为一家名副其实的综合类能源企业。

3. 寻找发展与环保的平衡点

当汽车驶入神东矿区的地界时，扑面而来的满山翠绿让人赞叹不已，刚刚成熟的沙棘果正等待采摘，不时有野兔窜出来打个招呼，20多年前这里可是毛乌素沙地和黄土高原交界处，也是黄河上中游沙化和水土流失最为严重的地区，个别植被没有覆盖的地方还有黄土裸露，似乎在诉说着历史的沧桑。神东矿区开发面积140平方公里，生态治理面积达到了210平方公里，经过神华大规模高强度的开采之后，神东矿区植被覆盖率不降反升，覆盖率由开发之初的6%以下提高到65%以上。

　　神东的示范效应也让神华集团其他企业在环保投入和生态建设上不遗余力。神华集团下属公司——神华包神铁路集团公司在2000 多公里的规划及在建铁路里程中，不仅在征地范围内进行绿化，防风治沙方面也肯下功夫，沿途站点均采用地源热泵系统采暖和制冷，员工较集中的地方还修建污水处理厂，对垃圾进行处理，让能源通道变成绿色走廊，每一条铁路都力争建成"生态铁路"。

　　世界首套特大型煤基甲醇制烯烃工业化示范工程，采用中国自主知识产权甲醇制烯烃 DMTO 工艺技术，为世界首次工业化生产，工程总投资 162 亿元，其中配套的环保"三同时"设施投资 7.9 亿元。由于煤炭直接液化工程的污水处理技术无现成经验可以借鉴，技术人员还开发了污水处理技术和回用技术，努力实现污染物"近零排放"的目标。

　　神华始终把节能环保作为实现企业可持续发展的重要途径，努力探索"高碳能源、低碳发展"的综合性解决方案，据不完全统计，近 10 年来神华集团在环境治理工程的投入达到 140 亿元人民币。

　　正如清华大学国情研究院院长胡鞍钢教授所说，"中国从煤炭产业的落伍者，到追赶者，再到并驾齐驱者，现正走向引领者。神华未来之路，一是绿色能源，二是绿色发展，三是绿色创新。煤炭产业如何从最大的'黑猫'变'绿猫'，关键就是绿色化、清洁化、低碳化、循环化、本质安全化，神华打造绿色能源产业链的探索不仅给中国，甚至给全世界都提供了很好的借鉴与思路"。

　　资料来源：神华集团官网。

第五节　中国煤炭未来：减量与绿色发展

中国煤炭未来发展路径为：削减增量至零增量，从而实现控制总量；处理存量污染，直至实现环境友好和生态恢复，进而实现煤炭安全经济绿色高效开发利用。从中国煤炭供应端来看：一是要在生态环境承载力范围内开采煤炭资源，按合理的科学产能开发；二是实现生态和环境保护型生产；三是实现煤炭开发的资源综合利用；四是实现煤炭安全生产。从利用端来看，未来中国煤炭利用主要用于发电，预计 2030 年发电用煤占全国煤炭消费的 65% 以上，未来中国煤炭的发电利用要实现绿色、高效、低碳化发展趋势。

一、减量开发利用路径

要扩大非化石能源规模、稳步发展非煤替代推动煤炭减量利用。按照国家既定的 2020 年、2030 年非化石能源占一次能源消费比重达到 15% 和 20% 的能源结构调整目标，加快电力绿色化转型，大力发展非化石能源发电，努力降低全社会对煤炭发电需求的依赖。

二、生态环境保护及资源综合开发利用方向

到 2020 年，所有采煤塌陷的土地复垦率超过 80%，新增采煤塌陷的土地复垦率超过 90%，超过发达国家当前的水平；全国煤矿采煤机械化程度达到 90%；煤矿瓦斯利用率达到 85%；矿井水利用率达到 100%；现堆存及产生的煤矸石综合利用率达 90%；煤矿伴生矿物和有益元素利用率达到 70%；全国原煤入洗率达到 90%。

到 2030 年，全国采煤已塌陷的土地要求全部复垦，土地复垦率为 100%，实现生态环保开采；全国煤矿采煤机械化程度达到 100%，其中大型矿井和中型矿井的采煤机械化程度达均达到 100%，关闭小型矿井；煤矿瓦斯利用率达到 100%；矿井水利用率达到 100%；现堆存及当年产生的煤矸石综合利用率达 100%；煤矿伴生矿物和有益元素利用率达到 100%；全国原煤入洗率做到 100%。

三、安全生产目标要求

到 2020 年，安全生产水平大幅提高，煤炭开采百万吨死亡率降至小于 0.03，接近发达国家当前水平，重特大事故数小于 5 起，死亡人数小于 100 人。

到 2030 年，形成安全生产的煤矿开采体系，煤炭开采百万吨死亡率降至小于 0.01，居国际先进水平，煤矿生产无重特大事故，年死亡人数不超过 30 人。

四、煤电绿色、高效、低碳发展趋势

中国煤炭利用将进一步以发电为主。预计到 2020 年，电煤占煤炭消费比重提高到 55% 以上，到 2030 年，电煤占煤炭消费比重提高到 65% 以上。

绿色：通过严格电厂用煤管理，加大煤炭洗选力度，提升煤电用煤质量。推广清洁高效电站锅炉，积极发展清洁燃烧新技术，促进煤炭清洁燃烧。探索更加高效经济的末端治理技术，协同治理烟粉尘、SO_2、NO_x 等大气污染物。多管齐下，全方位削减燃煤电站污染物排放，推动煤电绿色转型。到 2020 年，全国燃煤发电机组单位供电 SO_2 排放量平均下降到 0.9 克 / 千瓦时以下，NO_x 排放强度下降到 0.8 克 / 千瓦时左右，烟尘排放强度下降 0.15 克 / 千瓦时以下。到 2030 年，全国燃煤发电机组单位供电 SO_2 排放量下降到 0.5 克 / 千瓦时，NOx 排放下降到 0.5 克 / 千瓦时，烟尘排放下降到 0.1 克 / 千瓦时。

高效：通过努力改进电站锅炉燃烧技术，大力研发大功率、高参数煤电技术，不断发展机组通流部分、热力系统、辅机设备等优化新技术。新建与改造并重，提高新建燃煤机组标准，强化既有燃煤电站优化改造，全面提升我国燃煤电站运行效率，持续降低供电煤耗。到 2020 年，全国新建燃煤发电机组平均供电煤耗低于 300 克 / 标准煤 / 千瓦时，现役燃煤发电机组改造后平均供电煤耗低于 310 克 / 千瓦时。到 2030 年，全国燃煤发电机组平均供电煤耗进一步降至 280 克标准煤 / 千瓦时，引领世界先进煤电机组发展方向，成为高效电力技术输出国。

低碳化：适应全球共同应对气候变化大趋势，按照 2030 年前我国碳排放达到峰值的总体要求，积极推动碳捕获封存技术发展。综合使用 IGCC 前端捕集和后端燃烧后捕集利用技术，着手推进燃煤电站碳排放捕获，努力控制煤电碳排放，推动煤电向低碳化方向转型。到 2020 年，突破一批 CO_2 捕获、封存及利用领域的关键基础理论和技术，建成一批百万吨 CO_2 级全流程示范项目。到 2030 年，进一步提升相关技术的成熟度，扩大各类技术的示范应用规模，力争减少燃煤电站 CO_2 排放量 1.5 亿吨以上。

第三章　崛起为世界石油天然气大国

石油天然气行业是我国能源行业的重要组成部分，对保障国家能源安全、满足生产生活需要、促进经济社会持续健康发展具有十分重要的意义。改革开放的 40 年，是我国石油天然气行业管理体制从计划经济体制向市场经济体制转变的 40 年，是我国石油工业从封闭走向开放的 40 年，是我国石油企业不断完善经营机制、实现较快发展的 40 年，是我国在石油天然气领域国际竞争力和综合实力日益提高的 40 年。

第一节　实行政企分开，扩大企业自主权，"引进来"促进开发（1978—1988 年）

一、几经变革成立行业总公司，向有计划的市场经济转变

根据国民经济需要和石油工业发展情况，石油领域管理体制进行了多次变革。1949 年 10 月，成立中央人民政府燃料工业部；1955 年 9 月，成立石油工业部，全面负责我国石油工业的生产建设

工作；1970 年、1975 年石油工业部先后划入燃料化学工业部和石油化学工业部；1978 年，石油工业部重新成立；1980 年 8 月，设立国家能源委员会，负责石油、煤炭和电力 3 个工业部。

1982 年后，石油工业部直属国务院领导，并先后成立了中国海洋石油总公司和中国石油化工总公司。1982 年 2 月，中国海洋石油总公司成立，由石油工业部归口管理，全面负责海洋石油对外合作业务，享有在对外合作海区进行石油勘探、开发和销售的专营权。1983 年 7 月，中国石油化工总公司成立，直属国务院领导，对炼油、石油化工、化纤企业实行统一领导，统筹规划，统一管理，这对整合和充分利用全国石油资源具有深远的重要意义。

1987 年 10 月，党的十三大提出建立"社会主义有计划商品经济体制"，强调推进以政企分开、权力下放、调整机构、转变职能为中心的行政体制改革。1988 年 3 月，《国务院机构改革方案》公布，撤销石油、煤炭、电力 3 个工业部，组建能源部，将 3 个工业部门的政府职能划归能源部，并在原石油工业部的基础上组建中国石油天然气总公司。中国石油天然气总公司行使原石油工业部在国家陆地全境石油、天然气的生产建设和经营管理职能，"具有法人资格，保留正部级待遇，并逐步过渡到按经济实体经营"，"在国家方针、政策指导下，自主经营，独立核算，统负盈亏"。中国石油天然气总公司成为我国第一家从政府部门转变而来、由国务院授权进行行业管理的行政性总公司。同时，中国海洋石油总公司转而直接隶属国务院领导。至此，中央石油企业分开分立为中石油、中石化、中海油三大石油公司。

二、实行"1 亿吨原油产量包干"机制，扩大企业自主权

1978 年，我国出现了经济过热和通货膨胀现象，为解决经济过

热而导致的国民经济重大比例失调问题，1979 年初，中央决定用 3 年时间，对国民经济实行"调整、改革、整顿、提高"，调整的主要内容是压缩固定资产投资规模，其中国家对石油工业部投资从 1979 年的 44 亿元压缩到 1980 年的 12.6 亿元。

由于投资压减幅度太大，石油勘探投入严重不足，储量接替不上，原油产量徘徊不前甚至出现下滑趋势。安徽凤阳小岗村农民首创的家庭联产承包制在全国的推广，为石油工业转换经营机制提供了借鉴。1981 年 5 月，国家能源委向国务院呈送了《关于协调组织石油部超产原油、成品油出口安排问题的报告》，1 亿吨原油产量包干方案正式出台。

1 亿吨原油产量包干方案的主要内容为：石油工业部承包生产原油 1 亿吨，原油统配商品率 94.5%，炼油厂产出总收率 90.5%，超产、节约自用和降低损耗的原油，允许石油工业部委托外贸部门代理出口或在国内按国际价格销售，所得国际价格与国内价格的价差收入，85% 作为石油勘探开发基金，15% 作为职工福利和奖励基金；所得外汇全额留成，用于进口专用器材和技术，并免征各种税金。这项政策一定三年不变。其后，国务院决定延长到 1985 年；1986 年起改为原油产量递增包干，包干指标每年增加 250 万吨；1988 年又将包干基数固定为 1.06 亿吨，一直执行到 1990 年。由此原油价格出现了包干内平价和包干外高价的"双轨制"。此外，1987 年《关于在全国实行天然气商品量常数包干办法的报告》公布，规定从 1987 年到 1990 年每年包干基数 67.5 亿立方米，包干基数内天然气执行现行价格（四川 130 元 / 千立方米，其他 80 元 / 千立方米），超过包干基数的天然气执行 260 元 / 千立方米价格，高平价差收入用作勘探开发基金。石油工业部成为国内第一个产量大包干和价格"双轨制"的试验区。

陆上石油工业成为第一个实行全行业大包干部门，在经济和技术上取得显著效益和成果，创中国工业行业改革之先河。按照1亿吨原油产量包干政策，石油工业部在各油气田推行多种形式的经济责任制，油田超产节约所得价差收入，石油工业部与油田"二八"分成，油田所得收入85%作为勘探开发基金，15%用作职工福利和奖励基金，增产、节约指标完成情况与单位和个人的利益挂钩浮动，部分打破了统收统支的计划经济和大锅饭体制。从1981年到1988年石油工业部撤销，石油工业部累计筹集勘探开发基金294亿元，上缴财政687亿元，出口创汇320亿美元，国家投入占石油工业部总投资的比重从41.9%下降到18.3%，原油产量从10122万吨上升到13619万吨。

三、"引进来"促进海域、陆上石油勘探开发

为促进我国石油工业发展，在坚持独立自主、自力更生的原则下，1978年，我国提出放开指定海域石油开采对外合作。1979年，石油工业部以中国石油开发公司名义，组织第一次南海、南黄海物探项目国际招标，100多家外国公司参与投标，海洋石油对外开放由此正式启动。1982年1月，国务院颁布实施《中华人民共和国对外合作开采海洋石油资源条例》，海洋石油对外合作全面展开。

在借鉴海洋石油对外开放经验基础上，石油工业部推进了陆上石油资源对外开放，1985年2月，我国开放南方10省（区）以及内蒙古二连地区对外合作勘探开发，由中国石油开发公司负责经营对外合作开采陆上石油的业务。当年5月，中国石油开发公司与澳大利亚CSR等4家外国公司通过谈判签订了海南岛福山凹陷风险勘

探合同，这是我国第一个陆上石油对外合作合同。

第二节　转换企业经营机制，打破流通"双轨制"，实施"走出去"战略（1988—1998 年）

一、实行"四包、两定"等承包办法，转换企业经营机制

1988 年 9 月，中国石油天然气总公司成立后，随着国家调高原油包干基数、对勘探开发基金征收 15% 能源交通建设基金和 10% 预算外调节基金，以及国际油价下跌和国内超产原油价格连续三次下调，原油产量连续四年徘徊不前，总公司出现大幅度政策性亏损。为推动石油勘探开发走上良性循环的轨道，"八五"（1991—1995 年）期间国家对中国石油天然气总公司实行"四包、两定"承包办法，即总公司对国家包新增石油地质储量、天然气地质储量、原油产量和天然气产量，国家对总公司定建设总工作量和原油生产亏损总额。同时，国家从 1988 年起连续 3 次上调原油价格，并实行从原油成本中提取储量有偿使用费、原油提价收入用作石油勘探开发基金的政策。1991 年 5 月，国家决定实行原油价格"平转高"政策，每年将一定数量平价原油转为高价原油，到 1993 年共"平转高"原油 5540 万吨，增加的收入主要用于石油勘探开发。

从 1992 年开始，中国石油天然气总公司根据国家新的承包办法对各油气田实行"四包、两定、两保、一挂钩"的承包经营责任制，即油气田包新增探明石油和天然气储量、原油和天然气产量及

商品量，定投资规模和生产盈亏，总公司对油气田保专用器材和油气外输销售，油气田工资总额与承包指标完成情况和经济效益挂钩。这一新的承包经营办法，在搞活企业经营机制、促进油气田生产发展的同时，更加注重推动各油气田从产品生产者向商品生产者转变。从 1994 年到 1998 年，结合国家原油、成品油价格机制和流通体制改革，中国石油天然气总公司在各油气田全面推行"两定、两自、一挂钩"的承包经营责任制，即定油气统配商品量、定上缴利润和储量有偿使用费，生产经营自负盈亏、建设资金自求平衡，工资总额与企业增加值和实现利润挂钩，着力推动油气田从以生产为中心转到以提高经济效益为中心。

总体上，这一阶段我国石油企业经营机制发生重大改变，国家计划由指令性转变为指导性，企业投资由划拨改为贷款和自筹，同时石油企业改革加快推进，探索建立了现代企业制度，油气田推进解决企业办社会的"大而全""小而全"问题，创建了石油公司和各种专业公司，企业由生产型向资产经营型转变。同时，在油气勘探开发布局方面，1991 年提出并开始实施"稳定东部、发展西部"战略，西部油气田勘探开发取得较大进展。

二、改革双重流通体系，结束价格"双轨制"

1981 年实行原油价格"双轨制"和 1983 年实行成品油价格"双轨制"以后，逐步形成了行政化和市场化并存的双重流通体制，到 20 世纪 90 年代初出现了资源分散、多头经营、价格失控以及少数人员以权牟利等混乱现象。为此，国务院从 1994 年起，对石油流通体制进行了重大改革。

1994 年 4 月，国务院发布《关于改革原油、成品油流通体制的意见》，决定由国家计委汇总编制原油、成品油的总量平衡计划、资源分配计划和进出口计划，做好总需求和总供给的平衡；国产原油由国家统一分配给石化企业加工，供需双方按国家计划签订供油合同，实行合同化管理，国内成品油资源实行国家导向配置；原油、成品油进口统一纳入国家计划配额管理；对国产原油、成品油实行国家统一定价，原计划内外油价并轨提价；国内原油实行两个档次的价格，由国家计委研究制定，全国所有炼油厂生产的成品油实行统一的出厂价格，销售价格实行两级管理，并实行一级批发、一级零售；整顿市场流通秩序，规范油品经营单位。此外，国家还决定对天然气包干内外井口价格实行并轨提价，确定为指导性计划内天然气价格；超过指导性计划的天然气商品量，由企业自销，自销气中准价格为 900 元 / 千立方米，允许企业在上下 10% 幅度内与用户协商定价。

这次改革取消了原油和天然气生产的国家指令性计划管理，以及 1993 年给予油田和石化企业部分计划外产品销售和定价权，结束了原油、成品油的价格"双轨制"，将原油、成品油基本上纳入国家统一配置，扭转了成品油进口失控和价格"双轨制"导致少数人员以权牟利的混乱现象。

三、实施"走出去"战略，推进国际化经营

党的十四大以后，我国对外开放向全方位、宽领域、多层次发展。1993 年 1 月，国务院批准陆上石油对外开放扩大到我国北方 10 个省、自治区、直辖市的部分区域，陆上石油对外开放进入新阶段，合作项目从单一的风险勘探，扩展到老油田提高采收率和新油气田合作开发。国务院于 1993 年 10 月发布实施《中华人民共和国对外

合作开采陆上石油资源条例》，进一步明确陆上石油资源指蕴藏在陆地全境（包括海滩、岛屿及向外延伸至 5 米水深的海域）范围内的地下石油资源，为后来的两轮国际招标和一系列双边谈判提供了法律依据。《条例》授权中国石油天然气总公司负责对外合作开采陆上石油资源的经营业务。1993 年 2 月，中国石油天然气勘探开发公司与美国陆安中国公司签订了中国北方陆上（包括滩海）第一个勘探开发对外合作合同《中华人民共和国渤海湾盆地赵东区块勘探开发生产合同》，打开了中国石油南方北方全面对外合作的新局面。

1998 年，中国石油天然气集团公司成立后，进一步扩大油气勘探开发对外合作领域，分期分批开放有吸引力的区块，包括以中国西部塔里木盆地、准噶尔盆地、柴达木盆地和吐哈盆地为主，以及东部地区深层的石油风险勘探；以西部塔里木盆地、鄂尔多斯盆地、四川盆地、柴达木盆地和准噶尔盆地为主的天然气勘探开发利用项目；以东部地区老油田提高采收率和难动用储量开发为主的油田开发技术合作等。合作类型拓展到风险勘探、未动用储量开发、提高采收率、天然气上下游合作以及专项技术服务等多种方式。

"引进来"为"走出去"锻炼了队伍、准备了技术、积累了经验。随着经济快速发展和产业结构升级，石油消费需求持续攀升，1993年我国成为石油净进口国，其后石油供需缺口不断扩大。为满足国内日益增长的石油需求，1991 年初，中国石油天然气总公司首次提出实施国际化经营战略，并着手国际市场调研和组织准备，决定从收购海外已开发油田等小型油气项目入手，积累资本、滚动发展。

1993 年 12 月，中央财经领导小组会议明确肯定中国石油天然气总公司国际化经营战略，指示石油企业"走出去"，充分利用国内国际两个市场、两种资源。次年，利用两个市场、两种资源的"走出去"战略，被写进政府工作报告，成为中国对外开放的一项重大方针。从此，中国石油逐步加快"走出去"的步伐，从1993年成功中标秘鲁塔拉拉6、7区块起步，克服各种困难险阻，积极探索，不断积累经验，海外业务从无到有、从小到大，逐步实现了规模、有效、可持续发展。1999年8月，中国第一个海外油田—苏丹油田的第一船原油在非洲港口装船出口。

第三节　石油石化产业重组，建立多元主体的市场结构，天然气市场快速发展（1998—2012年）

一、石油石化两大集团重组上市，彻底剥离企业行政职能

1997年9月，党的十五大报告明确提出："要着眼于搞好整个国有经济，抓好大的，放活小的，对国有企业实施战略性改组。以资本为纽带，通过市场形成具有较强竞争力的跨地区、跨行业、跨所有制和跨国经营的大企业集团。"根据党的十五大精神，1998年3月，按照政企分开和上下游、内外贸、产销一体化原则，在中国石油天然气总公司、中国石油化工总公司的基础上对石油石化行业进行重组，分别组建中国石油天然气集团公司和中国石油化工集团公司，两个总公司的政府职能移交新组建的国家经贸委石油和化学工业局。

1999年上半年开始，按照党中央、国务院对国有企业进行战略性改组、推进上市的总体部署，中国石油天然气集团公司、中国石

油化工集团公司和中国海洋石油总公司相继进行了内部资产重组和改制上市准备工作，分别组建了股份公司，建立了规范的公司治理结构。2000年以来，中国石油天然气集团公司、中国石油化工集团公司和中国海洋石油总公司组建的股份公司相继在纽约、伦敦、香港成功上市，进入了国际资本市场。三大石油公司从单一国有资本股权结构转变为国有资本控股的多元化投资主体，公司治理结构和经营机制发生深刻变化。

2000年后，在重组改制的基础上，三大国有石油企业持续推进内部重组整合。特别是2006年以后，根据新的形势和任务，进一步加快内部持续重组和专业化重组步伐。例如，中国石油天然气集团完成了总部机关的职能整合，炼化、销售业务及油气田的重组整合，并有序推进工程技术服务、工程建设和装备制造业务专业化重组，全面展开矿区服务系统改革，进行了一系列内部股权调整和资本市场并购。三大石油公司成为国有大型企业的主力军，为稳定国内石油市场供应、保障国家石油安全和能源安全发挥了重要的作用。

与此同时，石油行业政府管理机构进行了大幅改革，彻底剥离了行政性总公司的政府职能。2003年，成立国务院国有资产监督管理委员会，国有资产出资人代表在法律意义上到位；同年，国务院决定成立国家发展改革委能源局，2008年成立国家能源局，在国家层面加强了政府对行业的宏观管理。

二、流通体制市场化改革，促进建立多元主体的市场结构

1998年6月，国家抓住国际油价持续下跌的有利时机，出台了《原油、成品油价格改革方案》，这次改革取消了国家对原油、成品油的统一计划配置，国产陆上原油价格与国际接轨，建立起跟随

国际市场价格浮动的定价机制；国内成品油价格从与国际市场油价挂钩、跟随国际市场价格浮动的政府指导定价机制，转为"成本定价法"的政府定价机制。在这一期间，国家对天然气价格也进行了几次上调，形成了政府定价和政府指导价两种管制方式。2005 年，国家决定将政府定价和政府指导价并轨，统一改为实行政府指导价。

　　2004 年 12 月和 2006 年 12 月，根据我国加入世贸组织（WTO）协议的规定，原油、成品油的零售和批发业务先后对外商和非国营贸易商开放，并实行许可制度。截至 2005 年末，共有 50 家企业获得原油、成品油进口牌照，其中国有企业 4 家、非国营贸易商 46 家；外资和民营石油流通企业总数达到 59640 家，其中批发企业 3340 家。2006 年 11 月，商务部发布《原油市场管理办法》和《成品油市场管理办法》，对申请原油、成品油销售和仓储资格的企业，规定了具体的准入标准。在市场化改革方面，取消了石油贸易专营权，由一家石油进出口公司变成 5 家国营贸易公司和 20 多家非国营贸易公司；石油天然气重大项目投资从审核制改为备案制，除对油气矿业权、对外合作、大型管道建设和石油贸易等保留管制性规定外，取消投资准入的限制。2010 年，国务院颁布了被称为"新 36 条"的《国务院关于鼓励和引导民间投资健康发展若干意见》，明确鼓励民间资本参与石油天然气建设，支持民间资本进入油气勘探开发领域，与国有石油企业合作开展油气勘探开发，支持民间资本参股建设原油、天然气、成品油的储运设施及网络。随着《意见》的颁布和实施，油气投资主体进一步多元化。

　　通过这次改革，使我国原油、成品油市场管理由审批制转为以资质管理为中心的准入制。随着市场的开放，多元市场主体公平有序竞争的格局初步形成，市场机制在原油、成品油资源配置中的基础性作用逐步增强。

三、"油气并举"战略促进天然气市场发展，建立储备保障能源安全

在继续加强石油勘探开发的同时，我国提出了"油气并举"战略，加大天然气勘探开发力度，增加天然气探明储量和产量，同步加快输气管道和下游利用项目建设及市场开拓工作。我国相当长时期的油气田开发主要是以开采石油为主，天然气仅作为石油的副产品，天然气以油田自用和就近消费为主，生产、消费规模均较小。2004年12月，西气东输全线商业运行，拉开了我国天然气工业大发展的序幕。在此期间，中国天然气工业上中下游全面发展，天然气逐渐成为我国的主要能源之一，天然气工业成为国民经济中的重要产业之一，成为中国新的经济增长点。1978—2003年长达25年的时间里，我国天然气消费量仅从137亿立方米增加到345亿立方米，年均增量8亿立方米；2004—2014年的10年快速增长期中，我国天然气消费量从401亿立方米增加到1816亿立方米，年均增长142亿立方米。2010年后，年均增量达183亿立方米，占同期世界年均增量488亿立方米的38%。中国天然气消费规模在全球的排名稳步上升，由1980年的第20位升至2010年的第4位，2013年又超过伊朗，成为仅次于美国和俄罗斯的世界第三大天然气消费国。

为保证石油安全供应、提高政府调控石油市场的能力，我国建立了国家石油储备制度，逐步形成了国家战略储备与企业商业储备相结合的石油储备体系，同时油气进口努力做到方式多样化、地域

多元化，提高抗风险能力。2003 年，中央政府在国家发改委内设立了国家石油储备办公室，专门负责管理国家石油储备事务。这标志着经过多年的研究和前期准备，国家石油储备工作进入全面的实施阶段。2007 年 12 月，国家石油储备中心正式成立，增强了我国石油储备管理力量，理顺了我国石油储备管理层级关系，拉开了我国石油储备向专业化、正规化发展的帷幕。2008 年 12 月，中国石油集团位于新疆鄯善的国家级原油商业储备库一期工程正式投入运营，标志着中国综合石油储备设施建设进入加速期，由国家战略储备和企业商业储备相结合的石油储备体系逐步完善。

第四节　新一轮石油天然气行业体制改革工作深入推进（2012 年至今）

党的十八大提出推动能源生产和消费革命，为我国能源发展指明了方向；党的十八届三中全会《中共中央关于全面深化改革若干重大问题的决定》进一步提出要"使市场在资源配置中起决定性作用和更好发挥政府作用"，标志着我国新一轮全面深化经济体制改革工作的开启。在全面深化改革的总体部署下，石油天然气行业体制改革工作随即启动，《中共中央国务院关于深化石油天然气体制改革的若干意见》（以下简称《意见》或"总体方案"）于 2017 年 5 月出台，标志着这一轮的石油天然气行业体制改革进入到全面落实阶段。紧紧围绕着我国油气行业体制改革总体目标，本着积极探索、试点先行的推进方式，油气行业在重点领域、关键环节稳步推进了改革，改革效果较为明显，实现了部分领域的关键性突破。

一、上游矿权改革积极推进，逐步放开油气勘查开采

我国上游矿权改革围绕着"完善并有序放开油气勘查开采体制，提升资源接续保障能力"思路，在加大区块退出力度、推进矿权竞争性出让常态化，以市场化方式推进矿业权流转，调整中央和地方油气资源类税费分享机制，完善油气资源开发利用政策等方面进行了积极探索。

页岩气区块实行公开招标，探索开展了页岩气、煤层气勘查区块竞争出让新模式。2011 年向社会资本开放首轮页岩气招标后，2012 年 9 月，原国土资源部进行了第二轮页岩气招标。两轮页岩气区块招标，共出让 24 个区块，中标企业涵盖了大型国有企业、地方能源投资集团以及以民营企业。同时，2017 年 8 月国土资源部委托贵州省政府组织拍卖出让安页 1 井所在的正安区块，11 月山西省国土资源厅公开出让本省 10 个煤层气区块探矿权，以"省部联合"形式探索开展页岩气和煤层气勘查区块竞争出让新模式。贵州、山西等省与国土资源部签署省部协议，推进省内页岩气、煤层气资源开发。页岩气、煤层气矿权拍卖是我国探矿权出让制度的重大探索，对推动我国油气体制改革和矿业权出让制度改革意义重大，对调动地方政府的积极性和激发市场活力起到了一定的作用。

常规油气区块矿权改革取得突破性进展。2015 年国土资源部对新疆境内 6 个常规石油天然气勘查区块进行了公开招标出让，2017 年国土资源部委托新疆维吾尔自治区人民政府组织实施了对新疆塔里木盆地柯坪西区块等 5 个石油天然气勘查区块探矿权以挂牌方式公开出让，包括国有石油企业、地方能源公司、民用石油化工企业等参与竞标。常规油气勘探区块的公开招标，将新疆作为油气上

游改革的试点，旨在加大油气勘查开采投入力度，促进油气上游投资主体多元化。同时，石油公司内部区块流转工作也在积极推进。2017 年，中石油试点开展企业内部区块流转改革，将位于鄂尔多斯、柴达木、四川盆地及外围盆地的 16 个区块的探矿权、采矿权从长庆、青海、西南油气田等 3 个地区公司流转到大庆、辽河、华北及玉门油田等 4 个地区公司。中石油在矿权区块流转改革启动不到一年的时间里，已在油气勘探方面出现新突破。此外，在确权登记基础上，基于经济价值评估，探索主要石油企业与其他各类所有制企业之间矿权流转。

出台多项配套政策继续深化矿权改革。2016 年 12 月，《矿业权出让制度方案》《矿产资源权益金制度改革方案》等获得通过，重点推进矿业权竞争出让，严格限制矿业权协议出让，建立符合中国特点的新型矿产资源权益金制度。同时，《矿产资源权益金制度改革方案》中，将矿业权占用费中央与地方分享比例由改革前的 4∶6 调整为 2∶8，鼓励支持地方以多种方式参与资源开发利用，留税于地方，互惠互利，共同发展。《天然气发展"十三五"规划》指出，实行勘查区块竞争出让制度和更加严格的区块退出制度，公开公平向符合条件的各类市场主体出让相关矿业权，允许油气企业之间以市场化方式进行矿业权转让，逐步形成以大型国有油气公司为主导、多种经济成分共同参与的勘查开采体系。

二、改革油气管网运营机制，提升集约输送和公平服务能力

2014 年，国际油气市场遭遇剧烈波动，LNG 接收站、天然气管网等基础设施无法实现公平准入成为国内市场利用国际低价资源的

"绊脚石"。在此背景下，油气管网改革措施率先出台。2014 年 4 月，国家发展和改革委员会和国家能源局出台了《天然气基础设施建设与运营管理办法》和《油气管网设施公平开放监管办法（试行）》，明确提出"国家鼓励、支持各类资本参与投资建设纳入统一规划的天然气基础设施""允许第三方借用天然气基础设施（包括 LNG 接收站）""油气管网设施运营企业在油气管网设施有剩余能力的情况下，应向第三方市场主体平等开放管网设施，提供输送、储存、气化、液化和压缩等服务"。并且"油气管网设施运营企业应在互惠互利、充分利用设施能力并保障现有用户现有服务的前提下，按签订合同的先后次序向新增用户公平、无歧视地开放使用油气管网设施"。该政策出台后，在相关政府部门的协商下，石油企业拥有的 LNG 接收站和管道向第三方的开放使用取得了积极进展，如 2016 年中国石油开放大连、唐山 LNG 接收站和永唐秦管道，为北京燃气集团累计代输天然气 4.5 亿立方米。2017 年底，为应对局部地区天然气供应紧张局面，中海油和中石油的"南气北调"也进一步体现了基础设施向第三方开放的进展。

为了进一步加强油气管网设施公平开放的监管、提供管网设施公平开放的信息基础，2016 年 9 月，国家能源局发布了《关于做好油气管网设施开放相关信息公开工作的通知》，对公开主体、公开内容、公开方式和监督管理等进行了明确规定。中海油、中石化和中石油按照政策要求，先后在官方网站上公开了其拥有的长输管道、LNG 接收站等全部基础设施信息，一些地方省份，如山西省等也向社会公开其省内的管网信息。历经 3 年实现的天然气基础设施信息公开，为设施的公平开放和监管工作提供了基本条件。

在此基础上，《意见》明确通过"改革油气管网运营机制，提升集约输送和公平服务能力"的目标，体现了对自然垄断环节加强监管的意图。具体途径是"分步推进国有大型油气企业干线管道独立，实现管输和销售分开。完善油气管网公平接入机制，油气干线管道、省内和省际管网均向第三方市场主体公平开放"。

三、价格市场化改革快速推进，加快油气交易中心建设

天然气价格领域改革按照"管住中间、放开两头"的总体思路，在快速提高气源和销售等竞争性环节价格市场化程度的同时，加强了自然垄断环节的输配价格监管，基本上构建起了天然气产业链从跨省长输管道到省内短途运输管道、再到城镇配气管网等各个环节较为完善的价格监管制度框架。

在气源价格方面，目前我国海上天然气、页岩气、煤层气、煤制气出厂价格和液化天然气价格实行市场化定价。此外，直供用户用气价格由供需双方协商确定。政府仅对陆上管道天然气实行价格分级管理，其中基准门站价格和门站以下的销售价格分别由国务院价格主管部门和地方价格主管部门管理。近年来，非居民用气价格改革稳步推进，进展较快。2016 年，明确储气设施天然气购销价格由市场竞争形成，随后放开了化肥用气价格。截至目前，除陆上管道气供城市燃气门站价格仍实行政府指导价外，其他所有用户用气价格均已实现市场化。从气量上看，除少量涉及民生的居民用气外，占消费总量约 80% 以上的非居民用气门站价格主要由企业自主协商决定。在全国天然气价格改革迅速推进的同时，部分省份也在进行定价机制改革的尝试。例如，福建省于 2016 年底率先实现了西气东输，供福建省的天然气门站价格由供需双方协商确定。2018 年 5 月 25 日，国家发展改革委发布了《关于理顺居民用气门站价格的通

知》，要求理顺居民用气门站价格，建立反映供求变化的弹性价格机制，推进居民用气价格逐步与非居民用气价格并轨。

在输配气价格方面，构建输配领域全环节价格监管体系。为了改变我国长期以来缺乏明晰完善的天然气管输定价和监审机制的局面，国家发展和改革委员会于 2016 年 10 月颁布了《天然气管道运输价格管理办法（试行）》和《天然气管道运输定价成本监审办法（试行）》，遵循"准许成本加合理收益"的原则，对价格监管的范畴、对象，价格管理的方法、程序以及部分核心指标做出具体规定。将过去"一线一价"的定价办法改为基于政府公开的成本核定和定价公式核定管道运输价格，并厘清了管输成本的构成，统一规范了计价问题，为未来开放第三方准入提供了清晰可查的收费准则。针对天然气配送环节价格监管规则不健全，配气价格尚未单独核定、各环节成本和价格没有清晰界定等因素导致的配气价格水平差异较大、少数地方价格偏高等问题，2017 年国家发展改革委相继出台《关于加强配气价格监管的指导意见》（发改价格〔2017〕1171 号）、《关于进一步加强垄断行业价格监管的意见》（发改价格规〔2017〕1554 号）、《关于降低非居民用天然气基准门站价格的通知》（发改价格规〔2017〕1582 号）、《关于全面深化价格机制改革的意见》（发改价格〔2017〕1941 号）等文件，进一步加强天然气配送环节价格监管，强化成本监审，明确"准许成本＋合理收益"的配气定价原则，规定准许收益率不得超过 7%。相关举措进一步建立起了下游城镇燃气配送环节价格监管框架，从而构建起天然气输配领域全环节价格监管体系，也为未来配售分离、配气管道的第三方开放打下基础。

未来，天然气价格改革将会继续深入，重点工作包括：一是落实好居民和非居民门站价格水平并轨政策，合理疏导居民用气销售价格，鼓励城镇燃气企业建立上下游气价联动机制；二是在市场较成熟、气源比较多元化、管网等基础设施比较充分的地区先行放开大型用户终端销售价格、逐步实现非居民用户的市场化定价；三是鼓励和支持供气企业和天然气用户协商建立调峰价格机制，培育天然气辅助服务市场；四是加强省内管输和配气成本监审工作，减少供气层级，加强配气环节监管，切实降低过高的省内管道运输价格和配气价格，这也为进一步实现管网独立运营奠定基础。

　　建设油气交易中心，是推进油气价格形成机制改革和提高我国国际定价话语权的重要手段。2018 年 3 月，中国原油期货在上海国际能源交易中心正式挂牌交易。上海原油期货是中国第一个国际化的期货品种，期货合约可以概括为"国际平台、净价交易、保税交割、人民币计价"。自挂牌交易以来，交易活跃度和持仓表现整体呈乐观态势。我国原油期货市场建设旨在形成反映中国以及亚太地区市场供求关系的基准价格体系、为实体企业提供风险管理工具，为金融机构提供资产配置工具、推进成品油价格机制改革、优化行业资源配置等。与此同时，国家积极推动天然气市场建设，成功在上海、重庆搭建了一东一西两个市场化改革平台。上海石油天然气交易中心于 2014 年 12 月组建，2015 年 7 月试运行，2016 年 11 月正式运行，2016 年交易量占全国天然气消费总量的 8% 左右。重庆石油天然气交易中心于 2016 年 8 月启动筹建，2017 年 1 月 12 日揭牌成立。天然气交易中心的建设，既是油气价格市场化改革的重要成果，又是深化改革的重要支撑，交易中心以市场化方式对资源进行优化配置和为下游用户提供平等竞争机会的作用，正在得到较为广泛的认可。

第五节　改革开放促进中国石油天然气行业崛起

改革开放以来，我国石油天然气行业取得长足发展，石油产量长期位居世界前列，天然气产量也快速增长，建立了比较完整的石油化工体系。油气产业成为国民经济的支柱产业，有力保障了我国能源安全。

一、我国油气产量持续增长，成为世界油气生产大国

截至目前，我国石油处于勘探中期、天然气处于勘探早期，已建成 20 多个大型石油天然气生产基地，建成年产原油超过 2 亿吨和年产天然气超过 1500 亿立方米的生产能力。原油产量由 1978 年的

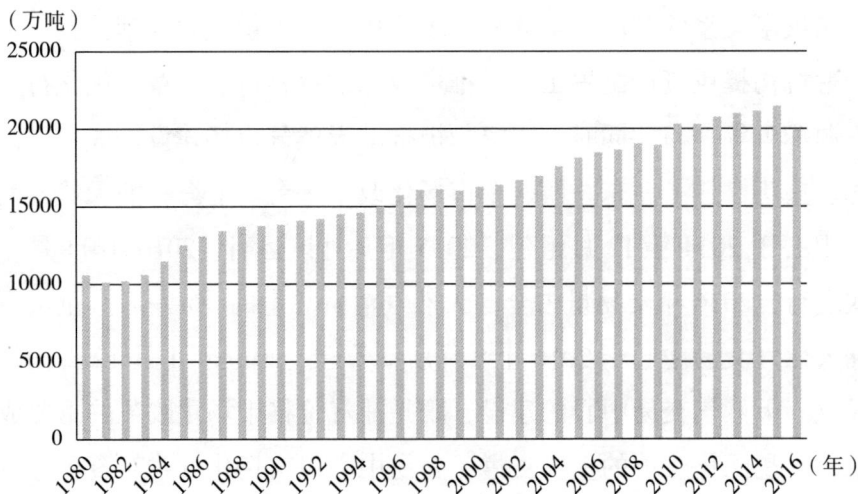

图 3-1　1980—2016 年中国原油生产量

数据来源：中国国家统计局，中国能源统计年鉴（2012 年、2017 年）。

1.04亿吨增至2017年的2亿吨，年均增长约3%，产量居世界第5位。随着四川西部、鄂尔多斯、塔里木等几大盆地天然气的大规模开发，天然气生产呈现快速上升的良好势头。由 2000 年 272 亿立方米快速增长到 2017 年 1480 亿立方米，年均增长超过 12%，居世界第六位。非常规天然气开发取得新突破，中石油、中石化、延长石油相继在四川盆地、鄂尔多斯盆地的长宁、威远、昭通、涪陵、延长等地取得页岩气突破，2017 年产量达到 92 亿立方米；煤层气 2017 年地面抽采量 49.6 亿立方米。此外，煤制气产量达到 26.3 亿立方米。

（亿立方米）

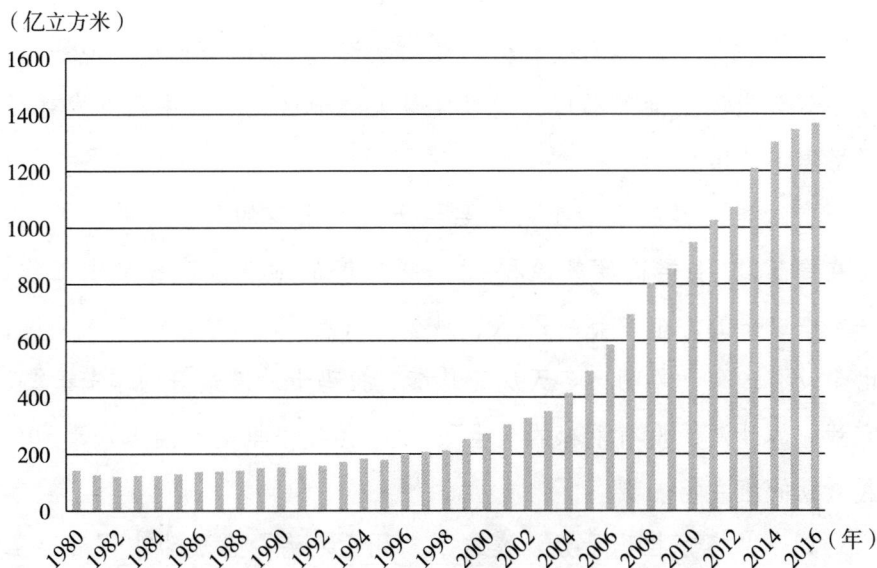

图 3-2　1980—2016 年中国天然气生产量

数据来源：中国国家统计局，中国能源统计年鉴（2012 年、2017 年）。

油气生产基本形成东部稳定、西部接替、海上发展格局。通过"战略东移""稳定东部、发展西部、加快海域""油气并举"等一系列重大战略的实施，我国在松辽盆地、渤海湾盆地、鄂尔多斯盆地、准噶尔盆地、塔里木盆地、四川盆地和海域勘探开发取得重大成果，发现并建成大庆、胜利、辽河、新疆、长庆、塔里木、四川等一系列千万吨级大油气田。目前，已形成松辽、渤海湾两大石油生产区；鄂尔多斯、新疆两大油气生产区；四川和南海北部两大天然气生产区。目前包括长庆油田、新疆油田、塔里木油田和塔里木油田在内的西部地区油气产量已经超过全国产量的 1/3。尤其是长庆油田的油气当量产量已经连续四年超过 5000 万吨，成为我国最大的油田。

专栏 3-1 "死亡之海"变成"希望之海"——建设塔里木油田

塔克拉玛干沙漠素被称为"死亡之海"。在这个自然环境恶劣，被公认为世界上油气勘探开发难度最大的地区之一，中国开发建设了塔里木油田。

在这里工作的石油工人都要经历前所未有的严峻考验。夏季，要在高达 40 多摄氏度气温和 70 多摄氏度的地表温度环境中工作。一年中这里的沙尘暴会刮 20 天，沙尘天气在 200 天左右。工人们说，由于没有沙尘和暴晒，冬天反而是塔克拉玛干沙漠最好的季节。"只有荒凉的沙漠，没有荒凉的人生"，这句话被这里的石油工人奉为自我激励的座右铭。

如今，塔克拉玛干大沙漠这个"死亡之海"已成为中国石油工业的"希望之海"。在塔里木，相继探明发现了中国第一个沙漠油田——塔中油田，最大的优质整装气田——克拉 2 气田，最大的凝析气田——迪那 2 气田，陆上最深的气田——克深气田。塔里木油田原油年产量突破 500 万吨，并且连续保持了十多年。天然气年产量超过 200 亿立方米，预计到 2020 年前后，产量将达到 400 亿立方米。

　　塔里木油田建设了南疆天然气利民工程，使南疆五地州 400 万居民用上清洁的天然气。同时，帮助当地发展经济，投资建设南疆铁路，修建油地公路，加大生态防护林建设、为缺水地区打水井，解决了众多资源地经济发展中的难题。

专栏 3-2　中国成为第三个页岩气商业开发国家

　　2017 年 3 月 21 日，中国首个大型页岩气田——涪陵页岩气田累计供气突破 100 亿方。目前，涪陵页岩气田日销售页岩气达 1600 万方，相当于 3200 万户居民每日用气需求。

　　2015 年以来，中国页岩气勘探开发取得重大进展，建成两个国家级页岩气示范区，年产能超过 100 亿立方米。在国际油气价格大幅下滑、世界非常规油气勘探开发遇冷大背景下，中国已成为世界上继美国和加拿大外第三个页岩气商业开发国家，正在加速迈进大规模商业化发展阶段。

　　全球页岩气资源丰富，是常规天然气资源量的数倍，被众多国家视为解决天然气供应难题的首选，已有 30 多个国家陆续开展了页岩气资源评价和勘探开发工作。但在中国页岩气勘探开发取得突破之前，仅有北美地区凭借较好的资源赋存条件、先进的勘探开发技术、成熟的储运基础设施和活跃的天然气投资市场等因素成功实现了商业化开发，大多数国家仍处于资源前期评价和基础研究阶段。中国自 2012 年开始加大页岩气勘探开发投入，仅用 4 年时间产量即达到 45 亿立方米／年，相较于美国利用 10 年左右时间将产量提升至约 40 亿立方米，中国正加速迈进大规模开发阶段。

　　中国成功研发了适应复杂地质和地表条件的海相页岩气勘探开发技术体系。中国南方海相页岩地层形成时代老、成熟度高、构造活动强烈，页岩储层普遍致密，储层物性非均质性强，地表条件极为复杂，与美国相比勘探开发难度大。依靠科技进步、技术创新和集成创新，中国在勘探理论和开发技术系列、开发模式、产业化发展模式和装备研发制造等方面取得了重要突破，初步形成了具有自主知识产权的页岩气开发配套技术体系。

二、炼油化工大规模发展，产量和质量大幅提升

随着若干大型石化基地陆续建成，我国形成了长江三角洲、珠江三角洲、环渤海地区三大石化集聚产业区，目前的炼油和乙烯生产能力分别超过 7.5 亿吨和 2300 万吨，分别相当于 2000 年的 3 倍和 5 倍，已跃升为全球第二炼油大国和第一化工大国。2017 年原油加工量为 5.41 亿吨，成品油产量为 3.45 亿吨；乙烯年产超过 1700

（万吨）

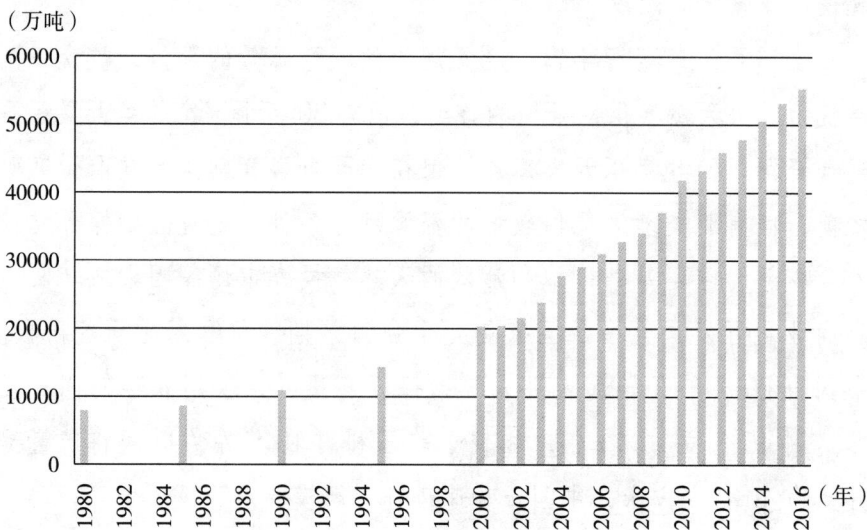

图 3-3　1980—2016 年中国原油加工量

数据来源：中国国家统计局，中国能源统计年鉴（2012 年、2017 年）。

多万吨，合成纤维年产超过 4500 万吨，合成树脂年产超过 7000 万吨，合成橡胶年产超过 300 万吨，均列世界前茅。尤为值得关注的是，我国正在加快油品质量升级。2016 年东部地区 11 省市已全面供应国 V 标准车用汽、柴油，2017 年将进一步推广至全国。此外，国 VI 车用汽、柴油两项国家强制性标准征求意见稿已由国家能源局发布，相关指标已经达到或超过欧盟现行标准。油品质量快速提高，在不到 10 年的时间里走过了欧美国家 20—30 年走过的油品质量升级道路。

专栏 3-3　中国炼油化工产业与世界比肩

泥螺山下，在 56 平方千米的土地上，井字形道路，整齐划一的河流，高高耸立的管架长廊，数个巨型"方阵"内厂房整齐有序，银色的塔、罐、釜矗立其中，彩色管线串联其间，这是宁波化学工业区，这里拥有中国最大的液体化工码头——镇海液体化工码头和全国最大的炼油生产企业——镇海炼化。在距离不远的大都市上海，上海化工园区中英国石油公司、巴斯夫、拜耳、亨斯迈、三井化学等大牌跨国公司和中国石化、上海石化、华谊集团等国内大型骨干企业紧密联通，构建了中外化工巨擘既互动竞争又携手合作的良性发展格局。

这是中国石油化工企业发展的一个缩影，依靠自主技术创新，中国已经形成世界先进的石油化工主体技术。中国拥有现代化炼油厂全流程技术，具备利用自主技术建设单系列千万吨级炼油厂的能力，能够依靠自有技术设计建设百万吨级乙烯工程，百万吨级芳烃成套技术达到世界领先水平。2016 年 3 月，采用中国石化催化裂解（DCC）技术建设的泰国第二套 DCC 装置顺利开工。同一个国家连续采用中国企业的同一项炼油技术，标志着中国的炼油技术已经在国际市场站稳脚跟。中国炼油化工技术和装备将成为新的"国家名片"。

三、油气管道建设跨越式发展，管道运输体系初步形成

截至 2016 年底，全国已建成的陆上油气管道里程达到 12.2 万公里，其中原油管道 2.9 万公里，成品油管道 2.5 万公里，天然气长输管道 6.8 万公里，已基本形成西油东送、北油南运、西气东输、北气南下、海上登陆、就近供应的油气管道供应格局，正步入油气管道网络化时代。尤其是天然气管网、液化天然气（LNG）接收站等基础设施建设快速推进，为我国天然气市场发展提供了基础。天然气骨干管网基本联通全国，干线管网总输气能力超过 2000 亿立方米 / 年。同时，在环渤海、长三角、珠三角和川渝地区等形成了较成熟地区环网。LNG 接收能力快速增长，目前全国投产 LNG 接收站 11 座，转运站 1 座，截至 2016 年底总接卸周转能力达到 4680 万吨。从分布来看，我国 LNG 接收站基本覆盖了沿海地区，为沿海地区经济可持续发展提供了更多的清洁能源资源保障。

专栏 3-4　西气东输工程

西气东输工程是中国天然气发展战略的重要组成部分，它以新疆塔里木盆地、鄂尔多斯盆地和中亚天然气为主气源，以长江三角洲地区和华南沿海地区为目标消费市场，形成横贯中国西东的天然气供气系统。西气东输工程最初特指 2004 年 12 月投产的西气东输一线工程，后期则指代包括一线、二线、三线等西气东输系列干线和支干线组成的管网。工程管线总长度超过 2 万千米，年输气能力

770 亿立方米，近 4 亿人受益，促进了沿线 14 个省、市、自治区和香港特别行政区，160 多座城市的经济发展、环境改善、能源结构调整和民生质量提高，使天然气在一次能源消费结构中的比例提高 1 个百分点以上。

西气东输管道不仅解了长三角、珠三角能源之"渴"，把西部资源优势转变为经济优势，而且激活了沿途省区钢铁、水泥、土建安装和机械电子等企业的发展潜能，形成了一条新的经济增长带，对带动西部地区经济腾飞起到巨大推动作用，为助推东部经济率先发展提供源源不断的动力。

西气东输管道让城市重现碧水蓝天美景，人民生活更加丰富多彩。据不完全统计，西气东输管道给下游地区带来较明显的环境效益，天然气的大量使用使沿线当地煤炭消耗量减少 3.9 亿吨、减少污染物排放 1400 多万吨。例如，上海这座国际化大都市，以西气东输为契机，加快清洁能源替代步伐，实行"新建无燃煤计划"，使天空变得更加湛蓝。

西气东输工程是中国管道建设史上距离最长、管径最大、管壁最厚、输送压力最高、技术最先进、施工条件最复杂的天然气管道工程，建设规模和技术指标世界罕见，地形地貌的复杂程度堪称世界之最，施工难点属于世界级难题，例如工程多次穿越黄河、长江，穿越其他大小河流 700 多次。中国依靠自己的力量，取得了天然气长输管道诸多关键设备的国产化，提高了天然气业务发展的技术自主能力。

四、境外油气合作取得突破

我国油气领域数十家各类所有制企业"走出去"到国外投资石

油天然气勘探开发，油气对外投资累计近 2500 亿美元，先后与 43 个国家和地区签署了近 200 个油气项目协议，基本建成了中亚—俄罗斯、非洲、中东、美洲、亚太等五大境外油气战略合作区。截至 2012 年底，我国累计获得境外权益石油产量 8752 万吨；权益天然气产量 223 亿立方米。拥有境外油气管道 5200 公里，年输油能力 5600 万吨/年。同时，在油气勘探开发、集输、炼化加工领域的技术研发、装备制造、应用能力和技术服务等方面进步很快，已形成了成龙配套的体系和作业能力，一大批装备、工具已进入世界先进行列。

五、我国石油工业创新能力大幅提高，企业竞争力增强

改革开放以来，在石油工业发展的实践中，坚持自主创新，反复探索研究，逐步创建了陆相生油理论、陆相油气成藏理论，以及与之配套的勘探开发技术。高分辨率地震、山地地震、水平井、多分支井、欠平衡井、超深井、三次采油等陆上油气勘探开发技术和复杂条件下的管道施工技术已经达到或接近国际先进水平。高酸高硫重质油加工技术、清洁油品生产技术与国际先进水平的差距大大缩小。石油装备制造业从修配仿造发展到自主设计制造，基本建立了比较完备的石油石化装备制造体系，装备制造水平和国产化率明显提高。除地震仪、成像测井仪、深水钻井船等少数设备外，其他均已实现国产化；千万吨级炼油装置设备国产化率达到 90% 以上，百万吨级乙烯等大型化工装置设备国产化率也在 60% 以上，大部分新建装置已达到 70%—80% 以上。尤为值得指出的是，深海油气勘探开发装备的研发和建造取得了突破，981 深海钻井平台等装备已达到国际先进水平。

中石化、中石油、中化、中海油、延长石油均进入世界企业 500 强，其中石化、中石油总经营额超 2 万亿元，列第 3、4 位。一批非油气国有企业、民营企业从事油气产供销及炼化加工，也已形成一定的基础，取得良好业绩，有的已成为当地的支柱企业。

六、油气产业对经济发展作出重大贡献

石油和天然气为工业制造提供重要原材料，该行业在国民经济产业链中具有举足轻重的地位，在工业增加值、固定资产投资、出口总额中占有一定比例。仅中石油、中石化、中海油三家中央企业 2014 年上缴国家各种税费金共计 5379 亿元，占当年中央财政收入的 8.34%。

未来，石油天然气行业仍然承担着保障中国能源安全的重任，建设制造业强国、全面建成小康社会对石油和天然气行业发展都提出了更高要求。在全行业共同努力下，中国石油天然气行业会在新的历史时期实现更大跨越。

第四章　当之无愧的大国电力

改革开放以来，我国电力工业适应社会经济发展需要，通过不断深化改革为自身发展提供强大动力，40 年间电力工业持续快速发展，在发展速度、发展规模和发展质量等方面取得了巨大成就。电力工业作为国民经济发展最重要的基础产业，为经济增长和社会进步提供了强有力保障。

第一节　电力工业发展迈入世界之巅

我国电力工业起步比西方国家晚了 80 年，改革开放初期，我国电力发展规模不但远低于世界平均水平，电力行业一直实行集中统一的计划管理体制，投资主体单一，运行机制僵化，投资不足，效率低下，导致了长期严重缺电局面。40 年来，在改革开放大背景下，我国电力工业得到蓬勃发展，不断创造辉煌。电力工业规模从小到大、实力由弱到强，在发展规模、建设速度和技术水平等方面不断刷新纪录、跨上新的台阶，迈入世界之巅，引领世界电力工业发展，成为世界电力工业发展史上的奇迹。

一、电力供应保障能力世界领先

发电装机规模世界第一，实现跨越式快速发展。1978 年，全国发电装机容量仅为 5712 万千瓦，年发电量 2566 亿千瓦时，分别居世界第八位和第七位，人均装机容量和人均发电量还不足 0.06 千瓦和 270 千瓦时，大大低于世界平均水平，也因为严重短缺成为制约国民经济发展的瓶颈。改革开放开启了电力建设的大发展，到 1987 年我国发电装机容量突破 1 亿千瓦，到 1996 年，发电装机容量达到 2.4 亿千瓦，跃居世界第二位。2006 年起，每年新增发电装机容量在 1 亿千瓦左右，创造世界电力发展史的奇迹。于 2011 年发电装机容量超过美国，成为世界上发电装机容量最大的国家。到 2017 年全国发电装机容量达到 17.77 亿千瓦，年发电量 6.42 万亿千瓦时，分别是 1978 年的 31 倍和 25 倍。40 年发电装机年均增速 9.0%，年均增长 4300 万千瓦。2017 年，人均装机容量和人均发电量分别为 1.28 千瓦和 4619 千瓦时，均超世界平均水平。全国电力供需呈现总体宽松，满足了国民经济的快速增长要求。

电力系统安全稳定运行和电力可靠指标达到国际先进指标。2017 年，10 万千瓦及以上煤电机组、4 万千瓦及以上水电机组、燃气轮机组、核电机组等效可用系数分别为 92.76%、92.55%、92.60%、91.10%。架空线路、变压器、断路器三类主要输变电设施的可用系数分别为 99.497%、99.856%、99.942%，指标普遍优于北美。直流输电系统合计能量可用率、能量利用率分别为 95.35%、54.42%；总计强迫停运 33 次。全国 10（6、20）千伏供电系统用户平均供电可靠率为 99.814%，用户平均停电时间 16.27 小时 / 户，用户平均停电次数 3.28 次 / 户，已经与发达国家相当，其中部分经济发达地区城市供电可靠性达到了国际先进水平。

二、电网规模、资源配置能力世界首屈一指

电网规模持续壮大，是世界规模最大电网。1978 年，全国 35 千伏及以上输电线路回路长度仅为 23.05 万千米，变电设备容量 1.26 亿千伏安。到 2017 年底，全国 35 千伏及以上输电线路回路长度已达 183 万千米，变电设备容量已达 66 亿千伏安，分别是 1978 年的 7.9 倍和 52.6 倍。电网建设保证了新增 17 亿千瓦的电源并网，满足了新增 6 万亿千瓦时的电量需求，支撑了社会经济快速发展，服务人口位居世界首位。

联网范围不断扩大，资源配置能力在世界独领风骚。改革开放前，我国电网主要以相对孤立的省级电网、城市电网为主，区域电网之间没有互联，电网运行极不正常，电网事故频发，并且很多地区没有电网覆盖。1979 年，结合我国能源资源禀赋与用电负荷中心逆向分布的国情，国家明确了电力工业发展要走联网道路。1989 年，第一条 500 千伏葛沪直流输电线路将四川与上海联系到一起，拉开了跨区联网的序幕。2011 年 11 月，随着青藏 400 千伏直流联网工程的投运，形成以六大区域电网为主体，区域电网交直流互联，覆盖全部省（区、市）的大型电网，实现除台湾以外的全国联网。全国跨区跨省输电能力达到 2.3 亿千瓦，完成跨区送电量 4235 亿千瓦时，跨省送出电量 1.13 万亿千瓦时。将西部、北部大型基地的电能经济高效地输送到东中部负荷中心，其中清洁能源超过一半，有力支撑了西部地区水电、风电、太阳能发电的开发利用。

电压等级不断升级，进入特高压交直流混联电网时代。改革开放之初，我国电网最高电压等级为 330 千伏，1981 年出现 500 千伏，

1989 年出现 ±500 千伏直流，2005 年出现 750 千伏，2009 年建成投运第一条 1000 千伏特高压输电线路（晋东南—荆门），我国电网进入特高压时代。2010 年建成投运两条 ±800 千伏特高压直流输电线路（云广、向上），我国又迎来特高压交直流混联电网时代。正在建设的 ±1100 千伏新疆准东—安徽皖南特高压直流输电线路，再创纪录。至 2017 年，全国已经建成八交十三直 21 项特高压工程，线路长度达到 3.8 万千米。

全面解决无电地区人口用电问题。改革开放初期，我国农村电网薄弱，农村电气化水平极低。改革开放后，国家高度重视农村电网建设与改造，通过农村水电试点县建设、多轮的农网改造升级等工程。农村电气化事业发展迅猛，取得显著成绩。到 2015 年，全国解决了农村无电地区人口用电问题，"十三五"时期解决了农村"低电压、卡脖子"问题，提升了供电质量，农村供电可靠率超过 99.77%。

三、非化石能源实现跨越式发展，电力绿色转型走在世界前沿

非化石能源比重显著提高。改革开放初期，我国电源结构单一，仅有火电和水电，分别占比 70% 和 30%。改革开放以来，特别是 21 世纪以来，我国非化石电源发展进入快车道。核电、风电和太阳能发电从无到有，至 2017 年，发电装机容量分别达到 3582 万千瓦、16367 万千瓦和 13025 万千瓦，非化石能源发电装机比重提升至 38%；核电、风电、太阳能发电量占比达到 29.1%，相比 1978 年提升了 11.7 个百分点。

当之无愧的世界超级水电大国。1978 年，我国水电装机规模

1728 万千瓦。改革开放后，我国水电建设步伐明显加快，特别是 1993 年后，年均投产超过 300 万千瓦，至 1999 年底我国水电总装机容量已达 7297 万千瓦。进入新世纪，水电建设进入新的发展阶段。2004 年 9 月，以公伯峡水电站 1 号机组投产为标志，我国水电装机突破 1 亿千瓦大关，一跃成为世界上最大的水力发电国家；2010 年，我国水电装机突破 2 亿千瓦。2012 年，三峡水电站机组的全部投产，成为世界最大的水电站。此后，溪洛渡、向家坝等一系列巨型水电站相继开工建设投产。2017 年，我国水电装机容量 3.41 亿千瓦，水电装机居世界第一并遥遥领先，全球十大水电站我国占据 5 座。

风电领跑世界，成为我国第三大主力电源。我国风电从零起步，2000 年时风电装机仅有 34 万千瓦，2010 年风电装机达到 4400 万千瓦，2012 年风电装机突破 6000 万千瓦，取代美国成为世界第一风电大国。特别是 2010 年以来，发电装机年增加量在 1500 万千瓦左右，成为世界风电发展最快的国家。到 2017 年，我国风电装机规模达到 16367 万千瓦，超越核电，成为我国第三大主力电源。

光伏发电经历漫长发展积累期增长规模为世界罕见。从 1984 年我国第一座 10 千瓦离网光伏电站在甘肃诞生，经过漫长的技术积累，2005 年我国第一座 100 千瓦并网光伏电站在西藏羊八井正式投产，随后光伏发电装机得到快速发展，尤其是 2013 年国家确立分类光伏标杆电价政策以后，光伏发电发展进程加快。2013—2017 年，我国光伏发电每年新增装机规模全球第一，光伏发电发展取得成绩令世界瞩目。到 2017 年，光伏发电装机规模达到 1.3 亿千瓦，稳居全球第一。

核电一路追赶已与世界先进水平接轨。伴随着改革开放，我国核电从无到有、从小到大逐步发展。1985 年开工建设的秦山核电站，终结了我国没有核电的历史。1983 年召开的核电发展会议是我国核电发展的重要里程碑，会议议定了《核电发展技术政策要点》，确定了我国核电发展的技术路线。1988 年确定了我国第一步核电发展规划，并启动了全国范围的核电厂选址工作，我国核电进入了规划发展阶段。到 2017 年我国核电在运装机规模居世界第四，在建 3054 万千瓦，居世界第一。在建核电机组规模世界第一。我国已成为世界上第 7 个能够自行设计、建造核电站的国家，核电站建设能力、设备制造能力、核电站运营能力均与世界先进水平接轨。

四、火电装备不断升级、节能减排水平世界先进

电力工业作为节能降耗和污染减排的重大行业，长期以来重视节能减排，通过结构调整、技术改造、优化运行方式、加强管理和环境治理，节能减排成绩显著。

火电装备不断优化升级。我国从改革开放初期的只有少数 20 万千瓦机组，通过持续推进燃煤机组淘汰落后产能、发展高参数大容量发电机组，现已形成以 30 万千瓦、60 万千瓦、100 万千瓦，具有国际先进水平的大容量、高参数、高效率发电机组为主力机组的燃煤发电系统，电力装备跻身世界大国行列。2017 年，单机火电机组超临界、超超临界机组比例明显提高，单机 30 万千瓦及以上机组比重上升到 78.6%，单机 60 万千瓦及以上机组比重达到 41%，单机 100 万千瓦及以上机组比重超过 10%。

火电机组能效指标全面达到世界先进水平。1978 年全国供电煤耗 471 克／千瓦时，电网线损率为 9.64%，厂用电率 6.61%，到 2017 年底，全国供电标准煤耗 309 克／千瓦时，比 1978 年降低 162 克／千瓦时，煤电机组供电煤耗水平持续保持世界先进水平；电网线损率 6.48%，

比 1978 年降低 3.16 个百分点，居同等供电负荷密度国家先进水平；全国 6000 千瓦及以上电厂厂用电率 4.8%，比 1978 年降低 1.81 个百分点。

火电机组污染控制水平世界先进。改革开放之初，以煤为主要燃料的火电厂对环境造成严重污染。改革开放 40 年来，电力行业持续致力于发电技术以及污染物控制技术的创新发展，严格落实国家环境保护各项法规政策要求，积极推进火电脱硫、脱硝、超低排放改造，到 2017 年底，全国燃煤电厂 100% 实现脱硫后排放，已投运火电厂机组 92.3% 实现烟气脱硝，全国累计完成燃煤电厂超低排放改造 7 亿千瓦，占全国煤电机组容量比重超过 70%；煤电机组污染物排放控制水平达到世界先进水平。

电力排放绩效显著优化，排放水平世界先进。1980 年，我国火电厂烟尘排放量约 400 万吨，二氧化硫排放量为 245 万吨。1990 年，电厂烟尘、二氧化硫和氮氧化物排放量分别为 362.8 万吨、417 万吨、228.7 万吨。到 2017 年，烟尘、二氧化硫和氮氧化物排放量分别为 26 万吨、120 万吨和 114 万吨，火电发电量增长 9 倍多，污染物排放量得到大幅度削减，烟尘、二氧化硫和氮氧化物排放量相比 1990 年分别减少了 336 万吨、297 万吨和 114.7 万吨。2017 年，单位火电发电量烟尘排放量、二氧化硫排放量和氮氧化物排放量分别为 0.06 克 / 千瓦时、0.26 克 / 千瓦时和 0.25 克 / 千瓦时，处于世界先进水平。

五、电力技术装备、创新能力实现全面突破，引领世界

改革开放初期，我国发电机组、电力设备制造能力落后，火电机组多为煤耗高、效率低、污染重的小机组，电力设备、关键性材料等主要依靠进口。改革开放以来，通过引进、消化、吸收、创新

的电力工业发展道路，我国电力装备技术已居国际前列。

燃煤发电技术不断创新，达到世界领先水平。作为煤电大国，我国长期致力于发电装备技术、污染治理技术的创新发展。我国百万千瓦级超超临界机组、二次再热机组和700摄氏度发电等拥有自主知识产权的火电技术取得突破性进展，超超临界常规煤粉发电技术达到世界先进水平。60万千瓦级、百万千瓦级超超临界二次再热机组和世界首台60万千瓦级超临界CFB机组投入商业运行，百万千瓦级超超临界机组、超低排放燃煤发电技术广泛应用，燃煤电厂大气污染物治理技术总体达到世界先进水平，部分领域达到世界领先水平。世界首台百万千瓦级间接空冷机组开工建设，空冷技术、循环流化床锅炉技术达到世界领先水平。25万千瓦IGCC、10万吨二氧化碳捕集装置示范项目建成。

水电科技装备领先世界。拥有世界最大装机规模的水电站——长江三峡水利枢纽工程，发电装机总容量2250万千瓦；拥有世界最高拱坝水电站——锦屏一级水电站，坝高305米；拥有世界最高的碾压混凝土大坝和世界最大的地下厂房水电站——龙滩水电站；拥有世界最高海拔大型水电站——藏木水电站。我国还拥有包括规划、设计、施工、装备制造在内的全产业链综合能力，在抽水蓄能机组制造、设计、施工、运行、管理机制等方面也积累了丰富的经验，取得了巨大成就。我国先后与80多个国家和地区建立了水电规划、建设和投资的长期合作关系，成为推动世界水电发展的中坚力量。

核电技术研发、建设步入世界先进行列。核电站建设、设备制造以及运营能力均与世界先进水平接轨。完成三代AP1000技术引进消化吸收，形成自主品牌的CAP1400和华龙一号三代压水堆技术，开工建设具有第四代特征的高温气冷堆示范工程，建成实验快堆并成功并网发电。我国第三代核电技术跨出国门，落地英国，核电企业与阿根廷、埃及等 20 多个国家达成合作意向，核电技术成为中国电力走向世界的新名片。

新能源发电技术达到国际先进水平。我国不仅风电装机规模位居世界首位，技术创新能力也走在世界前列，已经形成了具有国际先进水平的较为完备的风电产业体系，装备制造能力和自主创新能力显著增强，具有中国自主知识产权的领先技术产品远销到全球近 30 个国家和地区，风电成为我国少数具有国际竞争力的高新技术产业之一。规模化光伏开发利用技术取得重要进展，晶体硅太阳能电池产业技术具备较强的国际竞争力，批量化单晶硅电池效率达到 19.5%，多晶硅电池效率达到 18.5%。

电网技术装备处于世界前列。电网部分核心技术实现从追赶、跟随到中国创造中国引领。特高压输电技术的发展改变了我国输变电行业长期跟随西方发达国家发展的被动局面，确立了国际领先地位。特高压输电技术处于世界引领地位，掌握具有国际领先水平的长距离、大容量、低损耗的特高压输电技术，特高压输电技术开始应用，1000 千伏特高压交流、±800 千伏、±1100 千伏直流输电工程开工建设投产。大电网调度运行能力不断提升，供电安全可靠水平有效提高。新能源发电并网、电网灾害预防与治理等关键技术及成套装备取得突破，多端柔性直流输电示范工程建成投运。

六、从"引进来"发展到"走出去"，电力国际合作开创新局面

经过改革开放 40 年的创新发展，我国电力工业在技术、装备和管理上具有显著优势和较强的国际竞争力。电力行业国际合作从最

初的"引进来"发展到现在的"走出去"，国际合作规模不断扩大、内容不断外延和深化。

"引进来"政策培育壮大了我国电力工业。积极开展电力行业国际合作，通过引进技术和生产工艺，进口发电机组、电能成套设备，利用外资办电、吸引外资参与国内电力建设等多种方式，引进了国外先进的设计技术、制造技术、施工安装、运行技术以及管理经验，通过不断消化、吸收以及再创新，我国电力工业管理和技术水平不断接近和达到国际先进水平。

电力工业"走出去"取得突破。经过几十年的不断探索，我国电力工业从"引进来"到消化吸收，再到创新发展，火电、水电和输变电等工程领域已经成为国际电力舞台的传统优势项目。"一带一路"开创电力国际合作新局面，国际合作规模不断扩大、内容不断外延和深化，"走出去"不断取得突破。直接出口设备、技术，对外承接项目和工程，输出管理替境外国家的电力企业运营管理电网和电厂，收购并购海外发电、电网等优质资产，直接参与境外投资，参与竞标国际工程建设，提供融资、设计、施工、运行、管理、维护等全方位服务。在核电、火电、水电、新能源发电及输变电等领域电力国际合作不断加强，投资形式日趋多样，带动了中国标准、技术、装备、金融"走出去"。

第二节　电力工业发展历程回顾

40年来，电力发展顺应经济社会发展不同阶段的要求，通过电力投资体制改革，打破了政府独家投资办电的格局，促进了投资主体多元化，成功解决了电源投资资金短缺问题。政企分开，建立了现代企业制度，确立了电力企业法人主体地位。厂网分开，促进了电源企业充分竞争格局，激发了企业发展活力，电力工业得到蓬勃发展，不断创造辉煌。在"创新、协调、绿色、开放、共享"五大理念引领下，电力工业由规模扩张、粗放式增长向绿色低碳、资源节约化方向迈进，形成了水火互济、风光核气并举的发展格局。

一、集资办电、打破中央政府独家办电的格局（1979—1997 年）

改革开放初期，电力行业实行的是集中统一的计划管理体制，投资主体单一，运行机制僵化，导致投资不足、效率低下，形成了长期严重缺电局面，彼时全国缺电 20% 左右。改革开放后，随着经济的发展，电力需求增长迅猛，电源不足、电网薄弱成为电力发展的主要矛盾和制约国民经济发展的瓶颈，迫切要求电力工业加快改革，解决电力工业投资不足的问题，促进电力工业快速发展，解决缺电问题。

（一）实施投融资体制改革，解决建设资金瓶颈

由于投资主体单一，中央独家投资办电资金有限，远远不能满足大规模电力建设的需要，改革电力投资体制势在必行。

率先使用银行贷款。1980 年开始，电力行业率先实行了拨改贷试点，走出了拓展建设资金渠道的第一步，开创了我国建设工程使用银行贷款的先河，也改变了过去电力建设资金全部依靠国家财政供应和计划切块统一分配格局的弊端。1985 年起，国家预算内基本建设投资全部由拨款改为贷款。

调动地方和其他行业集资办电积极性。20 世纪 80 年代初期，中央开始与上海、浙江、山东、云南、福建等地方政府合作，在龙口、闵行、台州、漫湾等开展了联合集资办电试点和推广；联合化工、钢铁、水利等行业，集资建设了一批自备电厂和小水电站，有效地解决了高耗能行业用电短缺和农村用电问题；与地方集资建设了葛洲坝—常德—株洲 500 千伏、大连—营口 500 千伏等送变电工程。

多种形式引进外资。1984 年，利用世界银行贷款兴建的云南鲁布革电站正式签署贷款协议，开创了我国利用外资新建电力工程项目的先例。积极通过国外政府贷款、国际金融机构贷款、出口信贷、商业信贷、补偿贸易、中外合资等多种形式集资办电，不仅扩宽了资金渠道，还引进了国外先进的施工技术和管理办法。

设立电力建设基金。1987 年 12 月底，国务院出台《征收电力建设基金暂行规定》的通知，从 1988 年起在全国范围内征收电力建设基金，为地方集资办电建立了稳定的资金来源。由于各地都有了地方电力建设基金，集资办电在全国范围内推开。1992 年，国务院决定征收三峡工程建设基金，专项用于三峡工程建设。

（二）配套电价政策，调动多方投资办电的积极性

1985 年，国务院针对集资办电中出现的问题，如上网电价过低、电厂亏损、管理方式不规范等，出台了《关于鼓励集资办电和实行多种电价的暂行规定》，明确集资电厂可以独立经营，与电网签订供电经济合同，也可委托电网代为经营管理；实行多种电价，新建电厂实行还本付息电价，独立经营的集资电厂，其售电价格允许浮动。

1987 年出台了《关于多种电价实施办法的通知》，确立了指令性、指导性两种电价形式和两种电价形成机制。

此外，还出台了还本付息电价、燃运加价、2 分钱电力建设基金等价格政策。1992 年国务院决定对全部电力项目实行新电新价政策。

多种电价政策的实施，打破了单一计划电价的局面，调动了社会各方面投资办电的积极性。由于集资办电有了政策保障，投资电力变得更具吸引力，由此集资办电步入快速发展轨道。

（三）组建电力企业集团，积极探索建立现代企业制度

20 世纪 80 年代开始，电力主管部门对电力企业实行简政放权政策，扩大了企业的经营自主权，实行了厂长负责制和"三定、三包、三保"的全面包干经济责任制。

1988 年国务院出台《电力工业管理体制改革方案》，提出"政企分开、省为实体、联合电网、统一调度、集资办电"的电力改革发展方针。明确将区域电网管理局改建为电力联合公司，省电力局改建为省电力公司，电力局和电力公司"双轨制"运行，电力公司是独立核算、自负盈亏的实体，具有法人地位。当年年底，华东电网开展了改革试点，拉开了电力工业政企分开的序幕。1993 年，根据国务院开展组建大型企业集团试点的通知，将电力联合公司改组为电力集团公司，组建了东北、华东、华北、华中、西北五大电力集团。

在国有企业改革的背景下，电力公司积极探索建立现代企业制度。1993 年 9 月，电力部发布《电力行业股份制企业试点暂行规定》，明确发电企业都可以进行股份制改造，具备条件的经主管部门同意

后可以到境内外发行股票。

1996 年出台《中华人民共和国电力法》，并自 1996 年 4 月 1 日正式施行，电力事业发展进入法制化轨道。

（四）电力投资规模快速提高，基本解决长期缺电问题

电力行业市场化改革，极大地调动了地方、外资等方面办电的积极性，电力工业得到迅猛发展。至 1997 年底，我国电力供需基本实现平衡，困扰多年的电力短缺局面基本结束。

电力基本建设投资完成额由 1978 年的 49.33 亿元快速提高到 1997 年的 1339.43 亿元，19 年增长 27.15 倍。这一阶段，电力投资主要用于电源工程，电源投资占电力投资的比重超过 70%。

"六五"新增发电装机容量为 2118 万千瓦，"七五"为 5084 万千瓦，"八五"为 7933 万千瓦。我国发电装机从 1978 年 5712 万千瓦，发展到 1987 年底突破 1 亿千瓦，到 1995 年 3 月超过 2 亿千瓦，到 1997 年达到 2.54 亿千瓦。发电装机容量从 1978 年的 5712 万千瓦增长到 1997 年的 2.54 亿千瓦，增长了约 4.4 倍。

1. 大力发展水电，加快大型骨干电站建设

1984 年，新中国成立后，第一个利用世行贷款，并率先实行国际招标、项目管理的工程——云南鲁布革水电站引水系统工程开工。1986 年，中国第一座集资兴建的大型水电站——云南澜沧江上的漫湾水电站正式开工。1996 年 12 月，华东地区最大的水电站——水口水电站 7 台机组全部投产。该电站位于闽江干流，装机 7×20 万千瓦，是我国利用世界银行贷款、土建工程首次全部实行国际招投标的项目。

1988 年，长江上第一座大型水利枢纽工程，葛洲坝水电站 21

台机组全部投产，总装机 271.5 万千瓦。1994 年 12 月，长江三峡工程正式开工兴建。大坝长 2335 米，高 185 米，正常蓄水位 175 米，库容 393 亿立方米，安装 32 台 70 万千瓦水轮机组，总容量 2240 万千瓦，是当今世界最大的水利水电工程。

1987 年，中国第一台 32 万千瓦立式混流式水轮发电机组——青海龙羊峡电站 1 号机组投产，这是黄河干流"龙头"水电站。1994 年，黄河小浪底水利枢纽工程正式开工。该工程位于黄河最后一段峡谷的出口处，以防洪、防凌、减淤为主，兼顾供水、灌溉和发电，装机 6×30 万千瓦。

1994 年，广州抽水蓄能电站一期工程竣工，2000 年二期工程完成，电站总装机容量达到 240 万千瓦，成为世界上最大的抽水蓄能电站。

2. 火电技术装备水平大幅提升

1987 年，我国引进美国技术制造的首台亚临界 30 万千瓦汽轮发电机组，在山东石横电厂投产。1988 年，我国引进美国技术制造的首台亚临界 60 万千瓦机组，在安徽平圩电厂投产。1992 年，我国引进设备及部分制造技术的首台超临界 60 万千瓦机组，在上海石洞口二厂投产。1996 年，我国第一座循环流化床锅炉示范电站——四川省内江循环流化床锅炉示范电站工程并网发电。同年，广东省沙角 C 电厂 3×66 万千瓦机组建成投产。它是当时是我国单机容量最大和总装机容量最大的燃煤发电厂。建设采用总承包交钥匙方式，全套设备从英、法、美三国引进。

3. 加快核电设备国产化步伐，为核电规模化发展打下基础

20 年代 80 年代中期，核电建设开始起步。1983 年我国自行设计、制造、管理的第一座核电站——秦山核电站一期工程破土动工，

1991 年并网发电，从此结束了中国大陆无核电的历史。1985 年广东核电投资有限公司和香港核电投资有限公司合营，引进法国技术，建设广东大亚湾核电站，1994 年 5 月两台 90 万千瓦核电机组建成投产。1997 年 5 月，广东岭澳核电厂一期工程主体工程两台百万千瓦核电机组举行开工典礼。

4. 促进电网升级和大电网建设

由于电源单机容量已经提高到 30 万—60 万千瓦，送电距离和输送容量增加，促进了跨省超高压区域电网和远距离直流输电的发展。

1981 年，中国第一条 500 千伏超高压输电线路——河南平顶山至湖北武昌输变电工程竣工。该工程全长 595 公里，最大输送容量 120 万千瓦。该工程的投运加强了河南、湖北的电力联系。到 20 世纪 80 年代末，华中电网的 500 千伏线路已达 10 条，从而形成华中电网的 500 千伏网架。1984 年，元宝山—锦州—辽阳—海城输变电工程建成。该工程是中国自行设计、施工、制造的第一项 500 千伏输变电工程，它的建设拉开了东北 500 千伏电网骨架建设的序幕。1989 年，我国第一条 ±500 千伏超高压直流输电工程——葛洲坝至上海直流输电工程，单极投入运行，实现了华东与华中区域的联网，也标志着我国进入超高压大电网时代。

到 1997 年底，华北、东北、华东、华中等电网容量均超过 2000 万千瓦。山东、福建、四川等独立省市电网也有了较大发展。大电网已基本覆盖了全部城市和大部分农村。

二、政企分开、建立现代企业制度（1997—2002 年）

1996 年开始，为了抑制 1992 年以后逐步出现的通货膨胀以及基本建设上严重的重复建设，同时也为了抵御和防范金融风险，国家采取了控制新开工该项目及收缩信贷、紧缩财政等一系列政策措施。随着 GDP 增长速度放缓、经济结构调整步伐加快、国企改革深入，工业用电量大幅下降，电力供需关系发生了很大变化，供需矛盾逐年缓解，长期以来制约国民经济发展和人民生活水平提高的严重缺电局面得到了初步缓解，部分地区出现了电力相对过剩。电力内部发展粗放、结构失衡、农电薄弱、需求不平衡等问题充分暴露出来。同时，垄断体制和"省为实体"使得省与省之间电力交流形成壁垒，阻碍电力产业的进一步发展。

要求电力工业变革管理方式、转变发展方式、调整内部结构、促进电网电源均衡发展、改善农村用电环境、扩大消费需求、推进西电东送和全国联网。

（一）实施政企分开、建立现代企业制度

根据"公司制改组、商业化运营、法制化管理"的改革取向和"电网国家管、电厂大家办"的原则，电力工业在实行政企分开、推进股份制改造、实行业主责任制、完善电力法规等方面进行了一系列改革和准备工作。

1997 年国家电力公司成立，1998 年撤销电力部，原电力部的政府职能由国家经贸委行使，行业职能交中国电力企业联合会，国家电力公司开始独立运作，实现了电力工业管理体制由计划经济向市场经济过渡的历史性转折。

5 年间，国家电力公司实现了从行政性公司向实体性公司的转变，整体实力不断增强。但国家电力公司垂直一体化垄断的问题由于市场供求状况的变化成为突出矛盾。国家电力公司既是一个电网

的运营者，同时也是一个电厂的运营者，不但对其他投资主体形成不公平竞争，而且不利于发电企业降低发电成本、提高效率。为促进电力工业更快发展，提高国民经济的整体竞争能力，必须进一步深化电力体制改革。

（二）改革电价形成机制、规范电价管理

出台了经营期电价政策。针对部分地区出现的装机规模相对富余现象，还本付息电价政策的弊端日益显现。为了鼓励电力企业降低成本、提高效率，国家对还本付息电价政策进行了改革，出台了经营期电价政策。实行经营期电价政策后，新建项目上网电价平均水平降低了 5 分 / 千瓦时左右。对我国在电力项目还贷高峰时期保持电价水平基本稳定作用显著。

加强和规范电价管理。清理整顿了各级政府的电价外加收基金和收费，推行统一销售电价，建立了较透明、规范的电价管理体系。

推进城乡用电同网同价。1998 年，国家实施了改造农村电网、改革农村电力管理体制、实现城乡用电同网同价的战略决策（"两改一同价"）。至 2004 年，全国除西藏外均实现了城乡居民用电同网同价，农村居民用电价格平均降低约 0.23 分 / 千瓦时，结束了几十年来农民用电价格一直高于城市居民的历史。减轻了农民电费负担，促进了农村经济发展和农民生活水平的提高。

（三）加大电源结构调整，限制小火电的发展

实施电源以大代小专项投资，逐步升级发电机组单机容量，火电机组不断向大机组、高参数方向迈进。1998—2002 年，全国累计关停小火电机组约 1000 万千瓦。新建火电厂基本要求采用单机容量

在 30 万千瓦及以上的高参数、高效率的机组。到 2002 年，超高压机组容量占火电总容量的比重达到 58.9%，30 万千瓦及以上机组装机规模已经超过 40%，相比 1997 年提高 8 个多百分点。

实施西部大开发战略促进了水电建设。长江、黄河以及其他大江大河中上游梯级开发，一批大中型水电站投产，改变了水火电装机结构。这期间，二滩水电站 6 台 55 万千瓦机组全部建成投产发电，成为我国装机容量最大的水电站；2000 年，广州抽水蓄能电站 8 台 30 万千瓦机组全部建成投产，是我国第一座、世界最大的抽水蓄能电站。

加快推进核电重点工程。分别开工建设岭澳核电站、秦山三期、江苏田湾核电站一期。

（四）推行城乡电网建设与改造工程

1998 年开始，国家开始推行城乡电网建设与改造工程。1998—2002 年 5 年期间，累计共完成投资 3908.7 亿元，是新中国成立以来最大规模的城乡电网投资。城乡电网建设改造工程极大地改善了城乡电网质量，加强了电网结构，提高了电网供电可靠性。

配套实施"两改一同价"电价政策，促进了农村电网的发展，农村供电能力迅速增强，除少数边远地区外，基本实现了县县通电，农村用电水平逐步得到提高。

（五）实施西电东送，促进资源优化配置

西电东送是国家西部大开发战略的骨干工程。根据我国能源和负荷分布的特征，积极实施西电东送战略，促进资源优化配置。2000 年，国家明确了"十五"期间西电东送北、中、南三大通道建

设，南通道规划从贵州、云南、广西和三峡向广东输电1000万千瓦，全面拉开了西电东送大通道建设的序幕。

三、电力工业实现跨越式发展、创造辉煌业绩（2003—2012年）

新世纪以来，尤其是2001年底我国正式加入世界贸易组织，随着经济融入全球经济进程加快，我国经济进入工业化加速发展阶段。党的十六大明确提出要用20年时间全面建设高水平的小康社会，为经济发展指明了方向。同时，节能减排和环境保护得到空前重视，深入贯彻落实科学发展观，建设资源节约型、环境友好型社会成为加快转变经济发展方式的重要着力点。

2002年以来，我国电力需求快速增长，电力供需矛盾重现。为此，国家采取了加快电力建设、加强电力需求侧管理等一系列措施。10年间，电力行业在改革中突破、在进取中担当，实现了跨越发展。电力工业发展遇到了前所未有的机遇，迎来了极速扩张的黄金十年，推动了电力工业现代化进程，我国电力工业发展跃居世界一流水平。

（一）厂网分开极大地促进了电力工业发展

2002年，电力工业实施了以"厂网分开、竞价上网、打破垄断、引入竞争"为主要内容的电力体制改革，带动了电力工业进入了新的市场化发展阶段。厂网分开后，形成了五大发电集团、其他中央发电企业和众多地方、外资、民营企业多家办电、多种所有制办电的竞争格局。

厂网分开，打破了电力行业原来高度一体化的垄断体系，调动了各方办电的积极性，电源建设速度进一步加快，成为我国电源发展最快的一个时期。2006 年以后，每年净增装机容量 1 亿千瓦左右，接近或超过欧洲许多发达国家的装机规模，创造了世界电力发展史上的奇迹。电力改革极大地激发了发电行业发展的活力，电力投资者热情空前高涨，电力供给能力大大增强，基本满足了不断增长的电力需求，为迅速扭转全国缺电局面做出了重大贡献。

（二）电力工业进入世界先进行业，实现跨越式发展

电力工业发展规模、能力、装备水平均进入世界先进行列，一些技术领域已处于国际领先水平，实现了跨越式发展。

2002 年底，我国电力装机仅 3.57 亿千瓦，经过 10 年的快速发展，至 2012 年底，我国电力装机达 11.4 亿千瓦，位居世界第一。2012 年，我国发电量达 4.98 万亿千瓦时，超过美国，居世界首位。

到 2012 年，我国电网规模位居世界第一。伴随着特高压、跨大区电网、区域和省级电网主网架、城乡配电网建设的统筹推进，我国电网结构得到明显改善，城乡电网供电能力显著增强。随着 2011 年 12 月青藏交直流联网工程投入试运行，终结了西藏电网长期孤网运行的历史，我国内地电网实现全面互联。

（三）加快清洁能源发电建设步伐

新增装机主要以火电为主，而且环保设施投入不够，质量参差不齐，使用率不高，一次性资源大量消耗、排放增加、环境污染等问题。2008 年以后，中国电力行业正处于"转方式、调结构"时期，按照绿色低碳的要求，着力调整电源结构、产业结构、区域布局以及管控模式，清洁能源发电在新建项目中逐渐占据主导地位，火电

投资连年下降，风电、太阳能、核电、水电等清洁能源得到迅速发展的局面。

针对电源结构和电源布局不合理状况，电源建设提出"优化发展火电、有序发展水电、积极发展核电和加快发展可再生能源发电"的方针，加快了水电、核电和可再生能源等清洁能源发电的建设步伐。

2002 年，我国水电、核电、风电、太阳能等清洁能源发电装机仅 9000 万千瓦，到 2012 年，清洁能源发电装机已达 6.9 亿千瓦，平均每年净增约 6000 万千瓦清洁能源发电装机，电力工业绿色低碳发展步伐加快。

在火电快速发展的同时，水电作为洁净的可再生能源，在电力可持续发展中发挥着重要作用。开发西部水电，实施"西电东送"已成为"西部大开发"战略的重要内容和支撑，水电建设也相应加快。2004 年，全国水电装机突破 1 亿千瓦，2010 年水电装机突破 2 亿千瓦，到 2012 年我国水电总装机已达到 2.5 亿千瓦，年发电量超过 8000 亿千瓦时，均居世界第一。

核电开启了大力发展进程，由"适当发展"变为"积极发展"。2003 年开始，我国启动了三代核电国际招标，2006 年成立了国际核电技术公司负责三代核电技术的引进消化吸收，启动了核电自主化依托项目，2007 年国家发布《核电中长期发展规划》，加快了核电建设进程。我国核电从 2002 年的 447 万千瓦扩大到 2012 年的 1257 万千瓦，共投产核电装机容量 810 万千瓦，在建规模占世界 40% 以上。经过近 10 年的经验积累，为核电的自主设计、制造、建设和运营打下了良好的基础。

风电迎来快速发展机遇。2005 年我国颁布了《可再生能源法》

及其细则，明确建立了强制上网、分类优惠电价、全国费用分摊制度等政策，迅速提高了风电开发规模和本土设备制造能力。2009年，我国新安装风电装机规模达到1330万千瓦，超过欧美，成为世界最大的新增风电市场。到2011年，我国累计风电装机容量超过美国。至2012年我国风电装机规模达到6142万千瓦。

光伏发展实现突破。在金太阳工程带动下，我国光伏发展实现突破，开始走向规模化发展。2010年光伏装机规模达到50万千瓦，2012年达到341万千瓦。

（四）进一步优化火电结构

电力工业在规模快速增长的同时，整体上更加注重"质"的提升。

火电建设普遍采取了大力发展高参数、大容量机组、改造和关停小火电机组的战略措施，主要采用单机容量30万千瓦以上的高参数、高效率、调峰性能好的机组，在能源基地建设矿区坑口电厂向缺电地区送电，促进更大范围的资源优化配置。自2004年4月，我国首台百万千瓦级机组——上海外高桥电厂二期第一台机组投入商业运行后，又有一大批百万千瓦电厂先后投入运行。截至2006年底，全国共有百万千瓦以上规模的电厂171座，总装机容量达25660万千瓦，占全国总装机容量的41.25%，成为电力供应的主力。

（五）节能减排取得显著成效

积极淘汰落后产能，实现高效发展。2006年至2011年，电力行业累计关停小火电机组8336万千瓦，提前并超额完成国家关停小火电机组目标。全国火电平均单机容量已由2002年的5.5万千瓦提高到2012年的11.8万千瓦。

　　加大技术改造和创新力度，不断降低主要能耗指标：2002年，全国6000千瓦及以上火电机组供电煤耗383克/千瓦时，至2012年降至325克/千瓦时。2002年，全国电网综合线损率7.52%，至2011年降为6.52%，居同等供电负荷密度条件国家先进水平。2002年，全国发电厂用电率6.15%，至2012年降至5.1%。

　　至2012年底，我国已投运脱硫机组容量达6.8亿千瓦，占煤电机组容量的90%，比2002年提高了87%，已投运循环流化床锅炉机组约9000万千瓦。2012年全国单位火电发电量二氧化硫排放2.26克/千瓦时，比2002年下降3.84克/千瓦时。2012年，新建燃煤机组全部按要求同步采用了低氮燃烧方式，现役机组结合检修进行了低碳燃烧技术改造，燃气脱硝装置开始了大规模建设。2012年已投运烟气脱硝机组容量超过2.3亿千瓦，约占火电机组容量的28%。

　　2003年，我国火电单机容量30万千瓦及以上机组占全部火电机组的比重仅为41.5%，到2012年底已提高至76%。

四、绿色低碳发展、加快电力行业转型升级（2013—2017年）

　　我国电力工业经过30多年的快速发展，已摆脱了困扰多年的电力供应短缺问题。但长期重投入、重规模、重速度，轻统筹、轻效益的粗放增长模式，不仅加大了电力结构调整难度，更加剧了对资源环境的破坏。

　　党的十八大以来，我国电力行业以生态文明建设"五位一体"总体布局、"四个全面"战略布局为指引，深入推进体制改革，加快行业转型升级，推进电力工业绿色、低碳发展。深刻领会"四个革命、一个合作"能源战略思想，自觉践行五大发展理念。

5年来，电力消费适应新常态，结构得到进一步改善，新能源发电比重显著提升。电力体制改革全面铺开，向实体经济释放更多红利。能源资源节约成效显著，排放绩效持续得到优化。

（一）电力装机规模持续扩大，电源结构和布局进一步优化

电力装机规模持续扩大。党的十八大以来，我国电力装机依旧保持了2002年电力体制改革以来的快速增长势头，发电装机规模不断扩大。我国发电装机仍以每年增加1亿千瓦以上的规模稳步增长，电力供应能力持续增强。至2017年，全国电力装机容量达到17.8亿千瓦，2013—2017年5年间，全国累计比2012年净新增装机6.3亿千瓦，年均增长1.26亿千瓦，成为我国电力装机增长最快的阶段。

电力投资结构深刻变化。随着电力供需形势持续宽松，国家防范化解煤电产能过剩风险、推进电力绿色发展力度加大。2017年电源基本建设完成投资2900亿元，为2011年以来最低；其中，火电及煤电投资规模大幅下降，是近10年来最低水平，比2012年减少约146亿元；2017年，非水可再生能源投资比重超过1/3，比2012年提高近15个百分点。2017年，电网基本建设投资完成5339亿元，电网投资连续四年高于电源投资，且持续扩大网源投资差距，2017年电网投资占比达到64.1%，比2012年提高了14.6个百分点。

电源结构和布局进一步优化。水电稳步发展，风电、核电快速发展，太阳能发电实现跨越式发展，核电在建规模均居世界首位。以风电、太阳能发电为代表的新能源发电扩张势头尤其迅猛，煤电装机比重有所下降，新能源发电比重明显提高。2017年，全国水电、核电、风电、太阳能非化石能源发电装机合计占比达到38.8%，比2012年提高10.3个百分点，其中风电、太阳能发电比重分别提高了

3.8 个百分点、7.0 个百分点。继水电、风电居世界之首后，太阳能发电装机于 2015 年超过美国居世界第一位。2017 年全国发电量达到 6.42 万亿千瓦时；其中，全国火电发电量 4.56 万亿千瓦时，占全国发电量比重为 71.0%，比 2012 年下降 7.7 个百分点。非化石能源发电量占比提升至 29.0%，其中风电、太阳能发电量合计占比提高至 6.5%，比 2012 年提高 4.3 个百分点。

规范煤电发展、严控煤电规模。2016 年以来，煤电防范化解产能过剩风险逐步提上日程并付诸实践。国家发展改革委、国家能源局等部门出台了一系列政策文件，规范煤电发展、严控煤电规模。2016 年提出取消 15 项共 1240 万千瓦不具备核准建设条件的煤电项目，关停火电机组 571 万千瓦。2017 年提出淘汰、停建、缓建煤电 5000 万千瓦以上的目标。规划"十三五"期间，全国将停建和缓建煤电产能 1.5 亿千瓦，淘汰落后产能 0.2 亿千瓦以上。防范煤电过剩政策取得成效，2017 年全国煤电投资下降 39%，新增煤电装机明显降低，火电设备利用小时数提升，终止了在 2013 年以来连年下降的态势。

（二）全球第一大网位置稳固，资源优化配置能力增强

党的十八大以来，我国电网建设不断加强，变电容量、线路回路长度快速增长，电力输送、资源配置能力持续提升。电网投资持续扩大，从 2014 年起每年投资超过 4000 亿元，2016 年、2017 年更是突破 5000 亿元。全国年新增 220 千伏及以上变电设备容量均超过 2 亿千伏安，年新增 220 千伏及以上输电线路回路长度则均保持在 3.3 万千米以上。至 2017 年，全国 220 千伏及以上变电设备容量、220 千伏及以上输电线路回路长度分别达到 40.3 亿千伏安、68.6

万千米，较 2012 年分别增长约 61.6% 和 35.6%。

特高压工程建设进一步加速，全国电力联网进一步加强，跨省跨区送电能力得到提升。至 2017 年底，全国跨区输电能力达到 12615 万千瓦。其中，交直流联网跨区输送能力 11281 万千瓦，点对网跨区输送能力 1344 万千瓦。随着哈郑直流、宾金直流、辽宁绥中电厂送华北工程、宁浙直流等重点工程投产，国家电网跨区送电能力与 2012 年 5100 万千瓦相比提升超过 50%。南方电网内部已形成"八交八直"西电东送主网架，最大西电东送能力达 3950 万千瓦。

能源互联网进入项目示范。党的十八大以来，能源互联网（"互联网+"智慧能源）成为业界普遍关注的焦点之一。国家出台了《关于推进"互联网+"智慧能源发展的指导意见》，公布了一批能源互联网示范项目。由我国提出的全球能源互联网设想日益获得广泛关注和支持。

（三）电力体制改革全面铺开，实体经济获得更多红利

2015 年，我国电力体制改革开启新篇章。国家出台进一步深化电力体制改革的若干文件，在进一步完善政企分开、厂网分开、主辅分开的基础上，按照"管住中间、放开两头"的体制架构，有序放开输配以外的竞争性环节电价，有序向社会资本开放配售电业务，有序放开公益性和调节性以外的发用电计划，推进交易机构相对独立等。在"四个革命、一个合作"能源战略思想引领下，新一轮电力体制改革酝酿成熟并迅速推开。3 年来，电力体制改革在诸多方面取得了积极进展。

一是交易机构组建工作基本完成，为电力市场化交易搭建了公

平规范的交易平台。二是输配电价改革实现体系性全覆盖，向市场主体释放了改革红利。三是加快放开配售电业务，售电侧市场竞争机制初步建立。四是加快放开发用电计划，电力市场化交易初具规模。2017 年，全国电力市场化交易电量达 1.63 万亿千瓦时，占全社会用电量达 26% 左右。五是市场交易规则体系初步建立，市场交易日趋活跃。国家出台了《电力中长期交易基本规则（暂行）》，明确了交易品种、交易时序、交易收费等市场运行基本事项。随后，全国许多省区市相继印发本地市场中长期交易实施细则。各交易机构市场化交易密集开展，实现市场化交易常态化，形成了多周期、多品种的交易体系。六是开展电力现货市场建设试点，现货市场建设平稳起步。2017 年 8 月，国家发展改革委、国家能源局发布了《关于开展电力现货市场建设试点工作的通知》，南方市场（以广东起步）和蒙西、浙江、山西、山东、福建、四川、甘肃被确立为第一批试点地区。试点地区加快制定现货市场方案和运营规则、建设技术支持系统，2018 年底前启动电力现货市场试运行。

市场化改革促进降成本。随着新一轮电力体制改革的推进，大用户直购电、跨省跨区竞价交易、售电侧零售等具有市场化特质的电量交易已初具规模，市场化交易电量占比日益提高，降低了企业用电成本。2017 年，全国市场化交易电量达到 1.63 万亿千瓦时，约占全社会用电量的 25.9%。全面完成省级电网输配电价核定，降低电价水平约 1 分 / 千瓦时；核减 32 个省级电网准许收入 480 亿元；降低电价环节征收的政府性基金及附加标准，减轻社会用电成本 160 亿元；通过取消城市公共事业附加费、工业企业结构调整专项资金等措施，降低社会用电成本 800 亿元。以上措施共降低社会用电成本超过 1400 亿元，有力扶持了实体经济发展。

（四）更加重视节能减排，节能降耗再上新台阶

深入推进电力结构优化、技术升级，节能降耗再上新台阶，污染物减排取得新进展，为生态文明建设作出了积极贡献。

不断提升大容量、高参数机组占比、加大煤电改造升级力度，供电标准煤耗持续下降。截至 2017 年底，全国单机容量 30 万千瓦及以上机组占比已达 80%，比 2012 年提高 4.43 个百分点；全国火电平均供电标准煤耗 309 克/千瓦时，比 2012 年下降 16 克/千瓦时。全国煤电机组平均发电效率提升至 41.4%，全球范围内仅略低于日本居第二位。线损率、厂用电率虽有波动，但总体呈现下降趋势。2017 年，全国电网线损率为 6.48%，比 2012 年下降 0.26 个百分点。全国发电厂用电率 4.8%，比 2012 年下降 0.33 个百分点；其中火电厂用电率 6.04%，下降 0.04 个百分点。

火电脱硫、脱硝、超低排放改造持续推进，电力排放绩效持续优化。至 2017 年底，煤电机组全面实现脱硫后排放，92.3% 机组容量实现脱硝，超低排放改造超过 7 亿千瓦。单位火电发电量污染物排放大幅降低，单位火电发电量二氧化碳排放量降至 844 克/千瓦时，二氧化硫、氮氧化物排放绩效分别降至 0.26 克/千瓦时和 0.25 克/千瓦时，较 2012 年减少 1.99 克/千瓦时、2.16 克/千瓦时。

第三节　未来发展展望

党的十八届五中全会提出了"创新、协调、绿色、开放、共享"的新发展理念，指明了我国"十三五"乃至更长时期我国的发展思路、发展方向和发展着力点。党的十九大做出了"中国特色社会主义进

入新时代"的重大论断，我国经济已由高速发展阶段转入高质量发展阶段。在我国发展新的历史方位下，能源电力行业要推进能源生产和消费革命，构建清洁低碳、安全高效的能源体系，这是能源电力行业的历史性重任，也是建设现代化经济体系的重要基础和支撑。

但从当前电力发展改革现状看，还存在很大差距，仍面临着较为严峻的形势和挑战。

电力系统安全稳定运行面临严峻考验。随着我国电力快速发展和持续转型升级，大电网不断延伸、电压等级不断提高、大容量高参数发电机组不断增多，新能源发电大规模集中并网，电力系统形态及运行特性日趋复杂，特别是信息技术等新技术应用带来的非传统隐患增多，对系统支撑能力、转移能力、调节能力提出了更高要求，给电力系统安全稳定运行带来了严峻考验。此外，各类自然灾害频发，保障电力系统安全任务更为艰巨，发生大面积停电风险始终存在。

清洁能源消纳问题依然突出。虽然在各方共同努力下，通过综合施策，弃风、弃光率有所下降，云南、四川弃水电量有所减少，辽宁、福建核电限电情况有所缓解，但并没有从体制机制上解决清洁能源消纳问题，清洁能源发展面临的问题依然突出。未来核电和大规模新能源发电并网消纳、西南水电开发与送出的压力和挑战会越来越大，难以适应国家"推进能源生产和消费革命，构建清洁低碳、安全高效的能源体系"的总要求。

煤电保障煤电清洁发展能力较弱。煤电长期以来在电力系统中承担着电力安全稳定供应、应急调峰、集中供热等重要的基础性作用，在未来二三十年内，煤电在清洁发展的基础上，仍将发挥基础性和灵活性电源作用，仍是为电力系统提供电力、电量的主体能源形式。但煤电长期经营困难甚至亏损，不利于电力安全稳定供应，也极大削弱了煤电清洁发展的能力，煤电清洁发展的任务更加艰巨。

我国电力发展也进入转方式、调结构、换动力的关键时期，电力供需多元化格局越来越清晰，电力结构低碳化趋势越来越明显，电力系统智能化特征越来越突出。电力行业将按照党的十九大报告提出的"推进能源生产和消费革命，构建清洁低碳、安全高效的能源体系"的总要求，以习近平新时代中国特色社会主义思想为指导，继续遵循能源"四个革命、一个合作"战略构想，立足当前、着眼长远，持续推进电力供给侧结构性改革，持续优化供给结构、提高供给质量、满足有效需求，着力解决电力安全稳定运行、清洁能源消纳、煤电企业经营困难及保障清洁发展能力弱等突出矛盾和问题，继续加快推进电力体制改革，持续推动电力发展质量变革、效率变革和动力变革，努力实现电力行业平稳健康可持续发展。

持续推进电力高质量发展。电力工业贯彻落实党的十九大精神，构建清洁低碳、安全高效的能源电力体系，推进电力高质量发展。一是持续优化电力结构，不断提升电能质量和供电服务质量；二是坚持创新驱动，不断提升电力核心竞争力；三是坚持质量效益优先，继续提高电力能效和节能减排水平，努力降低电力成本。

加快转变电力发展方式。摆脱传统电力发展模式，从数量追赶转向质量追赶，从规模扩张转向结构优化，通过清洁能源开发、能源高效利用、减少污染物排放等措施，发展低碳电力，推动电力行业转型升级，实现电力工业清洁、高效、可持续发展。一是在发电侧加强电网优化型发电技术应用；二是在电网侧加强电网基础设施建设，优化电网结构；三是在用户侧努力实现电网友好型智能用电，不断提升电气化水平。

第五章　可再生能源成为我国能源清洁低碳转型发展的旗帜

可再生能源是能源体系的重要组成部分，包括水能、风能、太阳能、生物质能、地热能和海洋能等，具有资源分布广、开发潜力大、环境影响小、可永续利用的特点，是有利于人与自然和谐发展的能源资源。开发利用可再生能源是世界各国保障能源安全、加强环境保护，特别是应对气候变化的重要措施。我国发展可再生能源有较长的历史，最初主要是以建设水电为主，并且结合农村经济发展，因地制宜发展农村沼气和加快太阳能热利用，应用范围较为局限。新世纪以来，我国加强清洁能源开发利用，颁布法律、政策、规划支持可再生能源发展，当前已经成为全球可再生能源开发利用规模最大的国家。

第一节　水电建设为主阶段（1980—1990年）

一、改革开放为水电发展注入了新活力

水电是新中国成立以来开始就着力发展的一个行业。从20世纪50年代开始自主设计、建设新安江水电站开始，到改革开放前建成

百万千瓦级的刘家峡水电站，都说明国家对水电建设的重视。改革开放以来，我国水电突飞猛进，一步一个台阶，逐步成为目前当之无愧的水电大国和强国。

改革开放后，我国水电发展的第一个阶段是 20 世纪 80 年代到 90 年代初期。这个时期内，我国还处于计划经济时代，发展的重点刚转移到经济建设方面，这个时期能源发展的重点也以保障供应为主，特别是国家将发展电力作为支持经济发展的重要措施，鼓励多家办电、集资办电。1980 年的政府工作报告中指出："要因地制宜地发展火电和水电，逐步把重点放在水电上。"当时我国的电力工业仍保持着计划经济管理体系，由电力工业部负责全国的电力建设和发电输配电运行。电力价格全国比较统一，不能反映电力市场的紧缺状态，电力建设的渠道单一。为此，从鲁布革水电站开始，我国水电建设开始引入了招投标制、业主制、监理制以及引入外资等体制改革创新手段，我国水电建设也步入了新的发展阶段。

如改革开放之初的 1978 年，我国水电装机只有 1728 万千瓦，年发电量只有 446 亿千瓦时，仅相当于当前三峡项目发电量的一半，但到了 1991 年，我国水电装机就达到 4068 万千瓦，年发电量 1315 亿千瓦时，发电量增长了 2 倍，其间还建成了长江第一座葛洲坝大型水利枢纽工程，发电装机达到 271.5 万千瓦。

二、风电等可再生能源处于早期探索

这个时期的风电、光伏发电还处于最早期的技术探索阶段，只有微型风力发电机组应用于牧区和偏远海岛地区。到 20 世纪 80 年代中期，中国 50—200 瓦微型风力发电机组技术逐步成熟，并投入批量生产，在内蒙古、新疆、青海等牧区和沿海渔区广泛推广和应用，为解决这些地区渔牧民看电视、照明和部分生产用电的问题作出了实际贡献。同时，1—20千瓦中小型风力发电机也研制成功，达到了小批量的生产阶段。

小型风电机组与大型风电机组在应用场合、关键零部件、制造工艺等各个方面都有着很大差别。早在20世纪70年代初即开发出我国第一台现代工业概念的18千瓦风力发电机。70年代末，随着丹麦等国开发利用大型风电的进程加快，中国开始进行并网大型风电的示范研究，通过引进国外风电机组，开展试验研究、建设示范风电场。1986年，我国第一座风电场——马兰风电场在山东荣成并网发电，安装了3台80年代技术最为成熟的丹麦维斯塔斯公司的55千瓦风电机组，装机总容量165千瓦，标志着中国开发大型风电项目正式开始。

由于处于起步时期，这个阶段主要是利用丹麦、德国等国外赠款及贷款，建设小型示范风电场。同时，国家在此期间开始设立风电机组的科技攻关项目，国产单机55千瓦风电机组在福建省平潭岛并网成功，成了当时国内自行设计制造并运行的最大风电机组。这一段时间，风电还远远没有成为国家电力建设重要一员的产业基础和实际能力。不过，虽然全国建设的都是小型的示范性质的风电场，但通过这些示范项目的积累，为我国风电技术、人才、管理等各方面经验的积累打下了坚实基础。

第二节　水电大开发及其他新兴产业的小范围应用阶段（1990 —2000 年）

改革开放 40 年来，可再生能源发展的第二阶段是 20 世纪 90 年代到 21 世纪初期，国家提出建设社会主义市场经济，利用市场化方式，我国开始大规模的水电建设，建成了一大批世界级的水电项目，水电装机跃居世界前列。同时，随着世界环境发展大会的召开，可持续发展理念逐步深入人心，我国风电、光伏等新兴可再生能源也开始了小范围的示范应用阶段。

一、水电建设市场化进程步伐明显加快

1992 年，党的十四大召开，提出建设社会主义市场经济体制，进一步扩大改革开放步伐，我国水电建设迅速由计划向市场转变，对外开放的程度也日益加深。借助国际资金贷款、实行国际招标、引进国际管理经验和技术，我国水电步入新的快速发展阶段。在此期间，借助世界银行贷款，雅砻江二滩水电站建成，总装机 330 万千瓦，是我国在 20 世纪建成投产规模最大的水电站。特别是 90 年代中期，我国开工建设了世界上最大水电站——三峡项目，并全面引入了现代化的建设、管理制度，攻克了一批世界级的水电建设技术难题，三峡工程也成为 90 年代我国最大的工程项目之一。

2000 年左右，我国水电装机超过了加拿大，位居世界第二。到 2002 年，我国水电装机达到 8600 万千瓦，年发电量超过 2700 亿千瓦时，是改革开放初期的 5 倍左右。这期间，我国水电年新增装机

约400万千瓦，与80年代每年新增100多万千瓦相比，水电建设速度明显加快。

（万千瓦）　　　　　　　　　　　　　　　　　　　　（亿千瓦时）

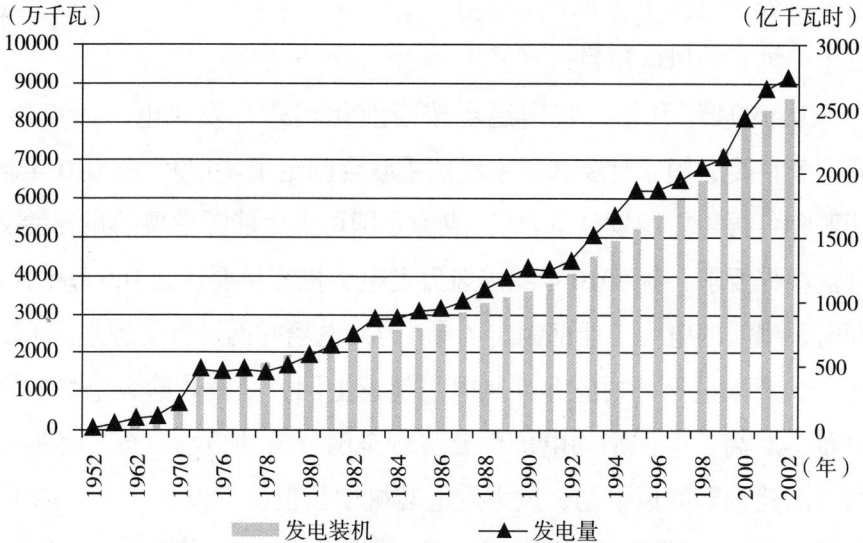

图 5-1　到 2002 年底我国水电装机发电量数据

数据来源：根据中国电力统计年鉴整理。

二、风能等可再生能源开始起步

1992 年，联合国里约环境与发展大会通过了以可持续发展为核心的《里约环境与发展宣言》《21 世纪议程》等文件。1993 年，联合国气候变化框架公约——京都议定书签订，除了传统的水电外，风能、太阳能、生物质能等新兴可再生能源作为应对气候变化的一个重要手段，开始正式进入能源发展的主流领域，并在丹麦、德国、美国等发达国家逐步开始规模化的发展。全球环境基金（GEF）、世界银行以及联合国开发计划署（UNDP）等国际机构，以及荷兰、丹麦、德国等欧洲国家，都加强了对我国发展可再生能源的支持，通过技术、资金援助，帮助我国开发可再生能源资源，推动我国减少温室气体排放。在此期间，我国开始逐步积累大型风电装备制造能力，培养了一批人才队伍，并在新疆、山东、广东、辽宁等地，建设了一批新的风电项目。

从 1994 年开始，我国逐步按商业化模式开发风电。1995 年，原国家科委、国家计委和国家经贸委联合制定了"1996—2010 年新能源和可再生能源发展纲要"，成为我国可再生能源发展的指导性文件。根据要求，到 2010 年我国风力发电装机容量要达到 100 万千瓦。同时，当时的电力工业部制定了《风力发电场并网运行管理规定（试行）》，要求电网公司应允许风电场就近上网，全额收购风电场上网电量，对高于电网平均电价部分实行全网分摊的鼓励政策。各地开始不断建设新的风电场，风力发电装机增长很快，仅 1997 年一年间就增加了 10.6 万千瓦，是过去 10 年总装机量的 1.5 倍。

但由于这些风力发电机组主要依赖于进口，相应的运输和安装费用高，导致风电成本居高不下。此外，由于总体规模太小，国家也没有对风电项目开发建设出台任何有关税收方面的优惠，吸引风电投资的主要政策是优惠贷款，因而，风电的总体发展规模非常有限。原定到 2000 年的风电发展目标是 40 万千瓦，但 2000 年底实际只达到 34.4 万千瓦，预期目标没有实现。在此期间，1998 年前后我国开始实行电力体制改革，电力行业"政企分开"，撤销了电力工业部，成立了国家电力公司，逐步向市场化方向发展。此时，风电的发展也因为未来政策不明朗，发展缓慢。到 2002 年底，全国风电装机达到 46 万千瓦，虽然低于预期，但也已经积累了一定的制造、建设、运行管理经验。

我国的光伏应用主要是从支持贫困或者偏远地区电力供应开始的。最早在 1990 年西藏阿里地区建设 10 千瓦级的光伏电站，此后又陆续在西藏的其他地区建设 20 千瓦级、30 千瓦级、80 千瓦级光伏电站。1996—2000 年，国家启动了"光明工程"先导项目，在西藏、内蒙古、甘肃三个省区建立独立风力发电系统、光伏发电系统，风/光、风/油、风/油/光等的互补发电系统等村落电站和户用系统，解决这些偏远地区的供电问题。2000 年，国家又启动了"阿里地区光电计划"项目，总装机容量为 190 千瓦，建立 38 座乡级光伏电站、光伏水泵 30 座和地面卫星单收站 10 座，推广用户光伏电源 11 万套，解决了阿里地区 1 万多农牧民用电问题，同时也结束了阿里地区基层无电历史。1997 年开始，全球环境基金/世界银行启动了"加速中国可再生能源发展项目（REDP）"，项目使用全球环境基金赠款 2550 万美元，其中 1500 万美元用于西藏、新疆、甘肃、内蒙古、青海和四川六省区的太阳能光伏户用电源系统的销售补贴，支持推广 30 万—35 万套共计 10 兆瓦的太阳能光伏户用电源系统。以上这些政府投入及国际合作项目的实施，是我国光伏技术研发、产业制造和商业推广、示范应用、标准认证的基础，一些制造企业开始尝试加工光伏组件，逆变器、蓄电池生产企业也开始关注太阳能应用这一新能源形式，天合、英利等日后成为全球领先的系统供应商开始在此慢慢成长。这个阶段的太阳能光伏由于成本过高，发展主要是政府主导为主，应用也主要是服务西部边缘的无电地区。

第三节　各类可再生能源大规模化发展阶段（2000—2012 年）

第三个阶段是步入新世纪以来，我国颁布了可再生能源法律，建立了明确的支持可再生能源发展的政策框架，并开始制定专门的可再生能源发展规划，各类可再生能源进入大发展时期。

一、新世纪开始三峡机组开始陆续投产，我国水电装机突破 2 亿千瓦

2000 年，国家把实施西部大开发、促进地区协调发展作为一项战略任务，西部水电资源的开发，是落实该战略的重要途径，我国水电开发也步入了年增"千万千瓦"的大发展阶段。2002 年，中国进一步深化电力体制改革，对电力工业实施以"厂网分开、竞价上网、打破垄断、引入竞争"为主要内容的新一轮电力体制改革。原国家电力公司拆分为两大电网公司和五大发电集团，同时，出台标杆上网电价政策，统一制定并颁布各省新投产煤电机组上网电价。中央企业、地方能源企业及地方政府开发水电的积极性空前高涨。

从 2003 年开始，我国年新增水电装机达到 880 万千瓦，是 2002 年 300 万千瓦的近 3 倍，此后一直保持每年新增水电装机都超过 1000 万千瓦的建设节奏，2009 年甚至达到 2000 万千瓦，水电装机总容量不断增加。2004 年，黄河公伯峡水电站机组投产，标志着我国水电装机总容量突破 1 亿千瓦，超越了美国成为世界第一。从 1978 年的 1700 万千瓦，到发电装机突破 1 亿千瓦，用了 20 多年时间；2010 年，澜沧江小湾水电站机组投产，我国水电装机总容量仅用了 6 年时间突破 2 亿千瓦，继续保持世界领先。

到 2012 年底，我国水电装机达到了 2.49 亿千瓦，年发电量 8640 亿千瓦时，水电在全部发电量中的比重已超过了 17%，成为我国重要的电源。值得一提的是，三峡电站在此期间全部完工，从 1994 年开工兴建，到 2003 年第一台机组开始蓄水发电，主体工程

于 2009 年全部完工，及至 2012 年 7 月三峡电站最后一台水电机组，三峡项目创造了百余项的"世界第一"，三峡工程装机容量达到 2240 万千瓦，其中安装了 32 台当时单机容量最大的 70 万千瓦的水电机组，年发电量近 900 亿千瓦时，相当于 20 世纪 80 年代我国水电的全部发电量。三峡工程的建成，标志着我国水电建设技术、管理水平、装备制造能力都达到世界领先水平。

二、特许权项目推动我国逐步成为全球最大风电市场

水电之外的可再生能源，也在这个阶段进入到了规模化发展阶段。这个时期标志性的事件，是国家启动风电特许权招标，此后国家颁布了《可再生能源法》，推动我国风电装备制造业及光伏产业的崛起，直至我国风电、光伏发电规模攀登至世界第一。

（一）启动风电特许权项目，我国风电项目步入"几十万千瓦级"时代

为改变风电发展缓慢、缺乏明确支持政策的局面，国家从 2003 年开始尝试通过专门的招标项目，加快风电的规模化进程。到 2007 年，风电特许权项目招标共举行了五期，总容量超过 300 万千瓦，每个项目的规模都在 20 万千瓦及以上。特许权招标是我国电力体制改革、厂网分家后风电发展的重要模式探索。风电特许权招标机制类似于英国最早开始的"非矿物燃料契约"（"non-fossil-fuel-obligation"）项目，与英国类似，也存在着最低价格中标的情况，导致实际中标的上网电价远低于合理范围，最终无法顺利实施。尽管如此，它却是我国风电发展史上的里程碑式事件，主要是解决了 2002 年以前风电发展存在的一些核心障碍，如明确风电不参与电力

市场竞争，政府承诺固定发电小时内（满负荷发电 3 万小时）的固定电价，电网公司全部收购风电可供电量，风电与常规电源上网电价的差价在各省电网内分摊，风电场与附近电网之间的输电线路及配套设施由电网企业投资建设，进场道路及项目准备工作由当地政府部门组织协调，为确保上述区别于当时普通风电项目的条件能够得以落实，相关省政府和省电网公司要与中标的投资商分别签订特许权协议和购电合同等。特许权项目施行的很多原则被后来颁布的《可再生能源法》采纳，成为法律条文，是我国新兴可再生能源发展的一个重要历程。

（二）出台《可再生能源法》促进新能源产业加快起步发展

我国制定出台《可再生能源法》，极大程度上是受到了德国成功发展可再生能源的启发。1991 年德国制定了《电力入网法》，强制要求公用电力公司购买可再生能源电力，奠定了全球可再生能源发展最为重要的强制入网原则，德国开始进入可再生能源的规模化发展阶段。从 2003 年 6 月全国人大将该法制定纳入立法议程，到 2005 年 2 月由十届全国人大常委会十四次会议高票通过，只用了不到两年时间就立法成功。这反映出社会各界对出台这部法律有着非常一致的认同。《可再生能源法》建立了支持可再生能源发展的法律基础，规定了可再生能源资源勘查、发展规划、技术研发、产业发展、投资、价格和税收等方面的政策和要求，明确了政府、企业和用户在可再生能源开发利用中的责任和义务，提出了总量目标、强制上网、分类优惠上网电价、费用分摊、专项资金等制度及信贷优惠和税收优惠等政策要求，从法律层面解决了可再生能源大规模发展所面临的价格、市场准入、产业薄弱等困扰可再生能源发展的主要障碍。

　　法律颁布后，国家陆续发布了《可再生能源"十一五"发展规划（2006—2010 年）》以及《可再生能源中长期发展规划（2007 年）》，我国可再生能源也开始步入规模化发展的阶段。可再生能源"十一五"发展规划中，明确提出了要建设七个"千万千瓦（10GW）"级风电基地，要在西部的甘肃、内蒙古等风电资源丰富地区建设"风电三峡"，从而实现风电的大规模发展。自此以后，我国每 5 年公布可再生能源的发展规划。

《可再生能源中长期　　　　　　　《可再生能源"十二五"发展
规划（2020 年）》　　　　　　　　规划（2011—2015 年）》

2007 年　　　　2008 年　　　　2012 年　　　　2016 年

《可再生能源"十一五"　　　　　　　　　《可再生能源"十三五"
发展规划（2006—2010 年）》　　　　　　发展规划（2016—2020 年）》

图 5-2　我国各个阶段制定的可再生能源发展规划

资料来源：根据国家发改委公布的规划整理。

（三）风电特许权项目带动我国风电装备制造业的起步

　　早在 20 世纪 80 年代，国家就通过科研课题陆续支持研制过并网型风电机组，单机容量从 18 千瓦到 200 千瓦，但绝大部分没有实现产业化、规模化生产。90 年代中后期，国家陆续组织实施"乘风计划"、国家科技攻关计划，支持建立了首批 6 家风电整机企业进行风电技术引进和消化吸收，其中部分企业掌握了 600 千瓦和 750 千瓦单机容量定桨距风电机组的总装技术和关键部件设计制造技术，实现了规模化生产，迈出了产业化发展的第一步。但这些机组容量相对较小，风电市场规模小，产业化进程也非常缓慢。

2003 年启动的风电特许权项目为我国风电规模化发展建立了明确的市场需求，打消了很多企业认为风电市场规模太小、不值得进入的顾虑，并且也为制造业进一步将风电机组从"百千瓦级"升级为"兆瓦级"提供了平台。可再生能源法律的颁布，更为风电扫除了并网、补贴、标准等障碍。自此，一大批风电装备制造企业开始崛起，众多国内外企业大举投入风电设备制造领域，且大多瞄准了风电整机制造，通过引进生产许可证、建立合资企业、开展自主研发或联合研发等手段，研制兆瓦级以上风电机组产品，风电机组设备国产化进程明显加快，逐步建立起了具有自主知识产权的风电装备制造企业。

参与风电设备制造的国有或国有控股企业主要包括电力设备、航空航天和重工机械设备制造企业，是我国风电设备制造的主力军。例如在火电、核电、气电等发电设备生产方面具有雄厚实力的三大电力设备生产企业，即四川东方电气集团、上海电气和哈尔滨电站设备集团，以及大连重工（华锐电气）、中国船舶（重庆海装）、中国航天（南通航天安迅能）、哈尔滨哈飞工业公司等企业，这些大型国有企业利用自身相关技术和工业基础，通过联合设计或引入战略合作方，从事发展风电机组的整机设计和制造，逐步形成了风电整机设计制造能力。其他开展风电整机研制的国有企业目前大多从事与风电发展相关的零部件配套（主要是发电机），以自己所从事的核心零部件着手向下游延伸，发展整机制造，主要代表企业包括湖南湘电、兰州电机、南车株洲机车等。

在这些企业中，国有企业引进或开发的风电机组技术和产品具有一定的产业化基础，产业化进程较快，例如华锐和东汽的风电机组产品生产投运规模最早达到每年数百台的产量。民营企业投入风电制造也有很多家，包括金风等在风电设备发展较早、市场份额领先的企业，也有一些在设备制造方面并没有很多经验的民营企业。外资企业大多是拥有长期风电机组开发经验和成熟机型产品的国际著名风电整机制造企业，如丹麦维斯塔斯（Vestas）、西班牙歌美飒（Gamesa）、美国通用电气（GE）公司等。

在此期间，我国风电装备制造业有了长足进步。一是生产规模明显扩大。从 2003 年开始正式大规模起步，只能生产 600—750 千瓦的机组，每年市场需求在 100 兆瓦左右，到 2008 年每年新增 4000 兆瓦，主要生产兆瓦级机组，市场需求翻了几十倍。二是整机制造能力有了明显提高，一批国内企业通过"技术引进"逐步转向"联合设计"和"自主研发"，已基本形成兆瓦级先进风电机组整机批量制造能力，有三个国产厂商的年吊装机组超过了百万千瓦，步入了世界前十的行列，初步形成了产业化集团优势。三是风电关键零部件配套能力大大加强。在叶片、齿轮箱、发电机等机组的关键零部件生产方面，逐步具备了配套能力；在轴承、变流器等领域的瓶颈虽然还没有彻底解决，但已有国产产品面世，并开始小批量生产。四是研发能力明显提升，已开发出若干具有一定自主知识产权的机型，不仅 1.5 兆瓦的机型日渐成熟，2.5 兆瓦、3 兆瓦机组陆续下线，大多数企业都开始开发更大单机容量的系列化产品，特别是海上机组开始吊装试运行，自主技术研发能力大大增强。

当然，在此过程中，风电制造产业也存在自主创新能力相对较低、核心技术没有完全掌握、零部件配套能力不足等弱点。随着 2008 年全球金融危机不断蔓延，风电和太阳能光伏发电被列入国家的战略性新兴产业，更多的资金投入到风电设备制造业之中，出现了风电设备投资一哄而上、重复引进和重复建设现象。2009 年，我国风电机组整机制造企业超过 80 家，几乎国内所有的装备制造企业，无论是国有还是民营企业，都开始投入风电装备制造，或计划扩大产能，全国风电装备产能超过 2000 万千瓦，大大超过当时的市场总需求，风电装备行业亟须进行有效整合。

（四）国家公布 2020 年非化石能源发展目标，风电步入新的历史发展阶段

可再生能源法 2006 年正式生效后，我国风电产业快速发展，几乎所有的电力投资企业都开始涉足风电项目开发，风电开发规模也从 2006 年起，连续四年翻番。到 2008 年底，已累计安装风电机组超过 1.1 万台，累积吊装容量 1215 万千瓦，分布在 20 多个省、市、

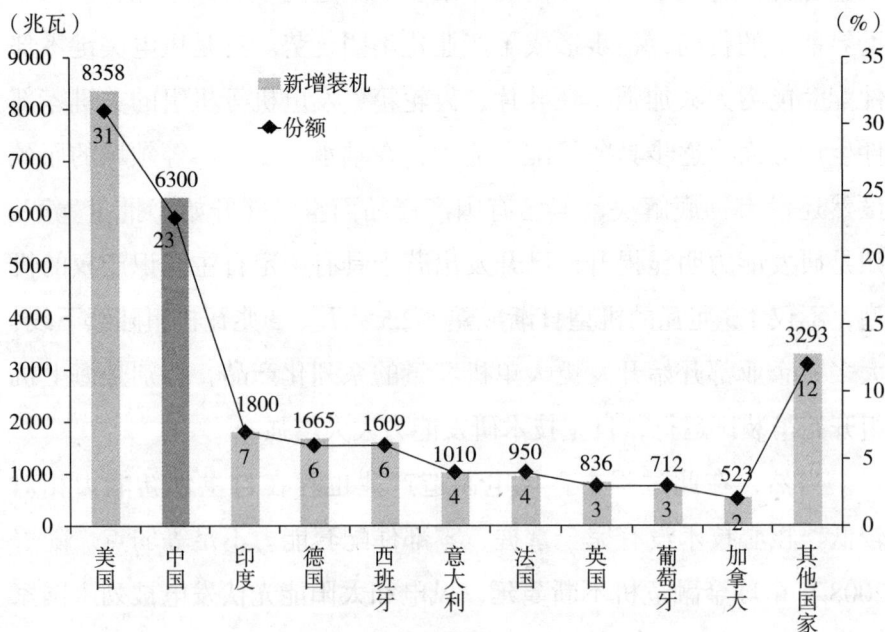

图 5-3 2008 年全球风电新增市场

数据来源：全球风能理事会 GWEC，2009 年全球风电市场报告。

自治区。其中装机容量最多的省份是内蒙古自治区，累计装机容量超过 370 万千瓦，占全国累计装机容量的 30% 以上，此外，辽宁、河北、吉林等省的累计装机容量都超过 100 万千瓦。我国已成为全球风电发展最快、最具潜力的风电市场之一，当年新增装机仅次于美国，位居全球第二。

2009 年，在联合国哥本哈根气候变化大会召开前夕，国家主席胡锦涛在联合国气候峰会上提出，到 2020 年中国非化石能源要在一次能源消费中达到 15% 的比重目标，这一目标明确了可再生能源的发展定位，事实上成为我国可再生能源的中期发展目标。

为进一步促进风电的常态化发展，2009 年，在特许权招标项目摸清风电成本的基础上，国家正式公布了分区域风电固定电价，价格水平为 0.51—0.61 元 / 千瓦时，这一固定电价政策为风电发展确立了统一的电价制定标准，为投资者确定了明确的投资回报空间，并间接影响和规范了各地开发风电场的节奏，是我国风电正式步入成熟的、规模化发展轨道的重要标志。

2009 年，正是国际金融危机继续蔓延的时期。国务院发布了《抑制部分行业产能过剩和重复建设，引导产业健康发展若干意见的通知》，并将风电装备列入其中，明确了多项政策措施，包括不再核准或备案建设新的整机制造厂，严禁风电项目招标中设立要求投资者使用本地风电装备、在当地投资建设风电装备制造项目的条款；建立和完善风电装备标准、产品检测和认证体系，禁止落后技术产品和非准入企业产品进入市场；以及重点支持自主研发 2.5 兆瓦及以上更为先进的风电整机和轴承、控制系统等关键零部件及产业化示范，使得行业出现了较大规模的洗牌。一批质量、可靠性和服务较差的企业，失去了行业订单，一些企业则获得了更大的市场份额。

在风电起步阶段占据较大市场份额的一些企业，在市场重压之下出现了较大的经营压力，特别是在2011年开始出现了"弃风"问题后，行业紧缩到来，各个企业间的竞争出现白热化，行业洗牌加剧，一些新兴的制造企业开始腾飞，一些企业则进入到下行阶段。

也正是在2009年，我国新安装的风电装机总容量达到1330万千瓦，使得我国超越美国，正式成为全球年新增装机量最大的风电市场。与1996年发布《2010年新能源和可再生能源发展纲要》中提出2010年达到100万千瓦的发展目标相比，风电发展已实现了量级上的超越。

到2011年，我国风电总装机容量也超过了美国，成为全球风电利用规模最大的国家。到2012年底，全国风电装机达到6083万千瓦，年发电量1004亿千瓦时，第一次超过核电，成为我国火电、水电之后的第三大电源，我国风电步入新的历史发展阶段。

（万千瓦）

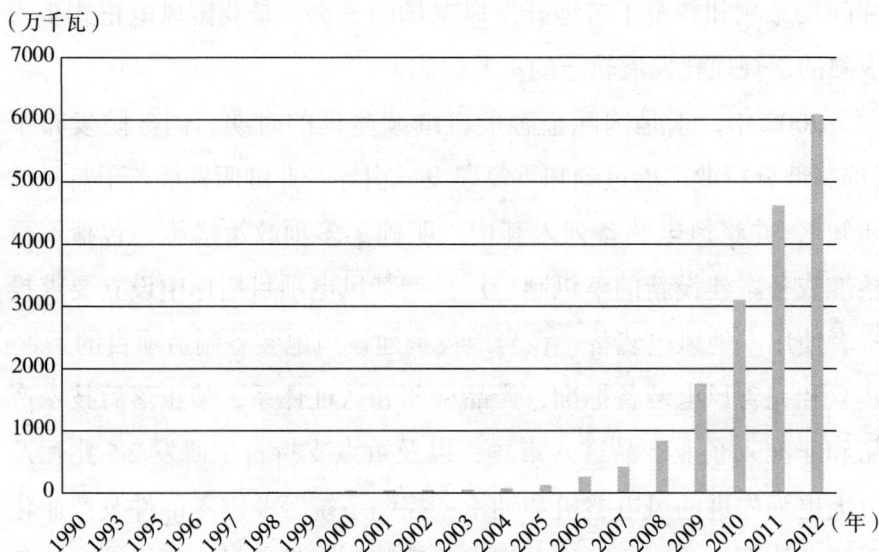

图5-4 我国风电装机历史数据

资料来源：根据《中国风电发展报告（2008）》及中电联公布的电力统计数据汇总。

但这个阶段，在风电场大规模扩张的同时，风电发展也开始面临着一些新的问题，主要是风电本地消纳能力不足、调峰困难、输送通道有限，导致"弃风限电"。特别是 2011 年，全国弃风电量约 100 亿千瓦时，"弃风限电"开始成为行业关注的焦点。

在此影响下，2011 年我国新增风电装机容量同比首次出现萎缩，一年后的 2012 年，内蒙古、河北等部分地区出现严重的弃风限电现象，全国弃风电量达到了 200 亿千瓦时，风电平均利用小时数比 2011 年有所下降，全国弃风率创出历史最高的 17.1%，这导致 2012 年全国新增风电装机更是同比减少 26.5%，风电行业发展开始步入相对低谷。

为应对突如其来的弃风问题，2011 年上半年，国家能源主管部门要求各省核准风电项目前，须先向国家能源主管部门上报核准计划，通过限制项目审批、优化风电布局遏制地方政府冲动，来缓解部分地区风电增长过快、消纳能力薄弱的风险。2011 年至 2013 年，随着年新增规模的同比下降，风电制造行业逐步褪去了非理性的扩张冲动，并经历了几轮大规模的整合。缺乏竞争力的企业遭到淘汰，企业更加关注自主研发以提升自身的竞争实力，而非简单的扩大生产规模，在此过程中整个行业慢慢走向了成熟，进入稳定有序增长阶段。

三、"送电到乡"工程推动我国光伏产业开始起步

（一）"送电到乡"工程利用光伏发电解决无电地区用电问题

截至 2002 年底，全国还有 2.1 万个村、约 3000 万人没有用上电。这些无电人口多数都生活在西北的边远地区，地广人稀，人口少，基础设施薄弱。加之山多地险，施工困难，通过电网延伸的方

式解决供电问题，经济代价太高。但西部地区日照条件好，太阳能资源丰富，利用太阳能光伏解决当地居民的生活用电问题成了一个主要的技术选择。2002 年，为解决西部边远无电地区乡镇公用事业单位和居民的用电问题，我国启动了"送电到乡"工程，在内蒙古、青海、甘肃等 12 个省区的 1065 个无电乡，采用太阳能光伏电站、小水电和小型风电机组，解决当地无电居民的用电问题。其中采用太阳能光伏电站的乡 688 个，总装机容量 2 万千瓦，其中一期 585 个，装机 1.7 万千瓦，二期 103 个，装机 0.3 万千瓦；采用小水电的乡 377 个，总装机容量 26.4 万千瓦，其中一期 114 个，装机 9 万千瓦，二期 263 个，装机 17.4 万千瓦。"送电到乡"工程采取了招标选择总承包商，并负责电站设计、设备采购、工程建设和三年运行管理，虽然该项目总体装机规模不大，但在当时，培育了光伏市场需求，与"风电特许权"项目对风电产业的推动作用类似，送电到乡工程是我国光伏产业开始大规模发展的一个里程碑。

在此过程中，一大批光伏系统集成商获得了成长。此后，2005 年可再生能源法公布，利用送电到乡积累的产业基础和技术能力，包括天合、英利、尚德等日后引领我国光伏行业发展的领先企业，纷纷在美国纽交所或纳斯达克上市。从 2006 年开始，我国的太阳能电池组件产量开始跃居全球第一。到 2008 年，我国电池生产量已经达到 2000 兆瓦，4 年内共增长 20 倍；2008 年世界前 20 名的光伏电池生产商有 8 家在中国，大约有 10 家光伏制造企业在美国上市。光伏行业逐步成为我国新兴产业的代表。

虽然"送电到乡"工程极大推动了光伏产业发展，但相比煤电和水电而言，光伏仍是非常昂贵的能源技术。在 2009 年我国启动新一轮的光伏支持计划之前，光伏组件价格在 20 元 / 瓦左右，整个系统投资折合约 5 万元 / 千瓦，几乎是煤电的 10 倍以上，比风电也高出了 4—5 倍。这导致光伏应用规模总体仍然较小，一般都是示范性质项目，依赖国家或地方政府的一次性投入，资金使用完毕后，又面临无法继续的困境。如"送电到乡"项目结束后，2004—2006 年期间全国光伏应用规模又恢复到每年 10 兆瓦以下的水平。

此外，我国光伏产业成长起来后，主要以供应欧美市场为主。2008 年全国累计光伏发电容量约 14 万千瓦，主要是离网的小型系统，并网的光伏发电项目所占比例并不是很高。但全国当年新增装机仅 4 万千瓦，与年产量 200 万千瓦相比，全部产品的 98% 依赖出口。除了市场需求依靠国外，光伏产业还存在着多晶硅原料、制造装备依赖国外的局面，"三头在外"成为光伏发展的严重短板。2008 年全球金融危机爆发后，美欧日等发达国家减少了对光伏产业的补贴，国外市场需求锐减，我国光伏行业发展开始面临生死存亡的困局。

（二）光伏特许权招标和"金太阳"工程，推动光伏应用规模化发展

为应对国内光伏产业出现的危机，扩大国内市场应用，国家在 2009 年启动了光伏特许权招标和"金太阳"工程。

光伏发电主要有地面大型电站及分布式应用两类。为探索西部大型光伏电站的合理电价水平，2009 年起国家开始进行大型光伏发电项目的特许权招标。甘肃敦煌的第一个 1 万千瓦光伏发电项目，最后中标价格 1.09 元 / 千瓦时，是当地火电上网价格的 3 倍以上。这一价格要远高于当时出台的风电价格 0.51—0.61 元 / 千瓦时。2010 年国家又招标了 13 个项目合计 28 万千瓦。通过项目招标，为政府制定地面大型光伏电站合理价格打下了基础。

另外一种是屋顶分布式光伏应用。由于靠近用户，节省了输配电投入，因而按照抵消售电支出费用测算，项目经济性较好。德国、日本、美国等发达国家的光伏市场也主要是屋顶分布式为主。2009年，国家发布了实施金太阳示范工程的通知，开始了大规模补贴屋顶分布式光伏应用，对用户侧的光伏发电应用项目给予50%初投资的补贴支持，对偏远地区的独立光伏系统给予70%的初投资补贴，每个项目规模不低于300千瓦，每个省不高于2万千瓦。项目所发电量原则上自发自用，富余电量按国家核定的当地脱硫燃煤机组标杆上网电价全额收购。由于对初投资进行补贴，大大降低了项目风险。为适应光伏组件价格不断下降的形势，金太阳工程的补贴额度也不断降低。2011年定额补贴额度为每瓦9元钱，后来又进一步调整为每瓦8元钱；2012年定额补贴每瓦7元钱，后降至每瓦5.5元。

金太阳工程对于促进我国光伏本地市场应用起到了极大的推进作用。2009年当年我国就新增了14万千瓦，超过了过去所有安装量的总和。2010年新增量达到了50万千瓦，2011年甚至出现了270万千瓦量级上的突破，使得我国光伏产业主要依靠国外市场的局面明显改观。直到2013年前，"金太阳示范"工程持续了4年，支持了百万千瓦级的光伏发电项目，对加大国内光伏应用、降低光伏发电成本、促进光伏产业技术进步起到了极大的推动作用。

但同时，由于"金太阳"工程是对项目建设的初投资进行补贴，这种事前补贴方式难以严格控制其后续建设进展和效果，特别是出现了个别企业为争取补助资金弄虚作假、以次充好的情况，而监管却很难到位。在2013年国家公布了光伏分布式补贴政策后，没有再延续金太阳工程。

（三）光伏固定上网电价，我国正式成为全球最大光伏市场

2011 年，西部太阳能资源最好的青海省新增光伏发电装机超过了 100 万千瓦，已经实现了规模化发展。为更好解决如此之多光伏项目的上网问题，在开展特许权项目招标的基础上，国家出台了光伏发电上网价格，即每千瓦时 1 元，此时我国的光伏组件价格仅每瓦 10 元，已比 2008 年时的价格下降了超过 2/3。在价格政策带动下，我国光伏应用规模明显提升，2012 年当年新增了 350 万千瓦，年底累积光伏装机量达到了 650 万千瓦，虽然远远低于风电的发展规模，但已经超过"可再生能源中长期发展规划"（2007 年公布）中提出到 2020 年光伏发电达到 180 万千瓦的发展目标。自此，我国光伏也开始步入风电的发展节奏，每年新增量达到数百万千瓦的量级。

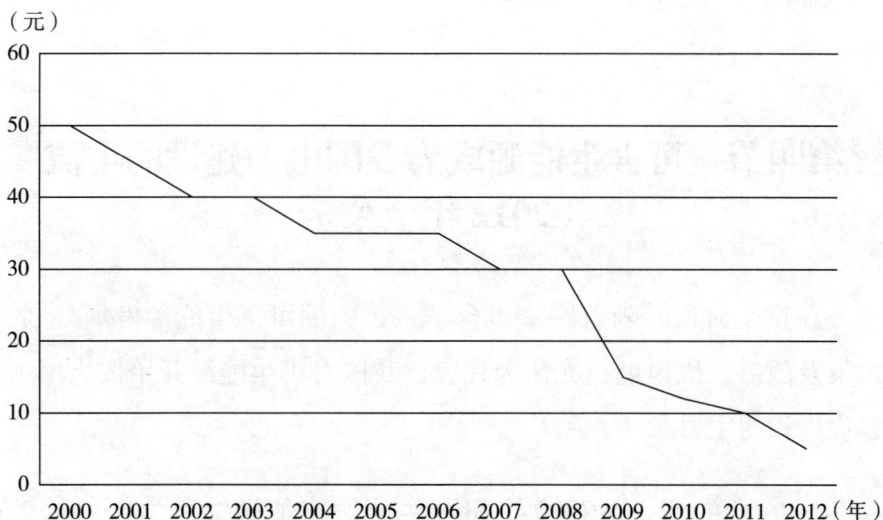

图 5-5　我国光伏组件平均销售价格

数据来源：作者根据当时的光伏产业发展情况统计。

（兆瓦）

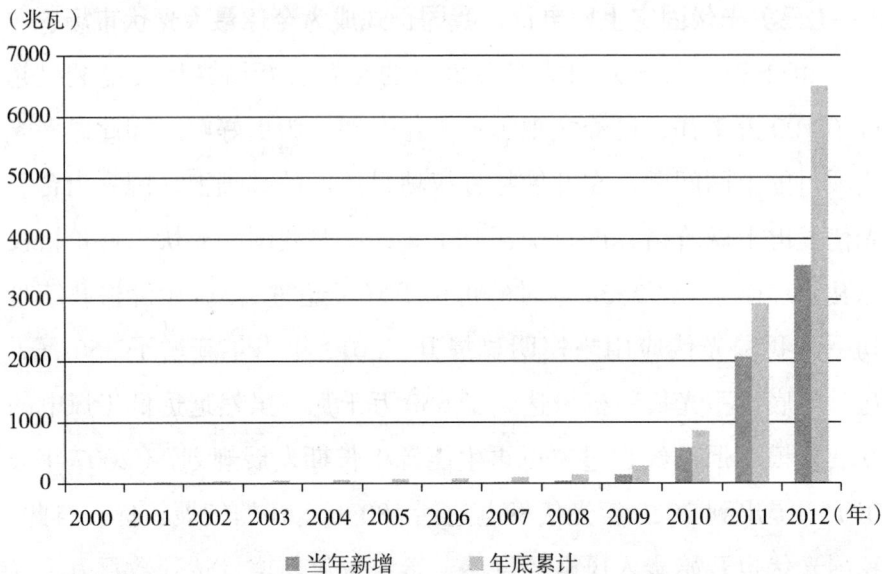

图 5-6　我国光伏累积装机数据

数据来源：2010 年之前的数据根据《中国可再生能源产业报告（2010 年）》，之后的数据根据中电联公布的年度电力统计数据。

第四节　可再生能源成为我国电力建设的主流 （2012 年至今）

在这个阶段，随着国家出台了一系列的可再生能源发展规划、政策及战略，以风电、光伏为代表，我国可再生能源开始成为电力建设增长的主力。

一、党的十八大确立了可再生能源在能源体系中新的战略定位

2012 年，党的十八大召开，会议明确提出了要建设包括生态文

明在内的"五位一体"建设格局，并在报告中明确提出"推动能源生产和消费革命，控制能源消费总量，加强节能降耗，支持节能低碳产业和新能源、可再生能源发展"，将可再生能源作为一项重要发展任务提出。

2012 年 7 月，国家正式公布了《可再生能源"十二五"发展规划（2011—2015 年）》，并第一次制定了水电、风电、太阳能、生物质能等全面的专项规划，强调到 2020 年要实现非化石能源占一次能源消费比重达到 15% 的目标。

2013 年 9 月，国务院发布了《大气污染防治行动计划》，提出了在京津冀、长三角、珠三角等区域要削减煤炭、增加清洁能源利用，将发展可再生能源作为这些地区传统化石能源替代的重要途径。也正是从 2013 年开始，非化石能源发电在新增电力装机结构中的比重，连续 5 年达到一半以上，标志着我国清洁能源正式成为电力建设的主流。

2014 年 6 月，中央财经领导小组会议上，习近平总书记提出要积极推动能源生产和消费革命，形成煤、油、气、核、新能源、可再生能源多轮驱动的能源供应体系，明确了可再生能源要成为我国能源供应体系建设的重要组成部分，意味着可再生能源开始从补充能源进入到替代能源的新阶段。

2014 年，在北京举办的 APEC 会后，习近平总书记与奥巴马总统在北京 APEC 会议后共同公布了《中美气候变化联合声明》，其中提出"中国计划 2030 年左右二氧化碳排放达到峰值且将努力早日达峰，并计划到 2030 年非化石能源占一次能源消费比重提高到 20% 左右"，这也是第一次提出了我国中远期非化石能源发展目标，并将这个目标作为应对气候变化一揽子方案中的重要指标，该目标也成为我国制定 2030 年可再生能源发展规模的重要基准。

2015 年 3 月，中共中央、国务院发布《关于进一步深化电力体制改革的若干意见》，拉开了新一轮电力体制改革的大幕。此后国家陆续出台了多项关于促进清洁能源发展的政策措施，并在 2015 年 11 月出台了六项包括电力体制改革配套文件，全面部署了输配电价改革、电力市场建设以及有序放开发用电计划、售电侧改革和规范燃煤自备电厂监督管理等工作。在这些文件中，有序放开发用电计划等文件明确指出，建立优先发电制度，其中纳入规划的风能、太阳能、生物质能等可再生能源发电为优先发电，并被列为一类优先保障，比为减少煤炭消耗和污染物排放以及水电、核电、余热余压余气发电、超低排放燃煤机组等二类优先发电级别更为优先，体现了国家优先发展清洁能源的战略意图。

（万千瓦）

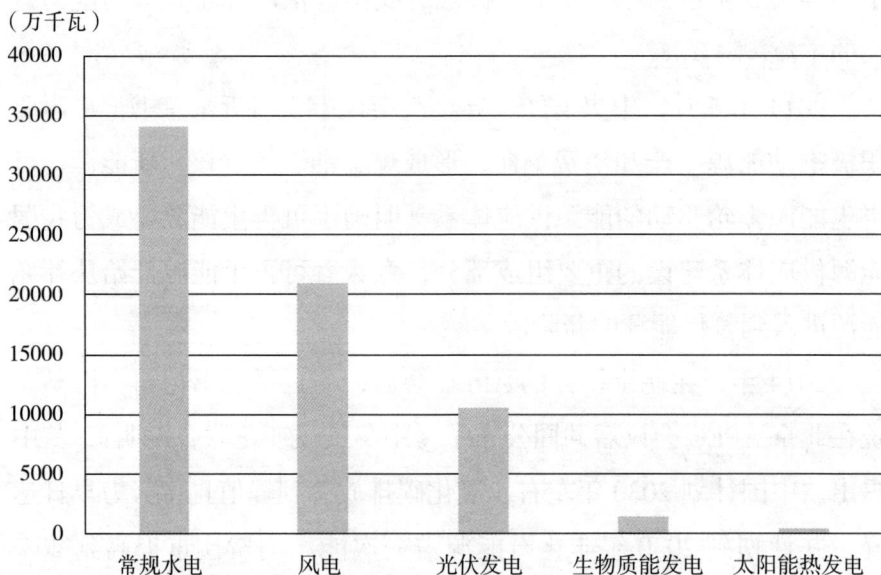

图 5-7　我国 2020 年主要可再生能源发展目标

数据来源：根据国家《可再生能源"十三五"发展规划（2016—2020 年）》绘制。

2016 年，国家能源主管部门公布了《可再生能源"十三五"发展规划（2016—2020 年）》，以及水电、风电、太阳能、生物质能、地热能等专项规划，这些规划明确了我国各类可再生能源的发展总量及布局，提出到 2020 年风电建设目标达到 2.1 亿千瓦、光伏目标达到 1.1 亿千瓦，这已经远远超过了 2007 年中长期可再生能源发展规划中提出到 2020 年风电达到 3000 万千瓦、光伏达到 180 万千瓦的目标。

2017 年 4 月，国家又公布了《能源生产和消费革命战略（2016—2030 年）》，不仅提出了到 2030 年非化石能源发电量占全部发电量比重力争达到 50% 的目标，还提出到 2050 年非化石能源占比超过一半的宏大发展目标，这个目标意味着届时可再生能源在能源系统中作用将进一步从主流能源演变为主导能源。

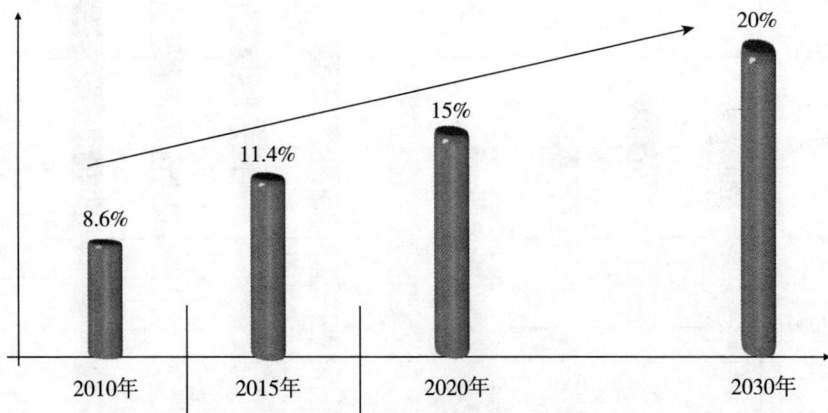

图 5-8　国家制定的各个阶段非化石能源发展目标

注：非化石能源包含核电和可再生能源两大类。

数据来源：根据国家正式公布的数据绘制。

二、2012 年后全国新增发电装机中可再生能源成为主力

2013 年以来，随着我国经济进入新常态，电力需求增速明显降低，火电建设速度开始放缓，电力建设开始转向以清洁能源为主。从2013 年开始，我国新增水电、风电、光伏发电以及核电为主的非化石能源发电装机总和，连续 5 年超过了新增火电装机，2016 年、2017 年都超过了 60%，2017 年甚至接近了 70%，意味着非化石能源已成为我国新增发电装机中的主导能源，标志着我国电力系统的结构调整已进入到了在电力增量中"清洁能源"替代"传统能源"的关键时期。

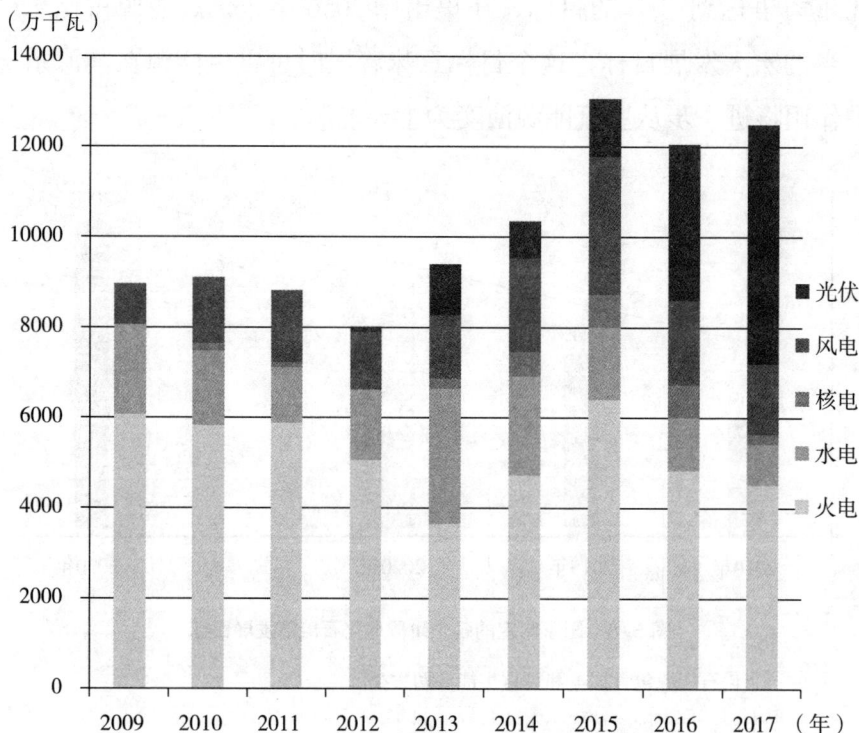

图 5-9　我国年新增发电装机结构

数据来源：根据中电联各年的年度统计报告整理。

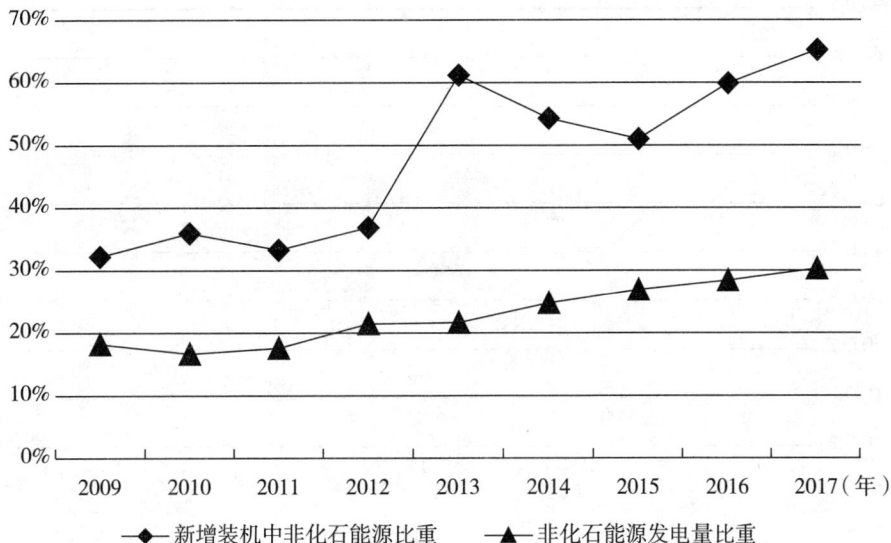

图 5-10　非化石能源发电在电力新增装机及发电量中的比重

注：非化石能源包括可再生能源及核电。

数据来源：根据中国电力统计年鉴测算。

　　到 2017 年底，我国非化石能源在全部发电量中的比重已接近
30%，比 2008 年提高了 10 个百分点左右，其中可再生能源在全部
发电量中的比重约 26%，虽然比重还不高，但在一些可再生能源资
源较为富集的地区，可再生能源已成为主力发电电源，比如四川、
云南、西藏等地区，可再生能源发电量占比都超过 80%，青海也超
过了 60%，这些地区的可再生能源主要是传统的水电；在内蒙古、
吉林、黑龙江、宁夏、新疆等省区，可再生能源发电量比重也超过
了 20%，且这些省份水电较少，主要是以风电、太阳能发电这些新
兴的可再生能源为主。

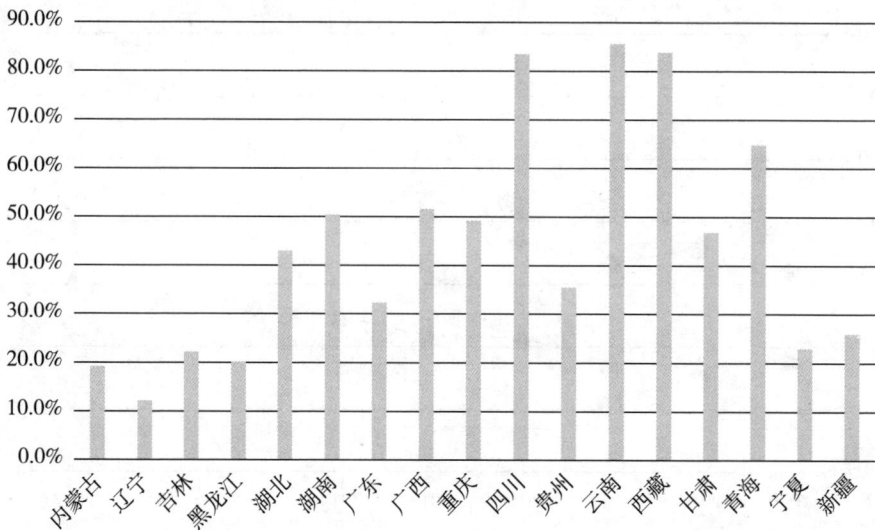

图 5-11 我国部分省区可再生能源在电力消费中的比重

数据来源：国家能源局《关于 2017 年度全国可再生能源电力发展监测评价的通报》（国能发新能〔2018〕43 号）。

三、2013 年后我国水电装机规模达到 3 亿千瓦

经过三峡项目十多年的积累，我国已逐步建立起世界领先的水电产业体系，并建成了金沙江下游、雅砻江、大渡河、澜沧江、红水河、黄河、乌江等大型水电基地。2012 年三峡工程全面竣工后，又进一步加快开发金沙江、雅砻江、澜沧江等西南水电基地项目，并陆续在三峡的上游，又建成了溪洛渡（1386 万千瓦）、向家坝（775 万千瓦）两座巨型水电站，两座电站的总发电量与三峡发电量相当。到 2016 年底，长江干流上的三峡、葛洲坝、溪洛渡、向家坝四大水电站 2016 年发电量达到 2060.6 亿千瓦时，创造新纪录，相当于北京市当年全社会用电量的 2 倍。2013 年，随着溪洛渡、向家

坝等机组投产，我国当年水电新增装机达到了 2993 万千瓦，这相当于 1987 年我国全部的水电装机容量。

2014 年，我国水电装机超过了 3 亿千瓦，从改革开放之初到 2004 年我国水电装机达到 1 亿千瓦，历时 25 年；从装机 1 亿千瓦到 2010 年水电装机达到 2 亿千瓦，只用了 6 年时间；在此基础之上，水电装机再新增 1 亿千瓦，仅用了 4 年时间。2016 年，我国全部水电发电量超过 1 万亿千瓦时，在全部发电量中的比重达到了 19.7%，继续创造了我国水电建设新的里程碑。

到 2017 年底，我国水电总装机 3.4 亿千瓦，年发电量 1.19 万亿千瓦时，与 10 年前的 2008 年相比，水电装机和发电量都翻了 1 倍。

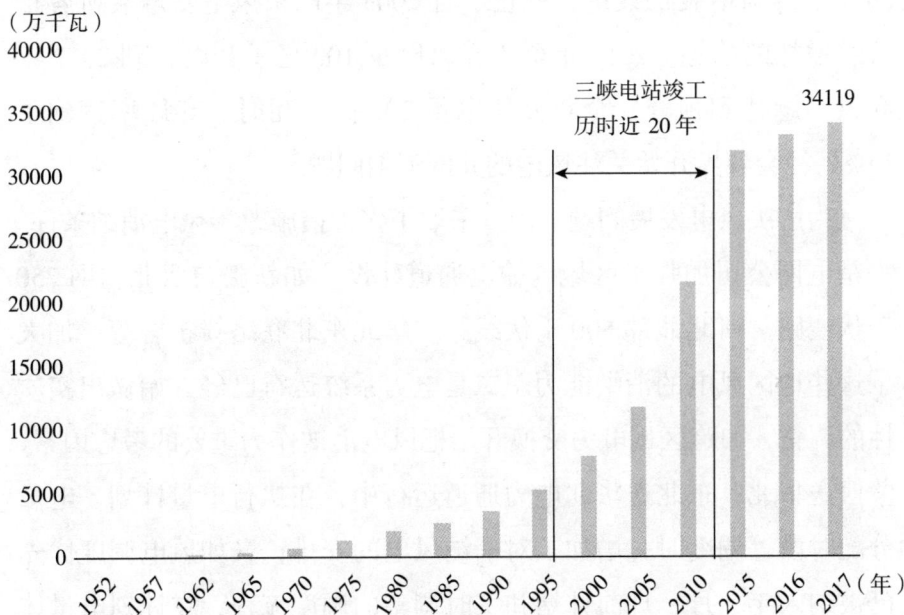

图 5-12　新中国成立以来我国水电装机的历史数据

数据来源：根据《中国电力统计年鉴》及中电联的年度电力统计快报数据绘制。

四、风电比重不断提高，开始成为我国重要的补充能源

（一）弃风问题开始影响风电建设节奏，但在综合措施促进下已得到明显控制

自 2009 年新增风电装机超过美国，我国就成为全球最大的新增风电装机市场，到 2011 年累积风电装机容量超过美国，我国一直保持全球风电新增及累计规模最大的位置。2013 年西藏那曲超高海拔试验风电场的建成投产，实现了西藏风电装机零的突破，标志着我国风电场建设已遍布全国各省市自治区。

2011 年、2012 年以来持续的风电并网受限、弃风问题，首次影响了风电的发展节奏，2012 年、2013 年的风电新增装机都低于 2011 年的新增装机数量，中止了自 2003 年以来风电新增装机容量持续增加的趋势。2011 年全年弃风电量 100 亿千瓦时；到 2012 年弃风问题达到顶峰，全年弃风电量 208 亿千瓦时，弃风率达到了 17%，社会各界开始关注风电的并网消纳问题。

为解决风电发展问题，国家采取了多种措施改善风电消纳条件。一是电网公司加强了区域内输电通道建设，如新疆与西北主网 750 千伏线路、河北北部 500 千伏线路、华北东北联络线扩容等，加大了这些地区风电的消纳能力。二是电力系统运行已经开始做出实质性的调整，如跨区域电力交换开始把风电消纳作为重要的考虑因素，蒙西送华北、东北送华北电力通道运行中，在执行电量计划、电量分配时段等调度时，增加了对消纳风电的安排；又如风电调度优先已被纳入年、月、日前计划和实时调整的调度流程，在计划电量体制基础上增加了系统的灵活调度空间；另外，蒙西、东北对非供热期火电出力进行压制，提高风电的运行空间。三是风电技术进步和

创新效果显著，如风电中长期、短期和超短期预测技术不断进步，风电 AGC、AVC 等自动控制技术开始大规模应用，使得基于预测技术、自动控制技术的电力调度更加有科学依据，运行调度效率也更加高效；大叶片、高效率的低风速风电技术逐步成熟，中东部和南方地区可经济开发风能区域逐步扩大，从过去 6—7 米 / 秒的风能资源地区，扩大到 5 米 / 秒的广大地区，极大拓展了我国风电可开发资源区域，发展已超过了规划预期。这些措施也大大增加了风电消纳能力，2013 年、2014 年风电弃风形势明显改观。2013 年弃风率降至 10% 左右，全年弃风电量降至 162 亿千瓦时，2014 年弃风合计约 126 亿千瓦时，平均弃风率 8%。

由于我国用电量增速持续下滑影响，风电消纳形势在 2015 年、2016 年两年又有所恶化。2014 年我国用电量增速从"十二五"期间的两位数增长，下滑至 3.8%，2015 年进一步降低至 0.5% 左右，达到了改革开放以来的最低点。在这一形势下，各类发电电源利用小时数都大幅下降，电力供应过剩问题凸显，包括风电、光伏发电在内的西部可再生能源资源富集地区的电力消纳形势愈加严峻。为此，国家加大了在中东部和南方等不存在限电问题地区开发低风速风电的力度，通过实施目标引导制度、保障性收购等制度，以及风电投资预警等方式，引导风电向消纳能力强的地区转移。2016 年风电开发建设方案中，河南省超过了 350 万千瓦，湖南超过了 250 万千瓦，贵州、云南都超过了 200 万千瓦；这些地方的年新增装机容量也都达到或接近 100 万千瓦的规模，显示出低风速风机技术的快速进步已经能够支撑风电开发建设布局战略的调整。这些过去认为资源贫乏、潜力有限的中东部和南方省份正式成为我国当前风电建设的主战场。

　　在这些措施综合作用下，我国风电的消纳形势在 2017 年有了明显改观。由于全国整体用电形势大为改善，国家也加大了跨省跨区外送电量，更为重要的是，各地开展了火电灵活性改造、自备电厂与新能源企业的发电权交易、新能源与电力用户直接交易等各种市场化措施，以及电力运行部门实施全网统一调度、跨区使用抽水蓄能电站等创新模式，充分挖掘了电力系统的灵活性，也有效创造了新能源消纳的市场空间。如东北地区已成功改造负荷率低至 30% 的火电机组，东北地区也试行了辅助服务市场试点，这些改造后的火电机组在供暖期间参与系统深度调峰，不同程度地扩大了新能源的消纳能力，减少了并网受限情况的发生。

　　2017 年我国风电新增装机仍保持在 1500 万千瓦以上，但弃风电量、弃风率实现了"双降"。全国弃光率也维持到了 12%，弃风形势大为好转，风电重新步入新的发展轨道。

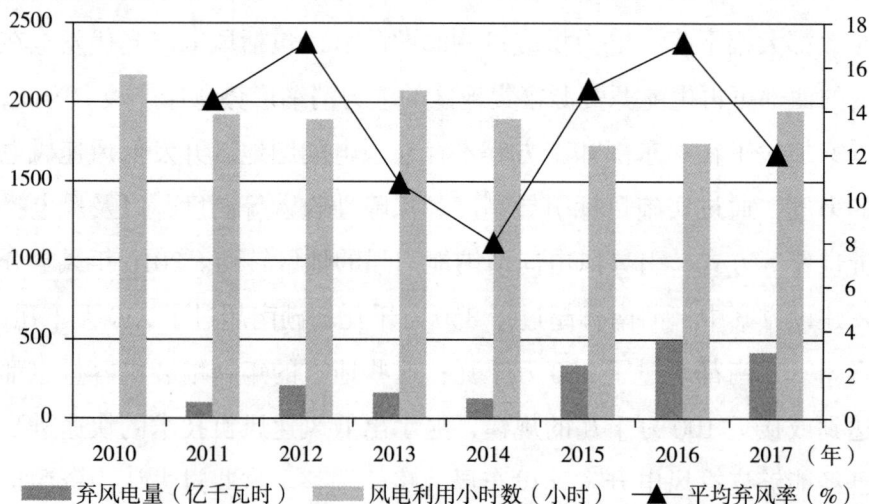

图 5-13　我国弃风率情况

数据来源：根据国家能源局公布的信息整理。

（二）风电产业能力明显增强，成本显著下降

2011 年开始的弃风问题，扭转了我国风电市场规模持续增长的趋势，进而也引发了风电制造业的整合。

一是风电全产业链基本实现国产化。困扰行业发展的关键零部件问题基本消除，进一步降低了行业成本。

二是产业集中度不断提高。2017 年，我国风电有订单的整机制造商共 22 家，比 2009 年时 80 多家下降了 3/4 左右。在我国风电市场达到历史新高的 2015 年，金风科技机组安装量达到 700 万千瓦以上，首次在全球范围内将一家企业的年产量拉升至 700 万千瓦的高度，远景、明阳和联合动力当年的产量都在 220 万—350 万千瓦之间，这些企业都位列全球风电机组生产商的前十位。

三是风电设备的技术水平和可靠性不断提高。风电技术基本达

（千瓦时）

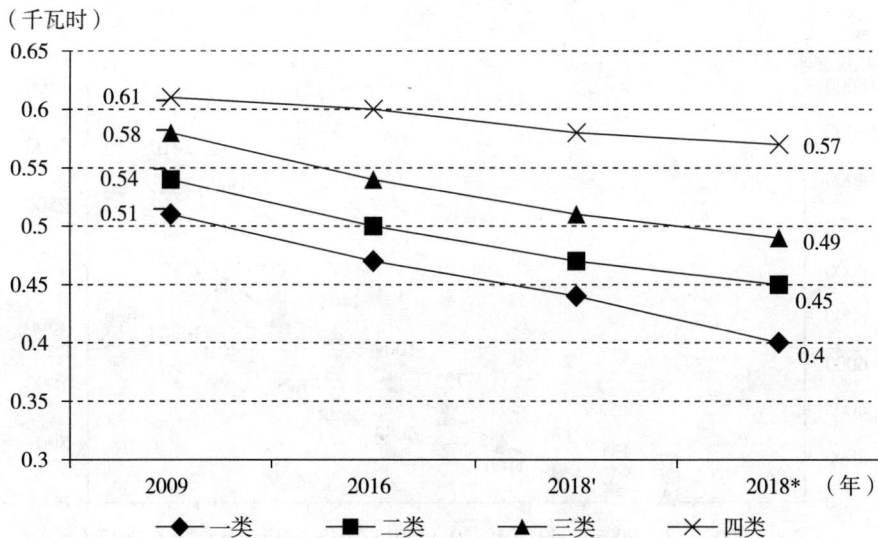

图 5-14　我国风电上网电价演变

注：2018' 是 2014 年底公布的 2018 年的价格水平，2018* 是 2015 年底公布的 2018 年的价格水平。

数据来源：根据国家发改委价格司公布的文件整理。

到世界先进水平，在满足国内市场的同时出口到 20 多个国家和地区，2 兆瓦至 3 兆瓦的风电新增装机占比达到 85% 以上，容量达到 6 兆瓦的风电机组已开始下线并试运行；风电机组高海拔、低温、冰冻等特殊环境的适应性和并网友好性显著提升，低风速风电开发的技术经济性明显增强，全国风电技术可开发资源量大幅增加。

产业规模的扩大及技术进步的加快，促进风电成本也快速下降。2014 年和 2015 年，国家连续两年调整了风电上网电价，一类资源区 2018 年的风电上网电价降至每千瓦时 0.4 元，比 2009 年刚颁布时下降了 20%，已低于广东、湖南地区的火电上网电价。

（三）风电在许多地区发电量中的比重不断扩大

从 2003 年正式开始规模化发展，到 2017 年，经过 15 年的发展，

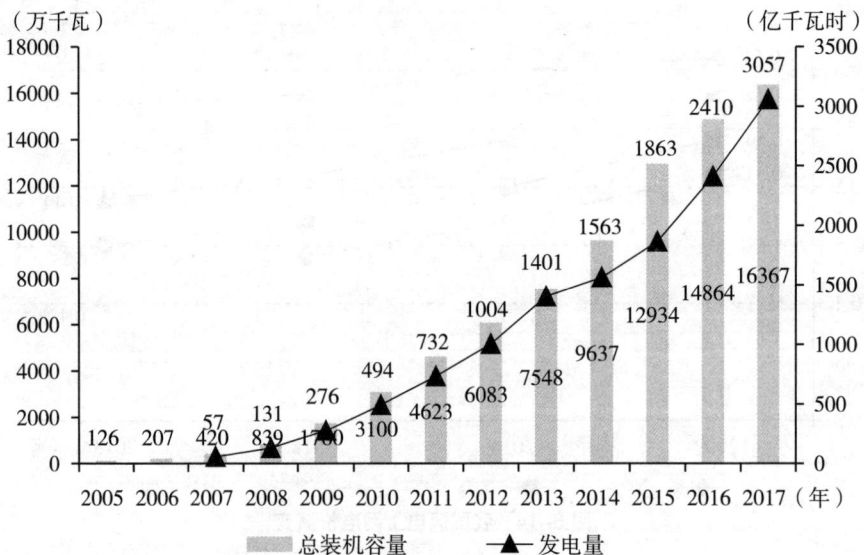

图 5-15　我国风电总装机容量及发电量

数据来源：根据中电联公布的年度电力统计报告汇总。

全国已安装了超过 10 万台风电机组，累计并网装机容量 1.64 亿千瓦，占全部发电装机容量的 9.2%。2017 年全国风电年发电量 3057 亿千瓦时，占全部发电量的 4.8%，发电量是 2008 年（131 亿千瓦时）的 23 倍，风电比重比 2008 年提高 4.4 个百分点，已成为我国仅次于火电、水电的第三大电源。风电在全国总发电量中的比重虽然还不大，但在内蒙古、吉林、黑龙江以及西北的新疆、甘肃和宁夏的比重都超过了 10%，在甘肃的比重甚至达到 14%，风电已成为这些地区重要的替代电源。

五、2013 年国务院出台指导意见促进光伏行业开始腾飞

（一）太阳能发电后程发力，5 年时间装机上亿千瓦

太阳能发电到 2011 年才正式纳入我国的电力统计，2012 年在固定电价的激励下，我国太阳能发电新增装机达到了 118 万千瓦，比风电达到同样的新增规模晚了大约 5—6 年。2013 年，国务院公布了《关于促进光伏产业健康发展的若干意见》，提出要把扩大国内市场、提高技术水平、加快产业转型升级作为促进光伏产业持续健康发展的根本出路和基本立足点，并提出了 2013—2015 年间，年均新增光伏发电装机容量 1000 万千瓦左右的目标，到 2015 年总装机容量目标达到 3500 万千瓦以上。这是到 2018 年为止唯一一个国务院发布的可再生能源领域的产业指导意见，表明了国务院对光伏产业发展的重视。指导意见发布不久，国家价格、财政、工信部门同年陆续公布了相关促进政策，第一次明确了分区域的光伏发电上网价格，上网电价分别为 0.9 元 / 千瓦时、0.95 元 / 千瓦时和 1.0 元 / 千瓦时，这一价格已经比 2011 年第一次公布的 1 元 / 千瓦时价格最低降了 0.1 元 / 千瓦时。同时，财政部也发布了对分布式光伏的按

照发电量补贴的政策，给予分布式光伏发电 0.42 元 / 千瓦时的补贴，我国分布式光伏自"金太阳工程"后，也进入到了快速起步阶段。在这些政策鼓励下，我国光伏新增装机显著提升，2013 年新增装机 1130 万千瓦，正式成为世界最大的光伏市场，有效缓解了光伏行业市场主要依赖国际市场的局面。此后的 2014 年、2015 年，光伏应用规模继续维持 1000 万千瓦左右的新增规模；连续 3 年千万千瓦级的新增规模，极大促进了行业规模扩大，并大幅降低了光伏产品成本，光伏发电成本基本按照每年 20% 的速度下降，自 2015 年开始国家也连续 3 年下调了光伏上网电价，2016 年、2017 年我国光伏新增装机分别达到了 3450 万千瓦、5300 万千瓦的创纪录规模，继续引领全球光伏行业的发展。

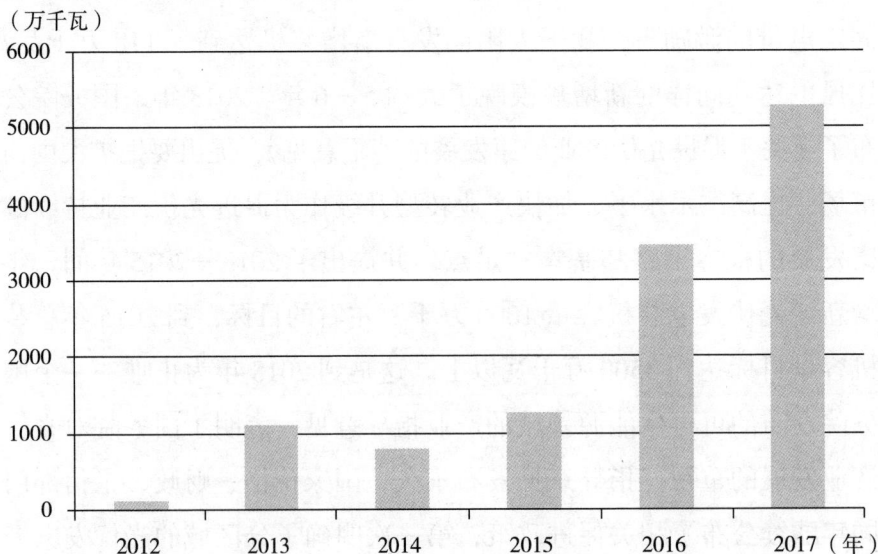

图 5-16 我国光伏发电年度新增装机规模

数据来源：根据中电联年度电力统计快报数据整理。

到 2017 年底，我国光伏发电总装机规模达到 1.3 亿千瓦，是 10 年前 2008 年总装机量 14 万千瓦的将近 1000 倍，我国光伏发电量也达到 1182 亿千瓦时，首次超过 1000 亿千瓦时。从 2013 年以来，只利用近 5 年的发展，光伏发电量就超过了建设 20 年的三峡电站发电量，在全国发电量中的比重达到 1.8%。光伏成为我国电力行业重要补充电源。

（万千瓦）

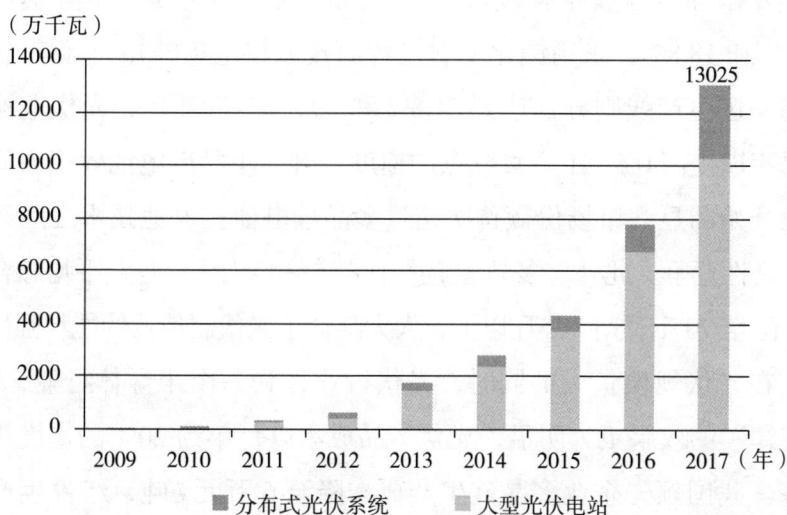

图 5-17　我国光伏发电累计装机容量

数据来源：根据中电联年度统计快报整理。

（二）光伏行业规模进一步扩大，成本显著下降

光伏发电规模在 2013 年新增规模快速跃上一个量级，技术创新也层出不穷，成本不断下降。根据工信部的信息[1]，2017 年我国多晶硅产量 24.2 万吨，同比增长 24.7%，对外依存度已降至一半以下；

----

[1] 工信部，2017 年我国光伏产业运行情况。

硅片产量 8700 万千瓦，同比增长 34.3%；电池片产量 6800 万千瓦，同比增长 33.3%；组件产量 7600 万千瓦，同比增长 31.7%。产业链各环节生产规模全球占比均超过 50%，继续保持全球首位。

产业规模扩大带动技术进步能力不断提高。当前，金刚线切割广泛应用硅片制备、黑硅和背钝化技术以及 N 型电池等新技术开始大规模产业化，光伏电池效率提升速度也明显加快。2017 年 P 型单晶及多晶电池技术持续改进，常规产线平均转换效率分别达到 20.5% 和 18.8%，采用钝化发射极背面接触技术（PERC）和黑硅技术的先进生产线则分别达到 21.3% 和 19.2%。近几年，光伏电池效率每年以提高 0.5—1 个百分点的速度上升。单晶硅电池效率高的优势也开始凸显，市场份额首次超过多晶硅电池，电池技术之间开始形成良性竞争。此外，多晶硅生产工艺进一步优化，行业平均综合电耗已降至 70 千瓦时 / 公斤以下，大大降低了光伏制造业的能耗强度。

在光伏规模扩大的同时，光伏行业作为一个半导体行业，"摩尔定律"的效果更为明显，光伏产品成本以每年约 20% 的速度快速下降。我国领先企业多晶硅生产成本降至 6 万元 / 吨，组件生产成本降至 2 元 / 瓦以下，光伏发电系统投资水平降至 5 元 / 瓦左右，与 2009 年启动"金太阳工程"时将近 20 元 / 瓦相比，下降了超过了 75%。在此形势下，我国光伏电站上网价格自 2015 年开始连续 3 年四次下调，根据 2018 年 6 月公布的光伏价格下调标准，一类、二类、三类资源区标杆电价分别降低为 0.5 元 / 千瓦时、0.6 元 / 千瓦时和 0.7 元 / 千瓦时，自 2011 年光伏首次公布上网标杆电价以来，光伏上网电价最高已降低了 50%。此外，对分布式光伏的全电量补贴标准也连续两次下调，比 2013 年补贴标准每千瓦时下调 0.1 元，执行 0.32 元 / 千瓦时的标准。

（元/千瓦时）

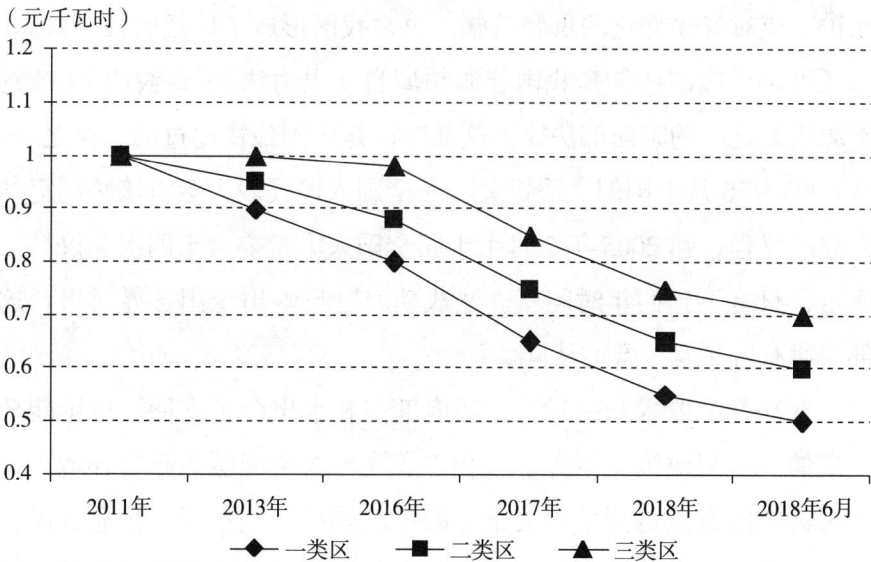

图 5-18 我国光伏分区域发电上网电价情况

数据来源：根据国家发改委价格司公布文件整理。

此外，自 2016 年开始，国家连续组织了三批旨在推广先进光伏技术规模化应用的"领跑者"项目，光伏领跑者招标形成的上网价格，最低的格尔木项目已达到了 0.31 元 / 千瓦时，低于当地的燃煤脱硫标杆电价，表明光伏发电的平价上网时代即将到来。

第五节 我国可再生能源发展的主要成就总结

一、建立了发展可再生能源的广泛社会共识

开发利用可再生能源已成为世界各国保障能源安全、加强环境

保护、应对气候变化的重要措施，也在我国形成了广泛的社会共识。如《可再生能源法》是我国能源领域自《电力法》《煤炭法》《节约能源法》之后的第四部法律，这部法律是中国最快通过的法律之一。从 2003 年 6 月中国的立法机关——全国人民代表大会将该法制定纳入立法议程，到 2005 年 2 月由十届全国人大常委会十四次会议高票通过，只有不到两年时间就立法成功。这反映出全国各界对出台这部法律有着非常一致的认同。

在法律的要求和引导下，政府部门相继出台了支持可再生能源发展的一系列政策，培育了有利于发展可再生能源的政策环境。发展可再生能源也得到了相关企业的广泛响应，包括国有企业、民营企业以及合资企业在内的企业，都参与了可再生能源项目开发、装备制造、技术研发以及产品服务等，如过去的五大发电集团是我国风电、光伏项目开发的主力军，不仅三大动力等电力设备生产企业参与风电装备制造，航空、船舶、工程机械等相关制造业，也都积极参与可再生能源装备集成或关键零部件开发。

此外，国家通过颁布了可再生能源产业指导目录、战略性新兴产业指导目录等，明确了支持的可再生能源范围，银行等金融部门也积极给予可再生能源项目资金支持。可再生能源的波动性、随机性等特点，对电网公司的安全运行提出更严格要求，电网公司也积极投入，成立了专门的新能源研究机构，国家电网公司还率先提出了推动全球风能、太阳能开发利用的全球能源互联网行动倡议。为更好地培养人才，许多科研院学校专门成立了新能源学科方向，或组建专门的研究领域和队伍，针对新能源发展过程中的问题进行研究，培养专门的科研人员。总的来看，无论是法律、政策，还是相关企业、金融部门，以及相关的科研机构，都建立了发展可再生能源的乐观预期。

二、建立支持可再生能源发展的完整政策体系

《可再生能源法》确立了可再生能源在我国经济和社会可持续发展中的重要地位，规定了可再生能源资源勘查、发展规划、技术研发、产业发展、投资、价格和税收等方面的政策和要求，明确了政府、企业和用户在可再生能源开发利用中的责任和义务，提出了总量目标、强制上网、分类优惠上网电价、费用分摊、专项资金等制度及信贷优惠和税收优惠等政策要求，从法律层面解决了可再生能源大规模发展所面临的价格、市场准入、产业薄弱等困扰可再生能源发展的主要障碍，中国可再生能源也开始步入规模化发展的阶段。

（一）制定分类发电上网电价

在早期阶段，可再生能源发电规模小，经济性差，更由于缺乏价格形成机制，难以获得稳定的资金投入。自 2005 年国家开展风电特许权招标，建立了稳定的市场需求，吸引开发商和设备制造商参与；通过招标发现价格、培养装备产业的同时，也逐步摸清了全国风电资源的潜力和布局。通过实施固定电价政策，建立了稳定的市场需求，社会投资者更加容易确定项目投资的回报水平，从而吸引了更多的社会资金投入，同时也更好地促进产业界扩大规模、降低成本。

（二）制定费用分摊机制

根据可再生能源法，我国确定了全民支持可再生能源发展的社会分摊机制。可再生能源发电高于各省燃煤标杆电价之上的部分，

通过向电力用户征收可再生能源电价附加来补足。随着可再生能源发展规模不断扩大，国家也不断调整了可再生能源电价附加的征收额度。2011年，国家设立了可再生能源发展基金，将征收的可再生能源电价附加纳入其中，并建立了严格的基金筹集、使用管理和监督检查制度。可再生能源电价附加政策及后续的可再生能源基金的设立，为我国可再生能源的发展建立了稳定的支持资金来源，是保障可再生能源得以持续发展的重要政策措施。

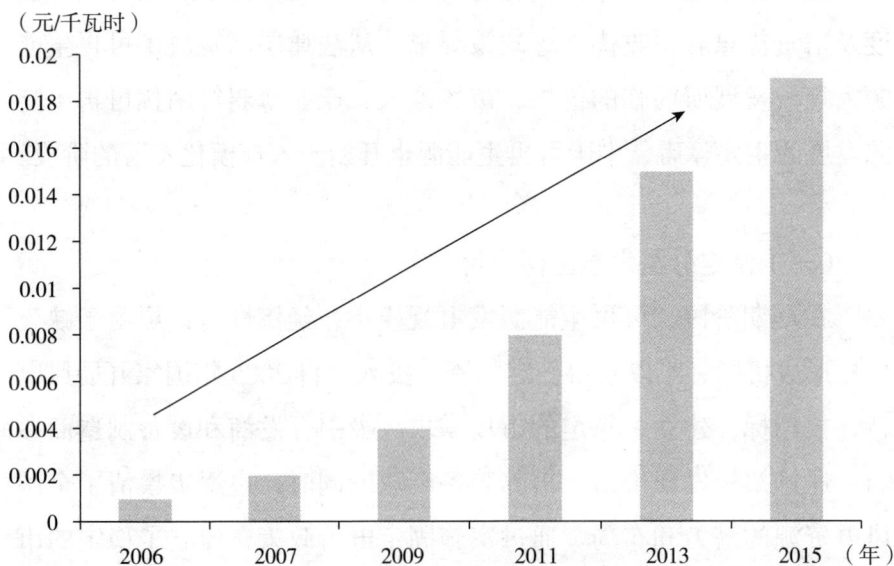

图 5-19 我国征收的可再生能源电价附加水平

数据来源：根据国家发改委价格司文件整理。

（三）施行了优惠财税政策

可再生能源的技术种类多，发展成熟度也不一致，因而，除了通过优惠价格政策促进产业发展外，国家还建立了可再生能源发展专项资金，通过中央财政预算安排，支持可再生能源和新能源的技术推广、产业化示范以及公共平台、能力建设等活动。2010 年以前就实施了生物燃料乙醇、秸秆能源化利用、太阳能光电建筑应用和金太阳示范工程等多个专项资金。2011 年，还实施了支持绿色能源示范县的补助资金。这些资金的出台，特别是"金太阳示范工程"等支持资金政策，在明确国家支持导向政策的同时，有效促进了社会资金对可再生能源领域的投入，也有力支持了可再生能源技术进步和产业化步伐。

除了直接的财政支持政策，国家还建立了明确的税收优惠政策。例如，国家将风电、光伏发电和生物质发电列入公共基础设施项目，企业可享受第一年至第三年免征企业所得税、第四年至第六年减半征收企业所得税的税收优惠政策。在施行的增值税政策中，一直将风电和生物质发电列入即征即退 50% 征收的范围。2013 年，随着太阳能发电规模的不断扩大，国家也实行了太阳能发电增值税即征即退 50% 的政策，将国家的增值税优惠政策覆盖到了当前已产业化的所有可再生能源领域。

（四）开展综合示范项目

考虑到可再生能源多数具有技术含量高、应用规模小、经济性较差的特点，在法律中规定，在促进可再生能源发展的过程中，要加大综合技术和应用示范等支持力度，探索新技术应用或商业化推广模式，并鼓励地方和社会各界增加投入。2010 年、2012 年分别启动了绿色能源示范县、新能源示范城市项目，制定了评价标准体系，促进新能源技术在县域及城市供电、供热、建筑节能和清洁能源交通中的推广和集成应用，从而促进建立新的能源生产和消费模式，提高新能源在城市和县域中能源消费的比重。2011 年，在北部的吉林、内蒙古启动了清洁电力供暖示范项目，探讨在风电资源富裕地区开展电力供暖示范工程。2013 年，国家开展了分布式光伏发电规模化应用示范区建设，探索在用电价格较高的中东部地区，在各类建筑屋顶建设分布式光伏项目。当前，又在积极探索可再生能源平价上网，以及分布式可再生能源市场化交易。这些示范的开展，摸清了一些新技术的实际应用效果，探索了新商业模式的推广路径，有效促进了新技术应用，以及新模式的推广，为可再生能源进一步的发展打下了基础。

三、建成了全球最大的可再生能源市场

我国可再生能源应用从无到有、从大到小、从过去农村地区电力建设的一个补充手段，到目前已成为许多省份主流的能源供应品种。改革开放之初的一年，我国只有 1728 万千瓦装机的水电，水电发电量只有 446 亿千瓦时，水电之外的可再生能源几乎可以忽略不计。到 2017 年底，我国已建成了全球最大的可再生能源系统，全部可再生能源发电装机 6.2 亿千瓦，年发电量 1.7 万亿千瓦。其中，水电装机 3.4 亿千瓦，发电量 1.2 万亿千瓦时，分别是改革开放时的 20 倍和 25 倍；风电装机 1.6 亿千瓦，发电量 3057 亿千瓦时，即使与改革开放 30 年的 2008 年相比，装机与发电量也分别是 2008 年的 20 倍和 23 倍；此外，到 2017 年我国光伏发电装机 1.3 亿千瓦，年发电量 1182 亿千瓦时，分别是 2008 年的 1000 倍以上，实现了量级上的大突破。水电、风电、光伏发电的新增装机及累积装机，已多年维持全球第一的位置。

值得一提的是，2014 年以来，我国在全球新增可再生能源发电装机中的市场份额比重逐年提高，已经从 2014 年的 40%，达到

2017 年的 44%，我国发展可再生能源的成绩举世瞩目。

（万千瓦）

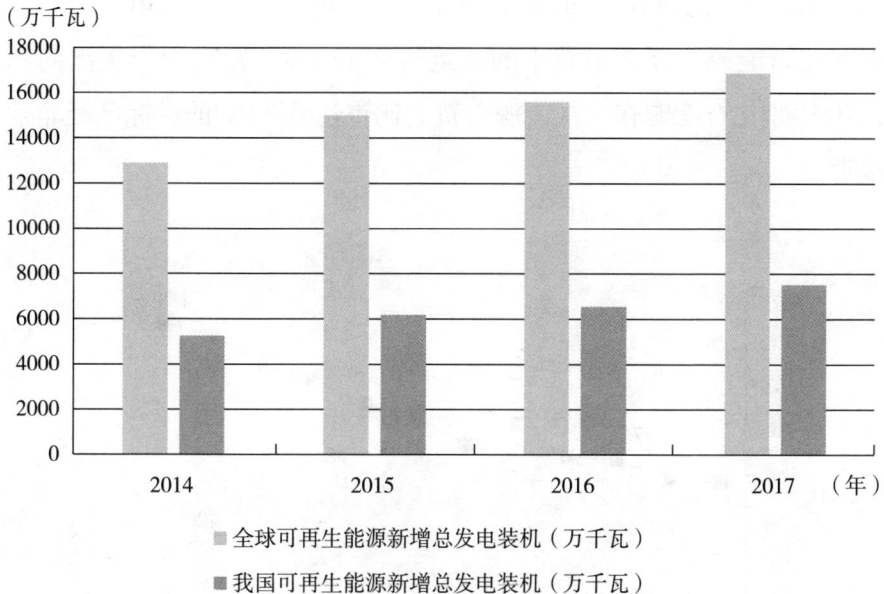

图 5-20　全球与我国每年新增可再生能源发电装机对比

数据来源：根据中电联公布的年度电力统计快报及"21 世纪可再生能源政策网络 REN21"公布的年度《全球可再生能源报告》（*Renewable-Global Status Report*）整理，www. ren21.net。

此外，到 2017 年底，我国生物质发电量约 1488 万千瓦，年发电量约 800 亿千瓦时，生物燃料乙醇及生物柴油等生物液体燃料，也超过了 300 万吨。2017 年，仅仅是水电、太阳能发电及生物质能发电，这三类可再生能源发电累计发电量约 5000 亿千瓦时，2017 年当年这三部分的新增发电量就超过 1200 亿千瓦时，相当于 2016 年三峡电站发电量的 1.3 倍。

从能源贡献量上看，2017 年，全国水电、风电、光伏发电和生物质发电的能源贡献总量超过 5 亿吨标准煤，约为 2008 年全部可再生能源总量的 2.5 倍；可再生能源在一次能源消费量中的比重已达到 12.2%，比 2008 年的比重提高了近 1 倍。再考虑核电部分，全部非化石能源在能源消费中的比重达到 13.8%，距离国家提出的到 2020 年非化石能源在一次能源消费中比重达到 15% 的目标已经非常接近。

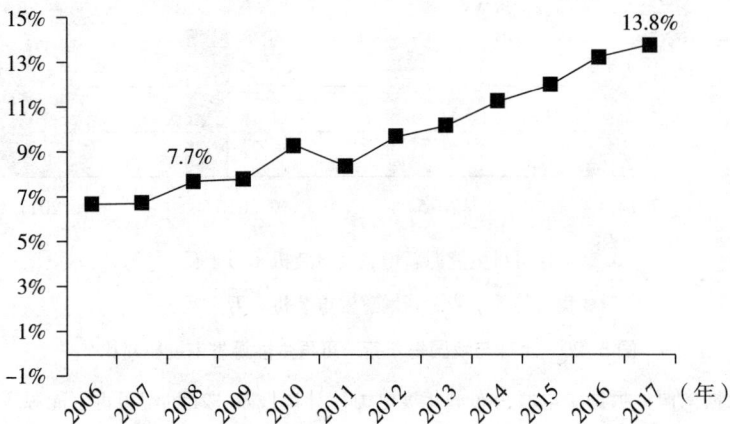

图 5-21　我国各年非化石能源在一次能源消费中的比重

数据来源：国家能源局各年公布数据。

四、建立了具有国际竞争力的装备制造体系

随着开发利用规模逐步扩大，我国已逐步建立了稳定的可再生能源技术创新力量和工业制造基础，并培养形成了百万人级别的包含高端复合型、技术创新型和熟练的工厂操作技能人员，各类高等院校、技术学院等知识型、技能型人才培养渠道逐步建成，产业链内形成了完整的勘探、预测预报、设计、设备制造、建设、运营维

护等细分环节。得益于国家政策的导向，大批从事传统电力行业的专业人员在流向新能源领域，这些都是 2003 年可再生能源产业起步阶段所梦寐以求的局面，而所有这些都是依托在稳定的市场需求局面之上的。

总的来看，我国已逐步从可再生能源利用大国向可再生能源技术产业强国迈进。我国已具备成熟的大型水电设计、施工和管理运行能力，自主制造投运的水电单机容量从改革开放时的 30 万千瓦，扩大到 40 万千瓦、70 万千瓦，如今金沙江中游在建的乌东德、白鹤滩的单机容量分别达到 85 万千瓦和 100 万千瓦；我国还掌握了 500 米级水头、35 万千瓦级抽水蓄能机组成套设备制造技术，填补了水电建设的一个短板。随着科学技术总体技术水平的不断提高，我国水电建设质量已经达到世界先进水平，建成了一批"世界之最"的水电工程，如世界最大的水电工程——三峡工程，装机容量达到 2240 万千瓦；建成了坝高 305 米的世界最高混凝土拱坝——锦坪一级双曲拱坝；建成了最大坝高 216.5 米的世界最高的碾压混凝土坝——龙滩项目；建成了最大坝高 233 米的世界最高的混凝土面板堆石坝——水布垭项目等。这些说明，我国已建立了世界领先的水电产业体系。

我国风电制造能力和技术水平也有了质的飞跃。经过多年引进、消化吸收再创新，我国已建立具有自主知识产权的风电整机制造体系，整机的行业集中度显著提高，整机制造企业从刚起步时的几家，扩大到"十二五"初期的 80 多家，再经过进一步整合减少至 20 多家。风电技术水平明显提升，叶片、发电机、齿轮箱、轴承、变流器等风电关键零部件已基本实现国产化。风电机组单机容量从 20 世纪 80 年代研发百千瓦级别，扩大到"数兆瓦级"，不仅 2—3 兆瓦机组广泛应用，最大 6 兆瓦的大型风电设备也已经试运行。风电叶片最长超过 80 米，比 2000 年左右风电刚起步时 600 千瓦的 20 米叶片相比，提高了 3 倍以上；风轮扫风直径最大超过了 170 米。此外，长叶片、高塔筒的低风速风电技术取得突破性进展，广泛应用于中东部和南方的低风速地区。

自 2003 年以来，我国也已逐步建立起具有国际竞争力的光伏产业。光伏电池技术创新能力大幅提升，突破了多晶硅生产技术封锁，多晶硅产量已占全球总产量的 40% 左右；先进企业多晶硅生产成本降至 10 美元 / 公斤以下，比 2008 年最高时的 500 美元 / 公斤，下降了数个量级；全面实现四氯化硅闭环工艺和无污染排放，环保水平达到了世界先进行列；创造了晶硅等新型电池技术转换效率的世界纪录，光伏技术从过去的跟随、学习，进入到引领的新阶段。全国光伏组件产量达到全球总产量的 70% 左右，并形成了江苏、浙江、安徽、江西、河北、青海等较为集中的光伏产业集群。

五、可再生能源成为国际合作的重要领域

从 20 世纪八九十年代丹麦、德国开始的双边援助合作开始，可再生能源已成为我国多边国际合作的重要领域，国际合作也是我国可再生能源在短时期内快速发展的重要推动力。如联合国开发计划署、世界银行也将可再生能源作为支持我国可持续发展的重要领域，在 2000 年初就启动了"加速中国可再生能源商业化项目（REDP）""可再生能源规模化发展项目（CRESP）"等，帮助我国提高可再生能源发展能力。2005 年，我国颁布了《可再生能源法》，并于 2005 年下半年，在德国政府的大力支持下，在北京举办了第二届国际可再生能源大会（BIREC），时任国家主席胡锦涛也发来书面致辞，国务院

副总理曾培炎出席开幕式并发表讲话，联合国、世界银行、亚洲开发银行、欧盟委员会等国际组织和机构代表，非政府组织代表，国内外有关能源企业、金融机构负责人，部分专家学者等，共 1200 多人出席了大会，这是我国第一次举办如此层级及规模的可再生能源会议。自此，在我国召开的风能、太阳能、生物质能的国际会议越发增多。

尤其是随着我国逐步成为全球最大的市场，可再生能源逐步成为我国与丹麦、德国、美国等可再生能源发展较快国家之间能源交流的重点。我国与这些国家都签署了清洁能源合作协议，将风能、太阳能、多样化的生物质作为双边能源合作的重要领域，建立了常态化的双边沟通交流机制。2012 年，我国加入了国际可再生能源署（IRENA），成为这一新成立国际机构的理事会成员。2014 年，习近平总书记会见奥巴马总统时，发布《中美气候变化声明》，将发展可再生能源作为双方首脑的重要共识纳入其中。2015 年底，我国参加了联合国气候变化大会，并签署了《巴黎协定》，明确了自主贡献减排目标，其中可再生能源成为我国自主贡献目标的重要组成部分，受到国内外关注。

总的来看，发展可再生能源已成为国际社会应对气候变化、减少环境污染、走可持续发展道路的一致共识。但可再生能源作为一个规模化发展仅仅 20 年左右的新兴行业，受间歇性等特征影响，也面临着并网及电力消纳等世界共同技术难题，具有经济性较差、对补贴等政策制度依赖性强的特点。作为全球最大的发展中国家和可再生能源开发利用规模最大的国家，我国与发达国家以及其他发展中国家在发展可再生能源方面，都面临许多共同挑战。在可再生能源方面的合作，日后也必将会成为国际合作的重点之一。

第六节　总结与展望

经过数十年的发展，我国经济发展取得了举世瞩目的成就，特别是我国已成为世界最大的能源生产和消费国。党的十九大报告提出，中国特色社会主义进入新时代，就必须按照"五位一体"的总体布局，建设中国特色社会主义生态文明，而在绿色发展的过程中，要推进能源生产和消费革命，构建清洁低碳、安全高效的能源体系，在这个过程中，我国可再生能源必然能够发挥更大的作用。

首先，我国具有巨大的可再生能源资源潜力。根据最新资源普查数据，我国水电资源的技术可开发量为 6.6 亿千瓦，陆上风能技术可开发资源量 25.7 亿千瓦，加上海上和陆地低风速风能资源超过 30 亿千瓦，太阳能资源丰富地区占到陆地国土面积的 2/3，可建设效益良好的数十亿千瓦的太阳能发电系统，农林剩余物、地热能、海洋能等资源也非常丰富，这些远远超过当前我国能源需求总量的资源条件，足够支撑我国未来构建有较高可再生能源比重的能源体系。

其次，我国已经建立了具有国际竞争力的可再生能源产业体系。目前，我国已形成了完整的、具有国际竞争力的水电设计、施工和运行体系，通过引进消化吸收和再创新，短时间内建立了较为完备的风电设备制造产业体系和光伏制造产业链，风电关键零部件及光伏生产设备基本实现国产化，有能力持续支撑未来可再生能源规模化发展需要。

　　最后，我国已积累了较为丰富的开发利用经验，建立了全球最大的可再生能源开发应用市场。我国水电、风电、光伏发电的发电量分别超过了 1 万亿千瓦时、3000 亿千瓦时以及 1000 亿千瓦时，都位居世界第一。虽然当前可再生能源发展还面临着较多的技术、体制机制等挑战，但从国家确定的能源生产和消费革命战略方向及技术、产业、人才的积累看，未来可再生能源在能源系统中的定位及角色必然会从补充能源向主流能源乃至主导能源转变。

第六章　能源与环境：走向生态文明之路

　　能源发展与环境保护之间有着紧密的关系，世界上主要国家都将"环境友好"作为能源战略的重要目标或重要考虑因素。能源生产利用对生态环境的影响是多方面的，既包括一些能源燃烧产生的废气排放、能源行业产生的废水和固体废物排放，也包括煤炭开采对矿区生态环境和土地资源的破坏、水电开发给生态系统和局部气候带来的影响等。这里面既有直接污染，也有间接破坏；有的是短期危害，有的则带来长期隐忧；有的产生了局部和地区性困扰，有的则上升成为全局性问题，迫使世界各国联合起来共同应对。

　　新中国成立后到改革开放初期，我国的能源生产使用和消费量相对较低，所产生的环境污染和生态危害规模并不明显，人们更多的是从末端治理的角度来考察和应对相应的环境问题。在全国范围内，环境保护问题没有受到重视，只有一些与环境保护相关的基本概念被陆续提出，如综合利用、"三废"处理、回收利用等，环境保护远未成为一项基本国策。随着改革开放后我国的经济规模和能源生产消费规模的迅速扩大，其所带来的生态环境污染破坏问题也日渐升级，在某些行业领域和地区甚至达到了触目惊心的地步。人们不得不重新审视这些环境问题，采取必要的行动来制止和约束进一步的破坏。能源发展所产生的环境问题，从末端的权宜性的应对，逐渐反过来成为能源发展的制约因素。这也催生了一系列新的理念的产生，如使用清洁能源、节约能源和提高能源使用效率、发展循环经济和可持续发展等。发展到今天，我国的能源发展和环境保护从认识、理念、战略到政策、措施和行动相比以前都有了巨大的飞跃和提升，在建设生态文明和美丽中国的战略背景下，努力实现能源与环境的协调发展，走绿色低碳可持续发展之路，已经成为社会各界的共识。可以说，改革开放 40 年来，我国的能源发展与生态环境保护走过了一条极不平凡的道路。

第一节 环境保护理念逐步树立，能源领域污染防治逐渐起步（1978—1999 年）

全国范围内，环境保护问题日渐受到重视，环境保护形势逐渐发展，环境保护理念逐步树立，这期间经历了一个过程。1973 年，第一次全国环境保护会议召开，出台了我国第一个环境保护文件《关于保护和改善环境的若干规定》。1978 年 2 月，五届全国人大一次会议通过的《中华人民共和国宪法》规定："国家保护环境和自然资源，防治污染和其他公害。"这是新中国历史上第一次在宪法中对环境保护作出明确规定。1979 年 9 月，五届全国人大十一次常委会通过新中国的第一部环境保护基本法——《中华人民共和国环境保护法（试行）》。1983 年 12 月，国务院召开第二次全国环境保护会议，明确提出：保护环境是我国一项基本国策。1989 年 4 月，国务院召开第三次环境保护会议，提出在继续实行环境影响评价、"三同时"和排污收费三项制度的基础上，开始实行排放污染物许可证制、污染集中控制和限期治理等新制度和措施。1992年联合国环境与发展大会之后，我国在世界上率先提出了《环境与发展十大对策》，第一次明确提出转变传统发展模式，走可持续发展道路。党的十四届五中全会、十五大和十五届三中全会，提出实施可持续发展战略，实行粗放型经济增长方式向集约型经济增长方式的根本性转变。1996年7月，国务院召开第四次全国环境保护会议，确定了坚持污染防治和生态保护并重的方针，实施《污染物排放总量控制计划》和《跨世纪绿色工程规划》两大举措。

从工业、交通等耗能较多的行业环保发展形势来说，1973年11月，《工业"三废"排放试行标准》颁布，为开展"三废"治理和综合利用提供了依据。其中，废气排放标准对电站、轻工、化工、冶金、工业及采暖锅炉和水泥等类型企业的二氧化碳、二氧化硫等13种物质的排放量（或浓度）作出了规定。1977年4月，《关于治理工业"三废"，开展综合利用的几项规定》发布，环境污染防治进入新的阶段，"环境保护"的概念逐步替代"三废"处理和综合利用的概念。1983年我国颁布实施了第一批机动车尾气污染控制排放标准，标志着我国治理汽车尾气的法规从无到有，并逐步走上法制治理汽车尾气污染的道路。1993年10月召开了全国第二次工业污染防治工作会议，总结了工业污染防治工作的经验教训，提出了工业污染防治必须实行清洁生产，实行三个转变，即由末端治理向生产全过程控制转变，由浓度控制向浓度与总量控制相结合转变，由分散治理向分散与集中控制相结合转变，标志着我国工业污染防治工作指导方针发生了新的转变。

环境保护管理机构的调整变化，也从侧面反映出了环保形势的不断发展。1974年10月25日，国务院环境保护领导小组正式成立。

之后，各地和国务院有关部门陆续建立起环境管理机构和环保科研、监测机构，在全国逐步开展了以"三废"治理和综合利用为主要内容的污染防治工作。1982 年，城乡建设环境保护部设立环境保护局。1984 年国务院成立国务院环境保护委员会，领导组织协调全国环境保护工作。1988 年，在国务院机构改革中设立国家环境保护局，并被确定为国务院直属机构。1998 年，升格为国家环保总局（正部级单位）。

从全国范围的能源消费和使用情况看，改革开放初期到 20 世纪末，我国能源消费从 1978 年的 5.7 亿吨标准煤增加到 2000 年的 14.7 亿吨标准煤，年均增长速度 4.4%，与同期经济增长量相比，基本实现了"一番保两番"。在这一阶段，我国能源消费总量在逐步增加，能源生产利用连同其他生产生活活动所产生的环境污染和生态破坏问题开始显现，以重要污染物二氧化硫为例，从 1981 年到 2000 年，我国二氧化硫排放量总体呈现快速上涨的趋势，在 1995 年出现第一个高峰，达到 2370 万吨，之后逐渐开始下降，到 2000 年排放量控制在 1995 万吨。

总结来说，能源领域的污染防治是全国环境保护工作的重要组成部分。能源领域的污染防治推动了全国环保形势的发展，全国环保形势的发展也指导和影响着能源领域的污染防治。但是，总体来看，这一时期内，能源领域的环境问题虽然已经引起了政府等有关方面的重视，但是从实际行动和效果来看，并没有真正做到"防患于未然"，没有做到"预防为主、防治结合"。政府、公众和社会，应对和处理能源产生的环境问题，与对待其他行业所产生的环境问题一样，更多的是在一种战略和理念上重视，而实际执行中多多少少有所忽视的状态中蹒跚前行的。

第二节　能源生产利用规模迅速扩大，生态环保
形势严峻，能源与环境寻求协调发展
（2000－2010年）

进入新世纪以来，随着我国加入WTO等一系列新的经济背景的变化，我国经济活力不断增强，经济规模迅速扩大，能源生产和使用量也迅速增加（图6-1），能源消费总量从2000年的14.7亿吨标准煤，增加到2010年的36.1亿吨标准煤，年均增长8.4%，能源消费弹性系数达0.8，远超过历史上任何一个时期的水平。能源与经济也由"一番保两番"变成"一番保一番"。从能源消费的结构来看，化石能源占绝对主体，其中煤炭成为化石能源使用的主体，煤炭在总的能源消费量中占比一度超过70%。整个经济活动的粗放式发展

（万吨标准煤）

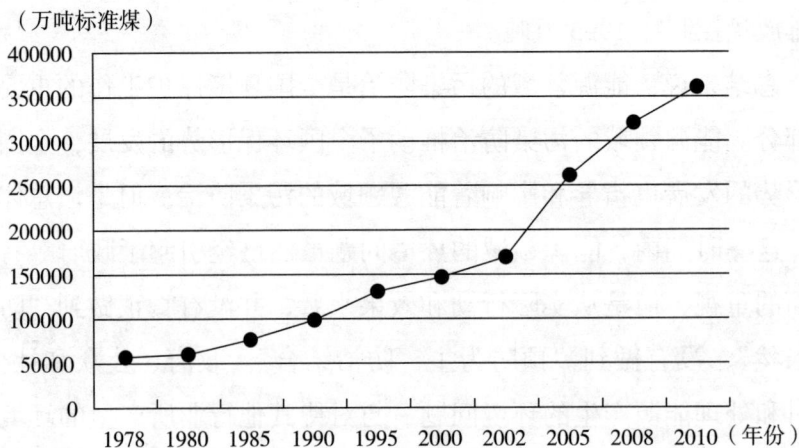

图6-1　1978—2010年我国能源消费总量变化趋势

数据来源：历年中国统计年鉴。

和"以需定供"的敞口式能源供应模式，使得煤炭和其他能源品种的开发利用带来多种形式的环境污染和生态破坏，问题日益严重，形势相当严峻。

一、能源开发利用造成大规模、多种形式的环境污染和生态破坏

（一）化石燃料燃烧导致大气污染

煤、石油、天然气等化石燃料在燃烧过程中，会产生二氧化硫、氮氧化物、烟尘、工业粉尘等大气污染物的排放。以我国工业废气排放量这项指标来看，2000 年的数值是 13.8 万亿标立方米，2010 年则增加到了 51.9 万亿标立方米（图 6-2）。

（亿标立方米）

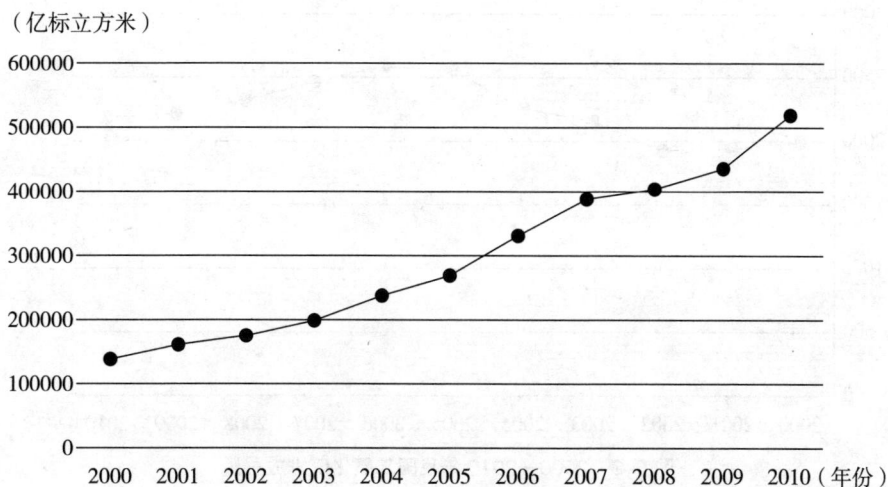

图 6-2　2000—2010 年我国工业废气排放总量

数据来源：《中国环境统计年鉴（2011）》。

在废气排放中，二氧化硫是一项重要内容。二氧化硫排放主要

来源于煤炭等含硫的化石燃料的燃烧。我国的二氧化硫排放量与煤炭消费量之间存在显著的相关关系，在末端处理不当的情况下，大量煤炭的燃烧通常会伴随大量的二氧化硫排放。在国家环保总局的监测数据中，二氧化硫污染严重的地区一般都是高硫煤消费量大的地区。"十五"期间，我国煤炭消费量的大幅度增加，使得二氧化硫排放不降反升，增长了27.8%（图6-3），没有完成《国家环境保护"十五"计划》提出的减少10%的既定目标。这也引起了相应的重视，环保总局和国家发改委联合印发《国家酸雨和二氧化硫污染防治"十一五"规划》，提出燃煤电厂脱硫等工业二氧化硫治理工程。二氧化硫排放开始逐步降低。

（万吨）

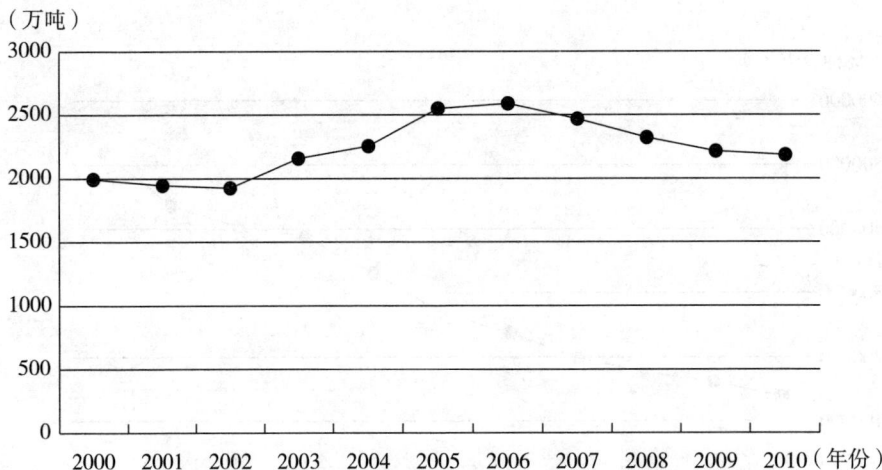

图6-3　2000—2010年我国二氧化硫排放总量

氮氧化物也是一项重要内容。氮氧化物的排放与能源活动密切相关，以煤炭、重油和天然气为燃料的发电锅炉、工业锅炉和窑炉，以及机动车尾气等都是氮氧化物排放的主要来源。"十五"末期，我国二氧化硫的污染形势要比氮氧化物严峻得多，控制二氧化硫排放是当时的首要任务。但是"十一五"时期燃煤量的大幅增长和机动车数量超常规的增长，使氮氧化物排放急剧增加。在相关问题受到关注和采取行动后，到"十二五"期间，才开始实现总量排放的减少。

在影响我国的城市空气质量的污染物中，颗粒物是首要污染物，其中与发电、供热、工业锅炉和窑炉、机动车尾气等能源活动密切相关的烟尘、粉尘、细颗粒物排放都是城市大气污染的重要来源。多种污染物叠加形成的高频次、大规模的"雾霾"天气给人们的生产生活活动带来极大的不便和严重的危害。

（二）能源开采和加工转换过程大量消耗水资源，带来水体污染

能源活动尤其是煤炭开采和洗选业、石油和天然气开采业、石油加工和炼焦业以及火力发电等能源工业在生产过程中均向环境中排放了大量的工业废水。以 2005 年为例，我国能源工业企业共排放工业废水接近 40 亿吨，占工业废水排放量的 17.5%，比 2001 年增长了 12.9%[①]。

煤炭开采疏干排水及废水、废渣的排放，使矿区及其周围水环境发生变异甚至恶化。2005 年全国产煤 21.9 亿吨，用水总量约 35 亿立方米。以山西为例，据统计，山西采煤对水资源的破坏面积超过 2 万平方千米，占全省国土面积 10% 以上。随着煤炭开采强度和延伸速度的不断加大和提高，矿区地下水位大面积下降，使缺水矿区供水更为紧张，严重影响当地居民的生产生活。

电力行业既是耗水大户，也是废水排放大户，大量废水加剧水

---

① 《中国环境年鉴（2006 年）》。

环境污染。尽管单位发电耗水量由于技术进步不断减少，但由于发电量大幅增加，"十五"期间我国火力发电行业的废水排放量增加了36.3%[1]。

（三）煤炭开采和利用产生大量固体废弃物

煤炭开采中有大量的煤矸石产生，是主要的工业固体废物。据测算，全国平均每产 1 吨煤约产生 0.13 吨煤矸石。"十五"末期我国煤炭开采和洗选业的固体废弃物产生量为 1.8 亿吨，占工业固体废物产生总量的 14.7%，其中煤矸石产生量达到 1.5 亿吨[2]。

火力发电产生大量固体废弃物，2005 年，我国火电行业固体废物量为 2.4 亿吨[3]。我国火力发电行业排放的主要固体废弃物是粉煤灰和炉渣，占全行业排放的固体废弃物的 98% 左右。20 世纪 70 年代以前建设的一些火电厂将灰渣排入江河，直到 1995 年底，原电力部所属火电厂才基本解决了多年存在的向江河排灰的历史遗留问题。80 年代建设的电厂在大力进行综合利用的同时，对新灰场和服役期满的灰场都采取了必要的防污染措施。干灰分选、粉煤灰生产建材产品、粉煤灰修筑堤坝道路、脱硫石膏用于水泥和石膏板高附加值建材生产等，已成为电力企业变废为宝、多种经营的重要手段。

（四）煤炭及煤电行业发展造成生态破坏

地下开采的煤矿在煤炭采出后，引起煤层上面的地层塌落，波及地面发生地表沉降和陷落现象，称为煤炭采空区地表塌陷。我国

---

① 《中国环境年鉴（2006 年）》。
② 《中国环境年鉴（2006 年）》。
③ 《中国环境年鉴（2006 年）》。

煤矿以地下开采为主，地表塌陷对地面、地下工程和土地资源都造成破坏。多年来，由于地表塌陷或沉陷，东部平原矿区土地大面积积水受淹或盐渍化，西部矿区水土流失和土地荒漠化加剧，并诱发山体滑坡、崩塌和泥石流等地质灾害，给矿区群众生命财产和公共财产造成巨大损失，已成为影响我国社会安定和经济社会可持续发展的重要制约因素。据估计，目前我国煤炭采空区地表塌陷面积已超过 40 万公顷[①]。

虽然我国露天开采的煤炭产量占比较低，但由于露天开采需剥离煤层上覆盖的土壤和岩石，对土地资源破坏十分严重。同时，露天采煤形成的凹坑，由于地质构造和地表、地下水的作用诱发滑坡、塌陷和水土流失等灾害。

煤炭开采排放大量疏干水，改变矿区的水文地质条件，破坏水均衡系统，造成大面积疏干漏斗、地下水资源枯竭、河水断流、地表水渗透等，进一步破坏矿区植被赖以生长的生态环境。

在煤炭燃烧发电过程中，消耗大量水资源，造成水环境失衡、水体盐化和草场与植被的退化。

（五）水电开发带来一定的生态影响

我国是水电资源丰富的大国，水电在我国能源供应结构中占有一定比例。但是，水电站的建设在带来发电、航运、防洪等多种效益的同时，也造成了一定的生态影响。水电站的建设运行形成库区，造成土地淹没，使库区一些珍稀动植物消失，生物多样性减少。水库大坝改变了河流自然流态，引起水生生态环境显著变化，也对局

---

① 中国煤炭工业协会统计。

部气候气象产生影响。我国的西南地区是水力资源丰富的地区，但同时也是重要的生态功能区和生态敏感区，水电开发与生态保护面临着两难的选择。

二、能源与环境协调发展逐渐融入党和政府的发展思想

化石能源的大量开采和利用，给我国的生态环境带来了巨大的污染和破坏。这些危害呈现出积累和叠加的状态，迫使人们重新审视和思考能源开采利用的方式和能源发展的道路。环境问题从生产生活活动末端治理与应对，开始逐渐成为经济和能源发展的前置考虑因素，环境保护的思想从"末端治理"逐渐过渡到"预防为主、防治结合"。在能源领域的污染防治，从对每个排放源的末端污染物排放控制，逐渐过渡到对整个能源系统的优化调整，从而达到在总量和强度上降低能源利用的环境影响的目的。

党和政府积极应对日益严峻的环境保护形势。党的十六大提出树立和落实科学发展观、构建社会主义和谐社会、建设资源节约型环境友好型社会、让江河湖泊休养生息、推进环境保护历史性转变、环境保护是重大民生问题、探索环境保护新路等新思想、新举措。经济发展强调又好又快，环境问题被纳入经济可持续发展的重点考虑因素。强调走中国特色社会主义建设道路不能忽视生态建设和环境保护；强调以人为本，将统筹人与自然和谐发展作为构建社会主义和谐社会的目标之一；强调经济增长方式转变的重要性，提出要坚持节约资源和保护环境的基本国策。中央提出走坚持以信息化带动工业化，以工业化促进信息化，走出一条科技含量高、经济效益好、资源消耗低、环境污染少、人力资源优势得到充分发挥的新型工业化路子。能源发展既要满足经济建设，尤其是新型工业化的需

求，又要确保降低消耗、减少环境污染。这就要求能源发展与环境保护必须紧密结合在一起。

党的十七大进一步提出"建设生态文明"的战略目标，指出要"基本形成节约能源资源和保护生态环境的产业结构、增长方式、消费模式。循环经济形成较大规模，可再生能源比重显著上升。主要污染物排放得到有效控制，生态环境质量明显改善。生态文明观念在全社会牢固树立"。党的十七大之后，中央又进一步明确了建设生态文明的理论内涵和主要工作，以及生态文明建设与经济建设、政治建设、文化建设、社会建设的关系，赋予生态文明建设与其他建设在全面建设小康社会进程中同等重要的地位，为党的十八大提出中国特色社会主义"五位一体"的总布局和生态文明建设思想的成熟完善提供了良好前提。党的十七大指出，"要完善有利于节约能源资源和保护生态环境的法律和政策，加快形成可持续发展体制机制；落实节能减排工作责任制；发展清洁能源和可再生能源，保护土地和水资源，建设科学合理的能源资源利用体系，提高能源资源利用效率"。这些都是能源与环境协调发展的重要论述，深化了对二者关系的认知和对实践的指导。

第三节　能源生产利用与生态环境保护一体化协调发展（2010 年至今）

从党的十六大提出建设两型社会到党的十七大提出建设生态文明，能源与环境开始形成快速融合发展的趋势。党的十八大以来，党和政府把生态环境保护、建设美丽中国和生态文明放到了前所未有的战略高度，建设生态文明的理念逐渐贯穿到社会各行各业当中，成为经济社会发展的主题和目标之一。生态文明理念同样渗透到能源生产和消费的方方面面，在这样的背景下，实现能源转型和绿色发展，实现能源与生态环境的一体化协调和可持续发展，成为社会趋势和共识。

一、不断发展的环境形势倒逼能源转型

我国的工业化和城镇化过程与一些发达国家相比，时间短、规模大，生态环境问题爆发也更加集中。除了工业化进程的共性问题，由于发展方式带有我国自身特点，也产生了一些个性问题。

（一）应对复合型大气污染的挑战

建设生态文明和美丽中国，是党和政府的宏伟战略目标和伟大蓝图。近年来，经济社会的高速发展带来巨大的物质财富，但传统发展方式却付出了巨大的生态环境代价，一些环境现象触目惊心。创造和形成美好的生产生活环境，日益紧迫地成为人民群众的共同愿望。在诸多的环境质量改善行动中，尤以改善人们生产生活所必需的、感受最为直观的水、空气等的质量最为迫切。我国大气污染不仅来源多，污染因子多，污染成因和机理也更加复杂，呈现出压缩型、复合型、结构型的特点。同时各地经济发展水平和能源结构也不平衡，区域污染状况差异大。

相比发达国家大气污染治理情况，比如许多欧美国家在 20 世纪 70 年代到 90 年代以治理二氧化硫、氮氧化物为主，90 年代到 2010 年开始转向以治理细颗粒物 PM2.5 为主，取得了很好的成效。但是对我国来说，快速发展的城镇化、工业化国情决定了现阶段的大气

污染治理，既要对一次污染物进行治理和控制，还要对二次污染物进行控制；既要治理二氧化硫、氮氧化物等常规污染物，还要治理细颗粒物污染等新出现的大气污染问题，复杂性和难度都更大。

（二）应对全球气候变化的挑战

温室气体大量排放等因素引起的气候变化（全球升温、极端气候事件增多等）是近年来国际社会普遍关注的全球性问题。能源既是经济社会可持续发展的物质基础和保障，也是温室气体的重要排放源。我国能源需求保持快速增长，资源消耗很快，尤其是化石能源占比很大，造成二氧化碳等温室气体排放快速增长。

根据我国的气候变化国家信息公报发布的温室气体清单，1994年、2005 年和 2012 年，我国的温室气体排放中能源活动排放的占比都在 80% 左右（图 6-4），是温室气体排放的绝对主力。在世界

（%）

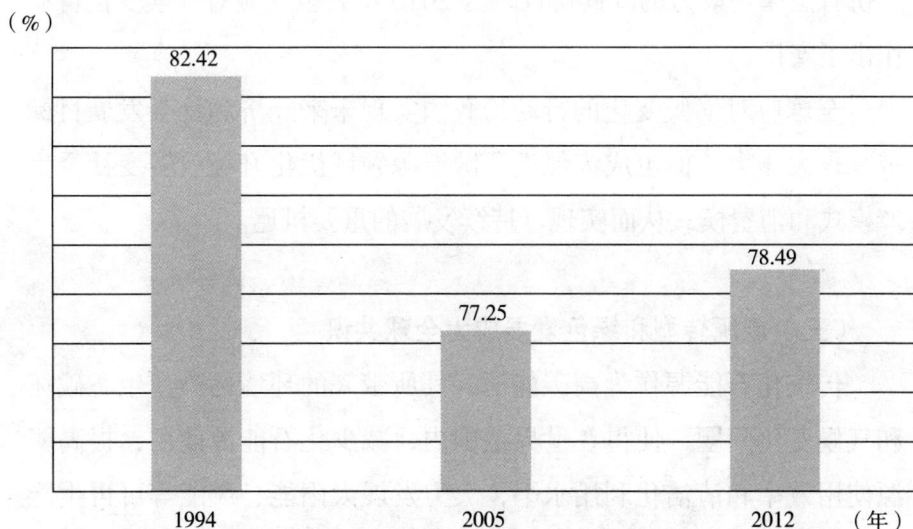

图 6-4　我国温室气体排放总量中能源活动排放占比

数据来源：历次气候变化国家信息通报。

范围内，我国也是能源消费特别是化石能源消费的大户。同时，由于我国单位一次能源消费的二氧化碳排放高出世界平均水平（例如2015年世界平均每吨标准煤一次能源供应排放二氧化碳 2.37 吨，我国为 3.04 吨），也使得我国成为二氧化碳排放总量和强度都比较显著的国家。

气候变化已经是全球性议题中排名靠前的优先议题，国际社会有关温室气体减排义务的谈判已不只是单纯的环境事务，而是涉及未来各国争取发展空间和选择发展道路的问题，对于各国的能源发展、科技创新以及生活方式也都将产生重大的影响。尽管主要缔约方在未来减排目标上和各自应承担的义务上仍然存在分歧，但是，一致应对全球气候变化的共识也日趋增多。2015年12月，《联合国气候变化框架公约》（简称《公约》）近 200 个缔约方在巴黎气候变化大会上达成《巴黎协定》。这是继《公约》和《京都议定书》后第三份有法律约束力的气候协议，为 2020 年后全球应对气候变化行动作出了安排。

全球应对气候变化的行动给我国实现未来经济和社会发展目标带来很大压力，但也成为促进我国能源领域优化升级、转变社会生产模式和消费模式从而实现可持续发展的重要机遇。

（三）能源转型和绿色发展成为全球共识

传统化石能源作为高碳能源，其所带来的环境污染、生态破坏和气候变化问题，使得在世界范围内，减少化石能源使用，提高能源使用效率和清洁化利用水平，大力发展太阳能、风能等可再生能源，日渐成为全人类的共识，能源绿色低碳转型的基本框架逐渐形成，能源绿色低碳发展已经成为时代主题之一和未来发展趋势。许多经济体例如欧盟、美国等都把减少对传统化石能源的依赖，构建绿色低碳可持续的清洁能源体系设定为国家战略的一部分。现在各个国家更倾向于把更多的财力从油气、煤炭等传统产业逐渐转移到用于支持绿色低碳能源清洁能源发展，发展清洁能源，推动能源转型。

联合国也为实现各国的共同需求和愿望而努力，在全球范围内推进能源绿色低碳转型和可持续发展。《巴黎协定》的签订和生效，表明全球对绿色和低碳转型达成了广泛共识。各国愿意通过能源的绿色低碳转型来实现《巴黎协定》规定的气候变化的许多目标。在 G20、APEC 等比较重要的国际多边合作机制上，全球能源改革和转型正在不断推进。例如，在 G20 框架下，各国努力将国内的政策和国际社会目标相结合；G20 的能源部长会议和能源工作组努力在全体成员国和更大范围内推进可再生能源的发展、能源节约、化石能源补贴改革、能源的普遍供应、能源使用便利化、新的能源技术推广等。

从全球经济的角度来讲，由能源转型和绿色低碳发展所带动的绿色经济发展模式和框架也在形成。许多经济体追求新的经济发展动能，通常都含有低消耗、低排放、高附加值等因素。绿色发展同时又为社会民生发展带来福利，符合人们创造和保护美好生态环境的目标。

二、能源绿色发展的理论内涵不断丰富

能源绿色发展作为建设生态文明和美丽中国的重要组成部分，其理论内涵不断丰富创新。

2014 年 6 月 13 日召开的中央财经领导小组第六次会议指出，

要推动能源生产和消费革命，其中包括：推动能源消费革命，抑制不合理能源消费，坚决控制能源消费总量，有效落实节能优先方针，把节能贯穿于经济社会发展全过程和各领域，坚定调整产业结构，高度重视城镇化节能，树立勤俭节约的消费观，加快形成能源节约型社会；推动能源供给革命，大力推进煤炭清洁高效利用，着力发展非煤能源，形成煤、油、气、核、新能源、可再生能源多轮驱动的能源供应体系；推动能源技术革命，紧跟国际能源技术革命新趋势，以绿色低碳为方向，把能源技术及其关联产业培育成带动我国产业升级的新增长点。

2015 年 3 月 24 日召开的中央政治局会议首次提出"绿色化"的概念，对党的十八大提出的"新型工业化、城镇化、信息化、农业现代化"的"新四化"进行拓展与延伸，变"四化"为"五化"，进行了理论上的又一次创新。在生产领域，"绿色化"是指"科技含量高、资源消耗低、环境污染少的产业结构和生产方式"，发展绿色产业则有助于培育形成经济社会发展新的增长点；在生活方式上，"绿色化"是指"生活方式和消费模式向勤俭节约、绿色低碳、文明健康的方向转变，力戒奢侈浪费和不合理消费"；再次，"绿色化"还是一种价值取向——"把生态文明纳入社会主义核心价值体系，形成人人、事事、时时崇尚生态文明的社会新风"。能源作为国民经济和社会发展不可缺少的生产要素和物质基础，涉及生产生活的方方面面。能源绿色发展的理论内涵，从而得到不断丰富。

三、能源绿色发展的法律政策体系不断完善

在法律体系方面，我国环境保护类法律体系日渐完备，其中对能源发展的约束和引导作用也不断增强。

　　我国现在的环保法律体系是以《中华人民共和国宪法》为基础，以《中华人民共和国环境保护法》为主体，以其他环境保护单行法、相关法、行政法、部门规章、地方性法规与地方政府规章、环境保护标准体系、国际环境保护公约为支撑构成的。其中，《中华人民共和国环境保护法》、《中华人民共和国大气污染防治法》和《中华人民共和国节约能源法》等对能源发展有较大影响的法律经过修订不断完善。

　　《中华人民共和国环境保护法》于 1989 年 12 月 26 日通过，并于 2014 年 4 月 24 日进行了修订。在 2014 年的修订中，加入了"国务院有关部门和地方各级人民政府应当采取措施，推广清洁能源的生产和使用"的表述，并且指出，"企业应当优先使用清洁能源"。

　　《中华人民共和国大气污染防治法》于 1987 年 9 月 5 日通过，1995 年修正，并于 2000 年 4 月 29 日和 2015 年 8 月 29 日进行了两次修订。在 1995 年的版本中，开始对能源活动有所提及，指出"企业应当优先采用能源利用效率高、污染物排放量少的清洁生产工艺，减少大气污染物的产生"。在 2000 年修订的版本中，开始引入清洁能源的概念，提出"国家鼓励和支持大气污染防治的科学技术研究，推广先进适用的大气污染防治技术；鼓励和支持开发、利用太阳能、风能、水能等清洁能源"。"国务院有关部门和地方各级人民政府应当采取措施，改进城市能源结构，推广清洁能源的生产和使用。""国家鼓励生产和消费使用清洁能源的机动车船。"

　　《中华人民共和国节约能源法》于 1997 年 11 月 1 日通过，并于 2007 年 10 月 28 日修订，2016 年修改。在 1997 年版本中就提到了环境保护的目的，是"为了推进全社会节约能源，提高能源利用效率和经济效益，保护环境，保障国民经济和社会的发展，满足人民生活需要，制定本法"。"国家制定节能政策，编制节能计划，并纳入国民经济和社会发展计划，保障能源的合理利用，并与经济发展、环境保护相协调。"在 2007 年修订的版本和在 2016 年修改的版本中，明确提出"国家实行有利于节能和环境保护的产业政策，限制发展高耗能、高污染行业，发展节能环保型产业"。

从"十一五"开始，我国将单位 GDP 能耗和主要污染物排放两项约束性指标列入五年规划（表 6-1）。约束性指标具有法律效力，也就意味着完不成约束性指标任务，就要承担违法后果。约束性指标是在预期性基础上进一步明确并强化了政府责任的指标，是中央政府在公共服务和涉及公众利益领域对地方政府和中央政府有关部门提出的工作要求。

表 6-1　五年规划中有关能源环境的发展目标（"十一五"至"十三五"）

	"十一五"	"十二五"	"十三五"	目标属性
单位 GDP 能耗下降	20%	16%	15%	约束性
单位 GDP 二氧化碳排放降低		17%	18%	约束性
非化石能源占一次能源消费比重		由 8.3% 增长到 11.4%	由 12% 增长到 15%	约束性
主要污染物排放减少	10%	8%—10%	10%—15%	约束性
森林覆盖率增长	由 18.2% 增加到 20%	由 20.36% 增加到 21.66%	由 21.66% 增加到 23.64%	约束性
森林蓄积量		由 137 亿立方米增加到 143 亿立方米	由 151 亿立方米增加到 165 亿立方米	约束性

国家已逐步将能源绿色发展的战略一步步体现在政策、落实到行动中去，"铁拳""向污染宣战"等字眼也陆续出现在各地的文件

中。中央和地方各级政府，都把能源绿色发展作为重要的政策组成部分，包含在发展和工作思路中，发布了多种多样的能源绿色转型规划、方案，节能减排工作方案，多项可再生能源发展规划，鼓励能源技术创新和节能低碳技术推广的文件等，并且有类似于《关于提高主要光伏产品技术指标并加强监管工作的通知》《关于改善电力运行调节促进清洁能源多发满发的指导意见》《关于开展分布式发电市场化交易试点的通知》等专业详细的指导文件。

四、能源绿色发展的相关领导机构不断强化

2007 年 6 月，国务院成立国家应对气候变化及节能减排工作领导小组，负责研究制订国家应对气候变化的重大战略、方针和对策，统一部署应对气候变化工作，研究审议国际合作和谈判对案，协调解决应对气候变化工作中的重大问题；负责组织贯彻落实国务院有关节能减排工作的方针政策，统一部署节能减排工作，研究审议重大政策建议，协调解决工作中的重大问题。小组成员为国务院各部委等。将能源绿色发展与应对气候变化等问题实现统一领导，也体现出政府决策层面对能源与环境一体化协调发展的最新认识。

从环境保护相关机构来说，2008 年 7 月，国家环保总局升级为国家环境保护部，成为国务院组成部门。2018 年，环境保护部更名为生态环境部，机构职责更加健全，也有利于整合与污染防治相关的行政职能，有利于在生态保护和修复上强化统一监管、坚守生态红线，有利于"五个打通"，即"打通地上和地下，打通岸上和水里，打通陆地和海洋，打通城市和农村，打通一氧化碳和二氧化碳，也就是统一大气污染防治和气候变化应对"。

五、多项务实行动推动能源与环境协调发展

我国政府采取了规模宏大、形式手段立体多样、涉及不同行业和社会主体的行动措施来推动能源转型和绿色发展，推动生态环境修复和保护，这其中包括上文提到的立法、出台政策文件等，也包括财政经济手段、建立活跃的市场机制、技术引进研发和推广、统计数据体系和环境执法监察等能力建设、社会宣传普及增加公众认知等等。其中，比较有代表性的行动有：提出并践行控制能源消费总量、探索以经济手段推进环境治理、打赢蓝天保卫战重大工程、节能提高能效应对气候变化等。

（一）深化末端治理到源头控制的转变，合理控制能源消费总量

我国长期以来"以需定供"的能源生产供应模式，导致了不加节制的敞口式能源消费，随着消费规模增大，所引发的能源资源紧张、生态破坏、环境污染和大量温室气体排放导致气候变化等问题越来越严重。而对于能源领域产生的环境问题进行末端治理，政策作用越来越有限，边际成本也越来越高。由此，从前端入手寻求解决办法，便成为新的选择。在世界上，欧美等发达国家已经有抑制化石能源消费、发展新能源和可再生能源等替代能源的做法。对于我国来说，在实施单位 GDP 能耗约束的基础上，合理控制能源消费总量，变"单控"为"双控"，既能弥补降低能源强度等既有节能减排政策的不足，有效避免"回弹效应"，促进能效提高，抑制敞口式能源消费，又有利于协调解决能源安全、生态环境以及应对气候变化问题。

2006 年，国家能源办牵头组织的"国家能源发展战略 2030"研

究，开始提出要转变传统的"按需定供"模式，合理引导能源需求，控制能源消费总量。在"十二五"规划中，明确提出"优化能源结构、合理控制能源消费总量"，在随后的中央政府有关政策文件中，均明确要"合理控制能源消费总量"，在党的十八大报告中，进一步提出"推动能源生产和消费革命，控制能源消费总量"。

合理控制能源消费总量，实现能源消费的"双控"，有助于促进我国经济转型，由粗放到集约，由"大而不强"转向高质量发展，由行业区域不平衡转向行业区域协调发展。从能源消费结构本身来说，化石能源特别是煤炭在我国能源结构中长期占据主导地位，实现能源消费总量控制，化石能源特别是煤炭消费的控制至关重要，这也有利于降低煤炭在开采、利用等环节对环境的有害影响。同时，合理控制能源消费总量，与积极发展新能源和可再生能源，建立绿色、多元、清洁、低碳的能源供应体系的政策一脉相承，当各地面临能源消费总量的天花板时，就会有动力寻求不受限额控制的清洁能源。

（二）征收环境保护税，促进节能减排

《中华人民共和国环境保护税法》（以下简称《环保税法》）于2018年1月1日正式施行。这是党的十八大后出台的首部单行税法，进一步彰显了我国全面协调推进"五位一体"总体布局、大力推进生态文明建设的坚强决心和信心。这部税法对推动节能减排将起到重要作用。

从历史角度看，环保税由来已久，在20世纪70年代初，环保税以污染者负担为原则，并以污染者承担监控排污行为成本的表现形式出现，是环保税的早期雏形。从20世纪90年代中期开始，环

保税的说法开始被越来越多地讨论。我国环保税的推进，主要集中于近十年之内。2007 年，我国政府首次明确将进行环境税立法。当年 6 月，国务院颁布《节能减排综合性工作方案》，其中提到"研究开征环境税"。2010 年 10 月底，党的十七届五中全会通过的《中共中央关于制定国民经济和社会发展第十二个五年规划的建议》正式提出开征环境保护税。2014 年 11 月 3 日，财政部会同环境保护部、国家税务总局起草《中华人民共和国环境保护税法（草案稿）》并报送国务院。2016 年以来，环保税法草案经过全国人大常委会两次审议完善。2018 年 1 月 1 日，环保税开征，成为第 19 个税种。

《中华人民共和国环境保护税法》开宗明义地指出：为了保护和改善环境，减少污染物排放，推进生态文明建设，制定本法。环保税针对同一危害程度的污染因子按照排放量征税，排放越多，征税越多；同时，环保税针对不同危害程度的污染因子设置差别化的污染当量值，实现对高危害污染因子多征税。总体来说，环保税确立了多排多征、少排少征、不排不征和高危多征、低危少征的正向减排激励机制，有利于引导企业加大节能减排力度。开征环保税可能使得企业短期面临一定的压力，但随着企业加大节能减排力度，最终可以成为环保税灵活的减免税机制的受益者，成为实现全社会绿色低碳发展，建设生态文明的贡献者。

从税法机理上来说，长期以来，我国与环境直接相关的税费主要有增值税、企业所得税、消费税、资源税、排污费等，并没有设立针对环境保护的独立型税种。尽管上述税费政策在促进能源与环境绿色发展方面发挥了积极作用，但作用范围窄、调节力度弱的问题日益显现，不能满足我国能源与环境发展形势需要。环境保护税相比其他手段具有较多的优越性：征收环境保护税可使污染者自由选择低廉且适合自己的方法，以节约能源和资源使用，减少污染物排放，从而减少了直接行政管制所产生的缺乏弹性和效率以及资源配置的低效率；征收环境保护税可以为企业长期研究与开发节能减排新办法、新技术提供源源不断的动力。

（三）探索开展碳排放权交易，有力配合能源绿色发展、区域大气污染防治和全球气候治理问题协调解决

为应对气候变化这一人类面临的非传统安全威胁，我国已经将控制温室气体排放全面融入国家经济社会发展的总战略。控制温室气体排放的政策工具包括行政手段、市场手段、技术标准、宣传教育等。我国长期主要依靠向各个地方、行业和重点企业下达强制性指标等行政命令的方式，来实现全国的温室气体排放控制目标，这种方式发挥了重要作用，但也有其局限性，有时会为企业的正常生产活动带来干扰。

碳排放权交易是控制温室气体排放的市场手段，通过为纳入体系的重点排放单位设立总的排放上限（配额总量），要求其上缴与温室气体排放量相应的配额，并允许不同单位之间进行配额交易，从而让市场自主配置温室气体排放资源，能够以比较低的社会总成本实现温室气体排放控制目标。2011 年，国家发展和改革委员会批准在北京、天津、上海、重庆、广东、湖北和深圳等七个省市进行碳排放权交易试点。七个碳排放权交易试点在较短时间内完成了各自体系的设计工作，包括建立体系的法律基础、明确体系的覆盖范围、建立排放数据的监测报告和核查体系、对纳入体系重点排放单位的历史数据进行核查、确定体系的排放上限、制定配额分配方法、明确对未履行义务单位的处罚措施、建设注册登记系统和交易系统等。

各试点省市的实践表明，通过对温室气体排放资源的市场配置以及排放数据的第三方核查等，碳排放权交易在提高企业的减碳意识、完善企业内部的数据监测体系、促进企业减碳方面发挥了积极和显著作用。

在国家层面，2014 年国家发改委以部门规章的形式发布了《碳排放权交易管理暂行办法》，明确了全国体系的设计框架。发布了24 个行业的企业温室气体排放核算与报告指南，统一和确保全国体系下重点排放单位排放数据的质量。全国体系运行所需的四个主要支撑系统，包括重点排放单位碳排放数据报送系统、碳排放权注册登记系统、碳排放权交易系统和碳排放权交易结算系统均已在建设过程中。2017 年 12 月 19 日，《全国碳排放权交易市场建设方案（发电行业）》发布，提出以发电行业为突破口，率先启动全国碳排放交易体系，未来逐步扩大到其他行业，全国碳市场第一阶段的计划涵盖石化、化工、建材、钢铁、有色、造纸、电力、航空等高耗能行业。从率先启动的电力行业来看，在配额中，高排放、发电效率低的企业将获得相对较少的碳排放额度，这将加速发电企业优胜劣汰，促使电力行业向低排放、高效率的可持续清洁能源方向发展。其他行业在逐步开展和有效实施碳市场交易制度的过程中，也将促进能源使用向低碳清洁高效的方向发展。

我国碳排放权交易市场还将在市场的法律基础方面，统计体系方面，与碳排放权交易市场相关的能耗总量和强度的双控制度、电力体制改革领域方面继续推进相关工作，努力建设高效、公平、透明的全国体系，按照"引导应对气候变化国际合作，成为全球生态文明建设的重要参与者、贡献者、引领者"这一要求，有效参与碳市场领域的国际对话与合作、引领国际标准制定的重要实践。

（四）大力实施能源绿色转型，助力打赢蓝天保卫战

空气污染特别是频发的空气重污染天气，给社会带来了严重危害。加快改善空气质量等环境质量，是人民群众的迫切愿望，是可持续发展的内在要求。2013 年 9 月，国务院颁布实施《大气污染防治行动计划》（"大气十条"），明确要求到 2017 年，全国地级及以上城市可吸入颗粒物（PM10）浓度比 2012 年下降 10% 以上，优良天数逐年提高；京津冀、长三角、珠三角等区域细颗粒物（PM2.5）浓度分别下降 25%、20%、15% 左右。2017 年《政府工作报告》提出，要坚决打赢蓝天保卫战。

化石燃料燃烧排放的污染物是大气污染的主要贡献源，能源绿色转型对于打赢蓝天保卫战有着极为关键的作用。2013 年 9 月发布的《京津冀及周边地区落实大气污染防治行动计划实施细则》中，包含有实施锅炉等综合治理、统筹城市交通、调整产业结构等促进节能减排的措施，细则中还专门有"控制煤炭消费总量，推动能源利用清洁化"的部分。该部分内容明确指出，实行煤炭消费总量控制，全面推进煤炭清洁利用，加大天然气、液化石油气、煤制天然气、太阳能等清洁能源的供应和推广力度，逐步提高城市清洁能源使用比重。在更为细化的行动方案中，《京津冀及周边地区 2017—2018 年秋冬季大气污染综合治理攻坚行动方案》提到，加快散煤污染综合治理，全面完成以电代煤、以气代煤任务。

从治理成果来看，环保部监测数据显示，2017 年，全国地级及以上城市 PM10 平均浓度比 2013 年下降 22.7%；京津冀、长三角、珠三角等重点区域 PM2.5 平均浓度比 2013 年分别下降 39.6%、34.3%、27.7%；北京市 PM2.5 平均浓度从 2013 年的 89.5 微克/立方米降至 58 微克/立方米，下降达 35.6%。《大气污染防治行动计划》

（"大气十条"）目标全面实现，蓝天保卫战第一阶段取得了不错的成果。

2018年，生态环境部按照中央要求研究制订蓝天保卫战的三年作战计划，继续推动大气污染防治。其中提到突出重点行业和领域，包括钢铁、火电、水泥、玻璃、焦化、石化以及机动车、散煤燃烧等。同时，从优化结构方面对能源转型和绿色发展继续提出了要求：首先是产业结构，继续推动过剩产能的化解，落后产能的淘汰，散乱污企业的整治，工业企业的达标排放，以及钢铁火电行业的超低排放改造；二是能源结构优化，淘汰关停不达标的一些燃煤小火电机组，同时推动燃煤小锅炉的淘汰改造，稳步推进农村居民燃煤散煤燃烧的煤改气、煤改电工作，着力发展清洁能源，利用好清洁能源；三是运输结构，着力推动公路运输转为铁路运输，开展柴油货车超标排放的专项整治，黄标车、老旧车的淘汰，大力发展新能源汽车。

（五）节约能源、提高能效，应对全球气候变化

党的十九大指出，我国要"引导应对气候变化国际合作，成为全球生态文明建设的重要参与者、贡献者、引领者"。中国政府本着对中华民族福祉和人类长远发展高度负责的态度，积极应对气候变化，并承担与中国发展阶段、应负责任和实际能力相符的国际义务，采取有力度的行动，为保护全球气候环境作出自己的贡献。

中国政府从2008年开始，每年度发布《中国应对气候变化的政策与行动》的白皮书，分析气候变化面临的形势，从减缓气候变化、适应气候变化、国内试点示范开展情况、能力建设和全社会共同参与等方面总结进展。在诸多应对气候变化的行动中，节约能源和提高能源使用效率的措施多、作用和意义明显，主要包括：

设立节能目标责任考核。将节能目标分解落实到各省、自治区、直辖市，每年都组织对全国 31 个省级政府和千家重点企业节能目标完成情况和节能措施落实情况进行评价考核，并向社会公告考核结果，对未能完成目标任务的地方政府官员进行问责。在五年规划末期，还将加大工作力度，通过召开专门会议、下发专门通知等，确保五年规划的节能目标得到实现。

识别重点领域节能和重点节能工程。每年度，中央财政安排节能减排专项资金、财政节能奖励资金等，用于支持节能技术改造、高效节能技术和产品产业化示范、重大合同能源管理、节能监察机构能力建设等。在"十一五"期间，国家对钢铁、有色、煤炭、电力等 9 个重点耗能行业开展了千家企业节能活动，推动企业开展能源审计、编制节能规划、启动能效水平对标。"十一五"期间，国家发改委等部门还确定了十大重点节能工程。国家持续不断地在建筑、交通和公共机构等领域，推动开展节能行动。

编制发布国家重点节能技术推广目录。为贯彻落实《节约能源法》等节能减排法律法规和《国务院关于印发节能减排综合性工作方案的通知》等节能减排有关要求，加快重点节能技术的推广普及，引导用能单位采用先进的节能新工艺、新技术和新设备，提高能源利用效率，2008 年开始，国家开始陆续发布多批次的《国家重点节能技术推广目录》（名称后来逐渐更改为《国家重点节能低碳技术推广目录》，并分为节能和低碳两部分），涉及煤炭、电力、钢铁、有色、石油石化、化工、建材等行业和燃料及原材料替代、碳捕集利用与封存、碳汇等领域。

此外，节能和提高能效措施还包括推行节能市场机制，完善节能相关标准，完善节能财税政策和价格政策，发展循环经济等。

六、能源生产利用与生态环境保护协调发展显现成效

能源生产利用与生态环境保护协调发展，就是要减少传统能源生产消费过程对生态环境的污染破坏，同时对已有的污染破坏实施修复治理，最终实现能源结构优化、能源清洁利用、污染物排放减少、环境质量改善等一系列能源与环境可持续发展的目标，为建设生态文明和美丽中国作出应有的贡献。经过持续不断的努力，我国能源与环境的协调发展和能源领域的污染防治已经显现出显著的成效。

（一）单位 GDP 能耗的下降

2010 年以来，我国单位 GDP 能耗实现连续下降（图 6-5），从 2010 年的 0.87 吨标准煤 / 万元下降到 2017 年的 0.65 吨标煤 / 万元（按 2010 年可比价格计算）。

（吨标煤/万元）

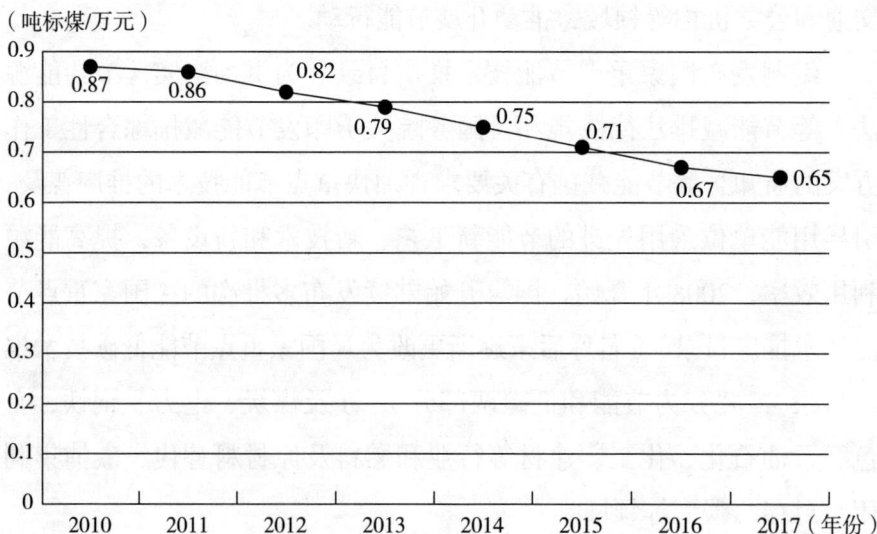

图 6-5　2010—2017 年全国单位 GDP 能耗

数据来源：中国历年统计年鉴。

　　当然，也应该认识到，尽管我国单位 GDP 能耗连年来持续下降，但在世界范围内，仍然属于耗能强度比较高的国家，高于世界平均水平，远高于世界先进水平。2015 年我国单位 GDP 能耗是世界平均水平的 1.83 倍，是日本的将近 5 倍（图 6-6）。我国在能源使用的方式和效率方面，与先进的发达国家相比仍然有较大差距和提升的空间。

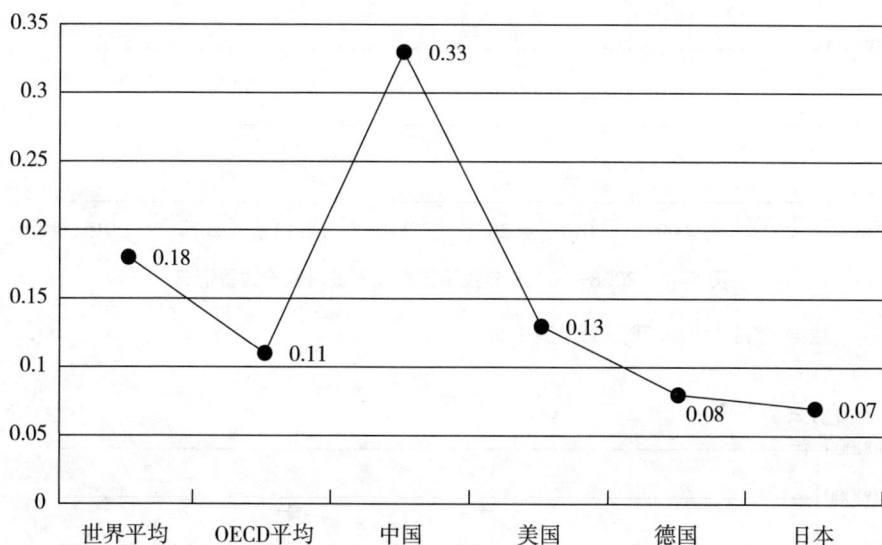

图 6-6　全球主要经济体 2015 年单位 GDP 能耗

数据来源：IEA World Energy Statistics 2017。

（二）工业废气排放有效控制

　　2008—2015 年，我国工业废气处理设施数量稳步增加，从 2008 年的 174164 套，增加到 2015 年的 290886 套（图 6-7）。工业废气排放量从 2000 年开始连年增加到 2012 年达到第一个高峰之后，开始出现下降，"十二五"期间基本控制在 63 万亿—70 万亿立方米／

年的排放区间（图 6-8）。

（套）

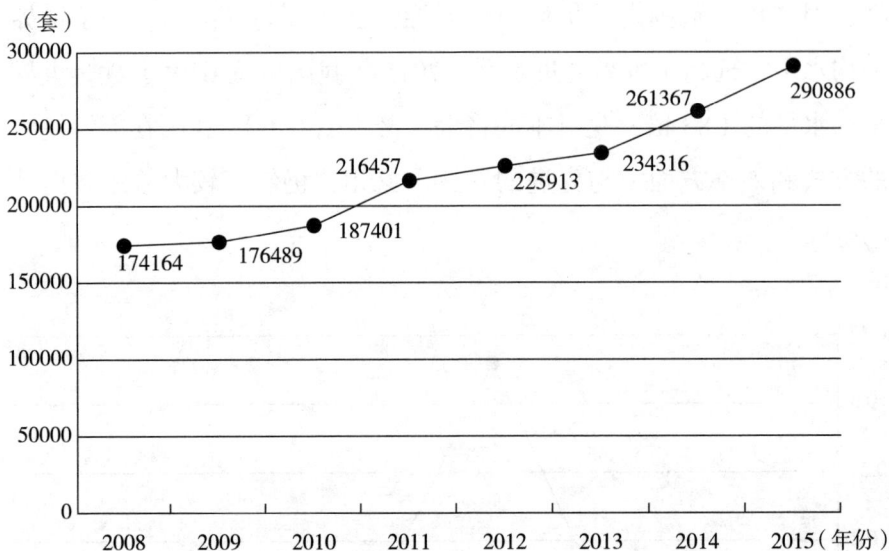

图 6-7　2008—2015 年我国工业废气处理设施数量情况

数据来源：《中国环境统计年鉴（2017）》。

（亿立方米）

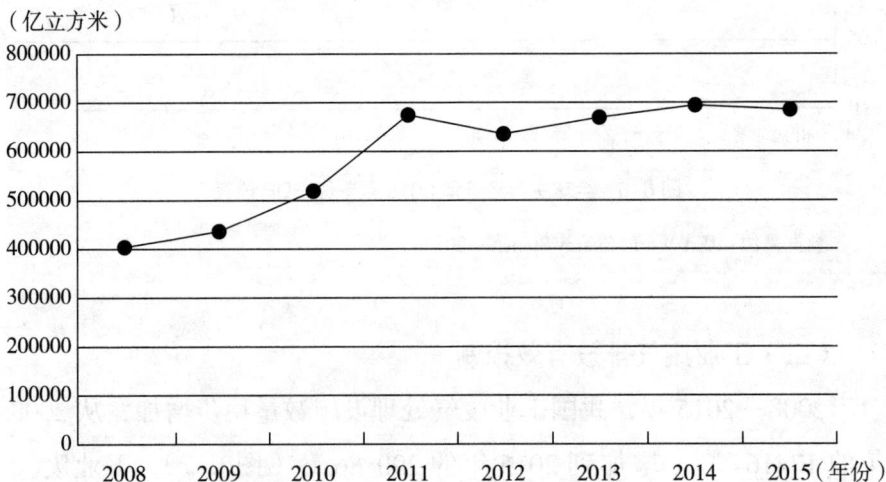

图 6-8　2008—2015 年我国工业废气排放量

数据来源：《中国环境统计年鉴（2017）》。

（三）二氧化硫排放减少，酸雨情况改善

我国的二氧化硫排放量与煤炭消费量之间存在显著的相关关系。得益于能源绿色发展有关理念的普及并日渐付诸行动（例如，国家大力普及煤炭的清洁高效利用，对燃煤电厂全面实施超低排放和节能改造等），在我国经济规模和能源消费规模连续增加的背景下，我国的二氧化硫排放总量实现连续下降，从 2011 年的 2217.9 万吨下降到 2015 年的 1859.1 万吨，其中工业二氧化硫排放从 2011 年的 2017.2 万吨下降到 2015 年的 1556.7 万吨（图 6-9）。

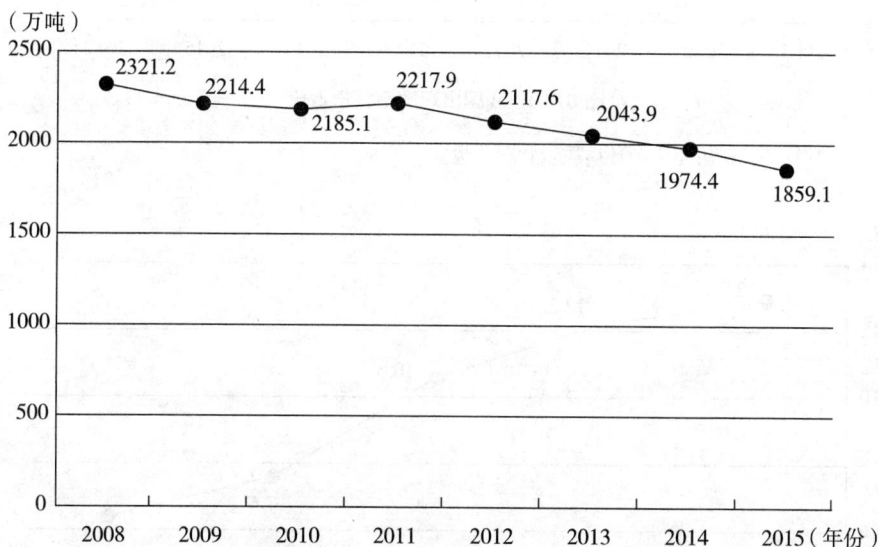

（万吨）

图 6-9　2008—2015 年我国二氧化硫排放总量

数据来源：《中国环境统计年鉴（2017）》。

出现酸雨城市占比也连续下降，从 2005 年的 51.3% 下降到 2017 年的 36.1%（图 6-10）。酸雨面积占国土面积比例逐步降低，从 2011 年的 12.9% 下降到 2017 年的 6.4%（图 6-11）。

（％）

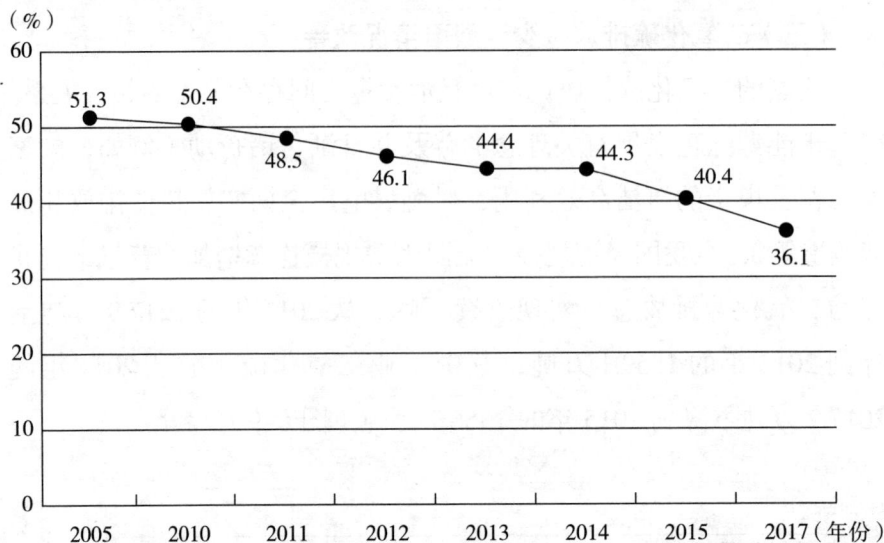

图 6-10　我国出现酸雨城市占比

数据来源：历年中国环境质量状况公报。

（％）

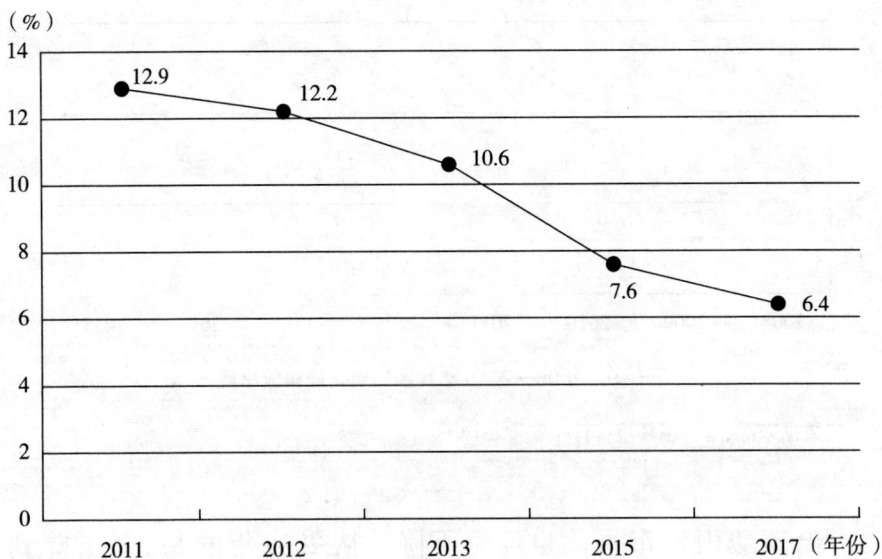

图 6-11　我国酸雨面积占国土面积比例

数据来源：历年中国环境质量状况公报。

（四）氮氧化物排放减少

2005 年前后，我国二氧化硫的污染形势要比氮氧化物严峻得多，控制二氧化硫排放是当时的首要任务。从国际经验看，也是先减排二氧化硫，再控制氮氧化物。2006—2010 年，随着我国燃煤量的大幅增长和机动车数量超常规的增长，使氮氧化物排放急剧增加。随着对燃煤电厂、机动车尾气排放等重点氮氧化物排放来源的相关政策逐步制定和落实，氮氧化物的排放量开始逐步降低，从 2011 年的 2404.3 万吨，下降到 2015 年的 1851 万吨（图 6-12）。

（万吨）

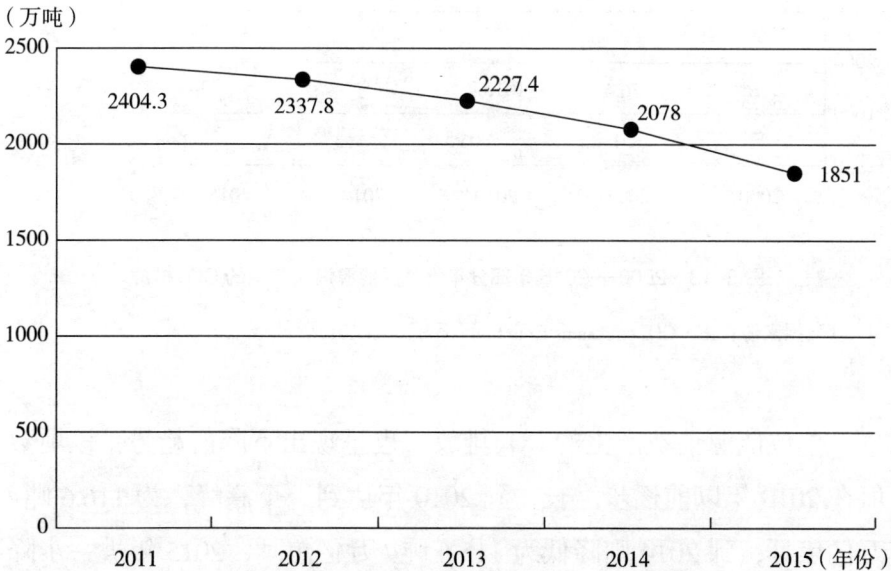

图 6-12　2011—2015 年我国氮氧化物排放总量

（五）积极控制温室气体排放

我国十分重视应对气候变化问题，愿意承担与发展阶段、应负责任和实际能力相符的国际义务，并积极引领气候变化国际合作。在国内，多项措施使得我国温室气体排放迅速增加的态势得到扭转。

根据 IEA 发布的数据，我国煤炭消费产生的 CO_2，已经出现了下降的趋势（图 6-13）。

（百万吨）

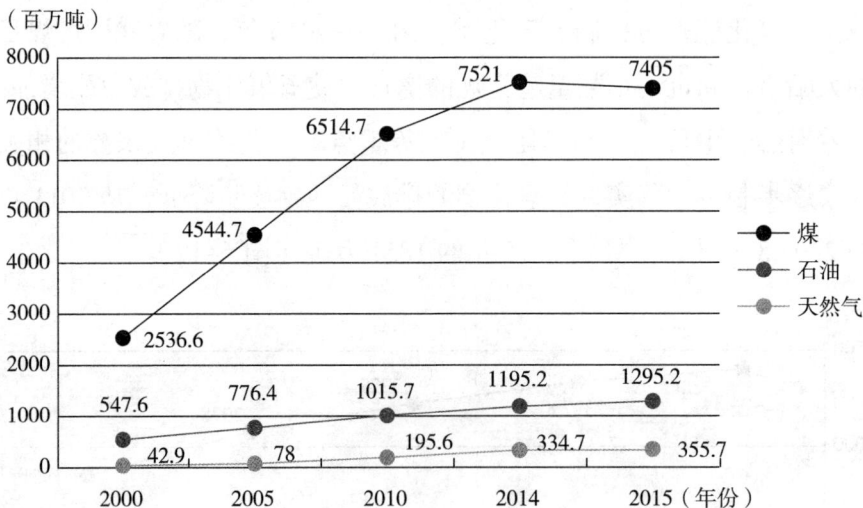

图 6-13　2000—2015 年部分年份我国能源消费产生的 CO_2 排放

数据来源：IEA CO_2 emissions from fuel combustion 2017。

单位能源消费产生的 CO_2 排放，也呈现出下降的趋势：该项数值在 2010 年以前逐步增长，到 2010 年达到一个高峰，为 116.6 吨 / 万亿焦耳，到 2014 则降低为 115.6 吨 / 万亿焦耳，2015 年进一步降低为 114.4 吨 / 万亿焦耳（图 6-14）。

（吨/万亿焦耳）

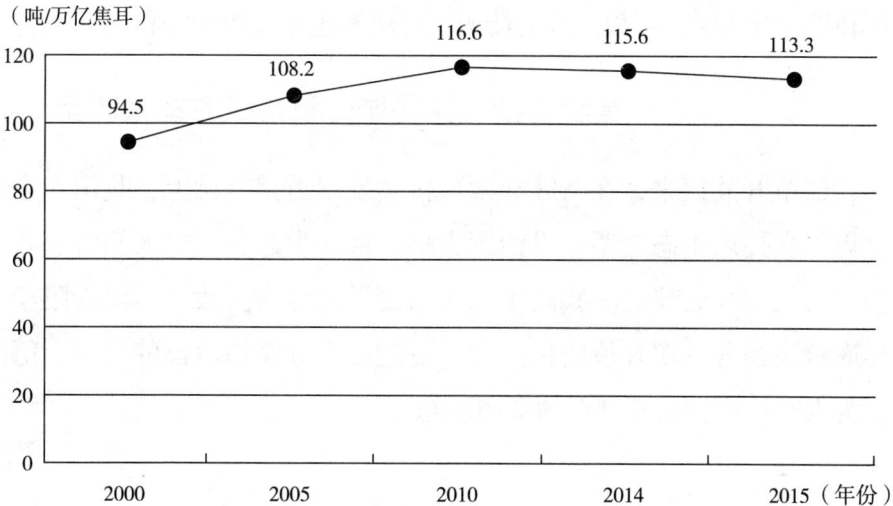

图 6-14　我国单位能源消费产生的 CO_2 排放

数据来源：IEA CO_2 emissions from fuel combustion 2017。

第四节　未来发展展望

　　回顾过去是为了展望未来，总结历史是为了更好地前进。改革开放 40 年来，我国能源与环境的协调发展走过了极不平凡的道路，其中有经验也有教训，有后发优势也有曲折艰辛。目前，在新的国际国内时代背景下，可持续发展和生态文明的理念得到了不同行业和不同地区，国内外社会各界的广泛认同，凝聚成为重要共识和行动指南。这给进一步推动能源绿色低碳转型发展，推动能源与环境协调发展指明了方向，并提供源源不断的动力。增进对生态文明概念的理解，将能源与环境的协调发展融入到建设生态文明的框架中，进行全方位的审视和再认识，是必要的，也是必然的。在未来，应在进一步深化改革和扩大开放中，释放更大的能源、环境和生态文明的红利。

一、生态文明建设是我国发展理论和实践的重大创新

改革开放以来，在持续探索可持续发展道路基础上，我国在全世界首次提出生态文明建设治国方略，推动生态文明融入经济、政治、文化和社会建设。我国生态文明建设的探索实践，不仅着眼于彻底解决当前资源环境约束问题，更是提升到文明建设的高度，努力为人类社会发展开创新的文明形态。

（一）树立以人为本、人与自然和谐的生态文明发展观

我国一直把发展作为执政兴国第一要务，在取得举世瞩目经济成就的同时，也付出了巨大的资源环境代价。生态文明建设源于对发展的反思，更是对发展的提升。树立生态文明发展观，就是摒弃"以 GDP 增长率论英雄"的传统观念，引导显绩和潜绩并重，推动以人为本、人与自然和谐发展。这不仅仅是思想认识和政绩观的转变，也意味着生产方式和消费模式的绿色变革，意味着需要开创新的工业化、城市化、全球化发展道路。

在关注物质财富创造的同时，我国开始把良好生态环境作为最公平的公共产品，作为最普惠的民生福祉。体现在发展目标上，"十一五"以来，我国在经济社会发展规划中纳入资源环境约束性目标，并且具有法律约束力。"十三五"时期确定的 13 项约束性指标中，更有 10 项都是资源环境指标。

（二）构建系统完整的生态文明制度体系

建设生态文明，是一场涉及生产方式、生活方式、思维方式和

价值观念的系统变革。我国把生态文明顶层设计作为全面深化改革的优先任务，通过健全国土空间开发、资源节约利用、生态环境保护的体制机制，推动形成人与自然和谐发展的现代化建设新格局。通过深化体制改革和先行示范，在把资源消耗、环境损害、生态效益纳入经济社会发展评价标准，构建生产发展、生活富裕、生态良好的国土功能开放格局，划定资源环境生态红线等方面，创新了大量卓有成效的制度机制。

以政绩考核为例，目前许多国家都在探索完善 GDP 等发展评价指标，我国实施的生态文明建设目标评价考核走在了各国前列。2016 年我国首次对各地区生态文明建设年度进展总体情况进行评价，涉及资源利用、环境治理、环境质量、生态保护、增长质量、绿色生活、公众满意程度等 7 个方面。从评价结果看，北京市绿色发展指数在全国 31 个省（区、市）中位列第一，但在公众满意程度指标上的排名却居倒数第二，在全社会引起了强烈反响。这从侧面也反映了评价指标体系切实聚焦民生和获得感，确保发展成效与群众切实感受相一致，对督促和引导各地区自觉推进生态文明建设发挥了重要作用。

（三）以开放合作推动全球生态文明建设

保护生态环境、应对气候变化、保障能源资源安全是全球面临的共同挑战，需要各国不断创新发展模式和路径。改革开放以来，我国是全球合作的受益者，也是推动者。通过借鉴引进发达国家先进理念和技术，我国能源利用效率水平得到长足进步，能源生产力得到极大解放和发展。同时，通过积极推动能源产业"走出去"发展，为扩大全球能源供给、保障能源安全发挥了直接贡献作用。目前，我国已是全球第二大经济体，也是能源消费和温室气体排放第一大国，探索实践生态文明建设，对拓展发展中国家新的可持续现代化途径，保障全球生态安全具有深远意义。

我国不仅是全球能源和气候治理的关键力量，更是全球生态文明建设的主要倡导者和实践者。在2016年的G20峰会上，我国作为主席国牵头发布了《G20能效引领计划》，首次将能源效率置于全球宏观政策议题框架突出位置，为进一步推动全球能效提升和国际合作搭建了重要平台。在"一带一路"建设倡议中，我国提出建设"绿色丝绸之路"，积极促进沿线国家实现绿色共赢发展。目前，在提高能效、发展可再生能源、减排温室气体排放等方面，我国对全球的贡献在各国中居于前列。通过生态文明建设率先实践，积极发挥大国责任和模范带头作用，我国还将为全球可持续发展和人类文明演进贡献新的经验和智慧。

二、在深化改革和扩大开放中释放更大的生态文明红利

过去40年，我国生态文明建设实践就是不断改革和开放合作的历史。通过不断解放思想、先行先试、鼓励基层创新等，我国生态文明建设取得了显著成效。1978—2017年，我国一次能源消费增长了6倍，支撑GDP增长了27倍，能效提升速度是全球平均水平两倍以上。但同时，我国生态文明发展水平距离发达国家还存在明显差距，距离成为全球生态文明建设的引领者还有相当长的路要走。党的十九大提出新的"分两步走"战略，明确要求到2035年基本实现现代化和美丽中国发展目标，到2050年建成富强民主文明和谐美丽的社会主义现代化强国。在新的发展形势下，必须通过进一步深化改革和扩大开放，释放更大的生态文明红利，加快迈向社会主义

生态文明新时代。

（一）我国生态文明建设挑战前所未有

　　生态文明建设包含能源资源、生态环境、经济社会诸多内容，涉及技术变革、利益关系调整、发展模式创新等多个难题。我国既要解决当前不平衡不协调不可持续众多矛盾，还要不断应对新的问题，要避免重蹈发达国家"先污染、后治理"的老路，还要注重发挥后发优势甚至比发达国家做得更好，实际上面临的挑战前所未有。

　　生态环境方面，尽管我国主要污染物排放量近年来持续下降，但全国整体生态环境质量尚未根本好转，不仅复合型、叠加型、压缩型污染问题仍然突出，还面临旧账未还、新账又来的困境。到2035 年实现美丽中国目标，要求我国要在工业化、城市化进程中，在短短数十年解决发达国家上百年积累的环境问题，并且实现二氧化碳排放尽早达峰等国际承诺。与发达国家普遍完成工业化之后，再逐步解决环境问题和低碳转型问题不同，我国实际面临解决区域环境污染与全球气候变化双重挑战。

　　资源能源方面，目前，我国以全球 19% 的人口，创造了全世界15% 的 GDP，但是消耗了全球 64% 的铁矿石、51% 的煤炭、57%的铝、47% 的钢铁。我国能源等各类资源消耗高居世界首位，整体利用效率水平不高，已经没有继续数量扩张的空间。城乡区域资源利用水平存在显著差距，发达地区城市人均生活用电是最不发达地区农村人均水平的 10 倍左右。能源资源密集地区经济转型压力大，山西等地区工业经济的 80% 以上来自煤炭及相关高耗能行业，面临尽快摆脱"资源诅咒"的艰巨任务。

（二）深化改革是生态文明建设唯一出路

生态文明建设不能一蹴而就，也没有现成经验可以照搬，只能依靠不断深化改革。目前，我国已经发布《生态文明体制改革总体方案》，提出树立"六大理念"，秉承"六个坚持"，构建"八项基础性制度或体系"，初步建立了系统完整的生态文明制度体系。同时，开展了生态文明先行示范区、低碳试点城市、新能源示范城市、生态示范区等诸多试点，积极探索可复制推广的有益经验。但在新的形势和挑战面前，还需要以更大决心加快推进生态文明各项改革。

一方面，生态文明体制改革确立的理念、遵循的原则，还需要更具体的配套制度予以贯彻实施。例如，在建立自然资源产权制度方面，尽管已经成立统一监管的自然资源部，但在明确权利归属和权责关系方面，还需要加快建立覆盖各类全民所有自然资源资产的有偿出让、使用和交易等具体制度。在完善生态文明绩效评价考核和责任追究方面，还需要进一步整合目前实施的能源消费强度和总量"双控"、可再生能源发展、控制温室气体排放等多项评价考核制度，在生态文明目标体系中增加体现高质量发展的具体指标，并在财税激励政策、领导干部任免等方面确保考核结果有效运用。

另一方面，生态文明体制改革还需要依靠扎实的基层实践，才能逐渐从顶层设计变成发展现实。目前，我国各级政府生态文明治理体系职能分散，治理能力比较薄弱，系统性、整体性、协同性推进改革还很不够。以雾霾治理为例，许多地方仍依靠运动式方式，采取"一刀切"关停淘汰等手段，缺少更加系统优化、更加智慧、更加合理的技术政策方案研制，不仅成本代价巨大，还造成了新的矛盾问题。从生态文明建设角度，还需要鼓励各地区围绕实际问题，进一步深化重点领域和关键环节改革，形成生态文明建设合力。

（三）加快释放生态文明改革和创新红利

改革开放永无止境，生态文明建设也是漫长的过程。我国不仅要解决当前突出的环境问题，尽早实现"分两步走"的美丽中国建设目标，还要积极应对气候变化，为未来实现近零温室气体排放而努力。过去 40 年，我国主要依靠"人口红利"驱动经济增长，未来相当长时期，我国要加快释放生态文明改革和创新红利，通过孕育新技术、催生新业态、创造新供给，培育形成新的绿色发展比较优势。

生态环境不仅仅是最重要的公共产品，也是新消费需求的重要来源，是新动能和新经济增长的潜力来源。与人民群众的美好生活需求相比，我国绿色高效能源产品和服务供给不足的矛盾十分突出。目前，我国仍有 60% 左右的建筑为不节能建筑，绿色建筑面积不足建筑面积总量的 2%，电动汽车增长迅速，但在汽车保有总量中的比重只有 0.5%。但同时，我国共享出行、电动汽车、高速铁路、电子商务、移动支付等发展规模居于世界前列，已经对生产和生活方式带来广泛和深刻影响。未来相当长时期，资源环境领域有望成为创新增长的重要依托，不断释放技术和效率红利，为生态文明建设提供不竭动力。

生态文明建设关系中华民族永续发展和文明兴衰，既是我国可持续发展的内在要求，也是构建人类命运共同体的重要义务。作为世界上最大的能源生产国和消费国，我国面临难得的历史机遇，也正处在能源环境创新技术突破的最前沿，有责任、有义务、有能力在生态文明建设方面发挥引领作用。通过深化生态文明体制改革，我国有望将规模优势转化为创新红利，成为全球生态文明和绿色发展的新高地。

第七章 节能和提高能源效率

第一节 节能在我国能源发展中居于优先地位

一、改革开放之初节能主要源自能源短缺

中华人民共和国成立的时候，我国经济还是以农业为主，能源工业极其落后。只有少数大城市有一点电力供应，多数城市和所有的农村都没有电力。全国发电装机不到200万千瓦，年发电总量只有43亿千瓦时。石油产量只有十几万吨，天然气根本没有形成产业，煤炭供应量也极其有限。新中国经过近30年的努力，到1980年时一次能源总产量达到6亿吨标准煤，发电量也提高到了3000亿千瓦时，产量明显增加。但是，对当时9.87亿人口的大国来说，这一规模的能源仍只能满足工业生产，并且是按计划供应，人民生活用能的供应非常有限，能源需求难以满足。

20世纪70年代，我国80%以上的人口还是农民，许多农村地区还没有电力供应，除了本地有煤炭资源的农民可以就地使用一些煤炭以外，农村基本得不到生活用的商品能源供应，即使是点灯用的煤油也是少量定量供应。农民主要依靠秸秆、薪柴等原始生物质能源做饭和取暖。许多地方因为没有足够的薪柴，农民不得不减少

做饭次数，一天只能吃一顿热饭的现象经常发生。城市居民住房条件很差，人均不到 10 平方米的建筑面积，家庭除了几个电灯以外，几乎没有其他家用电器。照明用的白炽灯泡多为 15 瓦和 25 瓦的，能用 40 瓦的灯泡就是很奢侈的了。为了节约电费，不需要看书的地方，3 瓦、5 瓦的灯泡也很普遍。一台收音机可能是唯一的家用电器。只有很少的家庭有能力购置一台黑白电视机。1980 年以前电冰箱属于医疗设备，根本不对居民销售。除了部分有集中供热的房屋外，许多城市居民只能依靠有限的定量供应蜂窝煤或煤球做饭和取暖，用煤数量必须十分小心节约。在这个时期，节约能源往往和老百姓生活上的节衣缩食、精打细算联系在一起，这也是我国节约能源最开始的出发点。

由于能源供应能力增长赶不上需求的增长，能源短缺长期以来一直是我国能源发展面临的主要问题。为了缓解供需矛盾，节约能源、杜绝浪费一直是一个重要的政策目标。20 世纪 80 年代开始，随着我国改革开放不断深化，生产用能需求快速增长，而能源供应能力的扩张跟不上需求的增长。全国各地各种新的工业企业如雨后春笋般大量涌现，能源短缺问题变得十分严重。一时间，每个省、每个城市甚至每个县的领导和政府的经济管理部门，都不得不想法设法去争取得到更多的煤炭和电力供应，解决能源供应缺口问题。如果解决不了，只能通过节能来解决问题。

在 20 世纪 80 —90 年代，电力短缺曾经比煤炭短缺更严重。工业和经济发展曾经受到电力短缺的严重制约。政府不得不对电力供应实行严格的配给制度，限定企业的用电数量。即使如此也难以解决缺电问题，在多数地方不得不实行分区分时停电的供电政策。对不同的企业根据其负荷的特点，规定不同的用电时间，有些工厂白天没有电力供应，只能夜间生产。更严重的地区还实行一周轮换停电几天，以保持电网的安全运行。有些地方甚至开三停四、开二停五，也就是一周只能供电三天或两天，企业生产受到很大的影响。节约用电是当时在电力短缺的情况下是一种不得不受到重视的措施，企业都需要在规定的电力负荷条件下，尽可能地多生产，因此如果可以节约一些电力的话意味着可以多生产一些产品，因此企业对节约用电非常重视。

在上述能源严重短缺的背景下，政府不得不高度重视节能。20世纪80年代到90年代初，是我国节能管理工作的第一阶段。这一阶段我国实施节能管理的工作重点是促进国有企业的能源节约，弥补全国能源供应的短缺，支撑国民经济快速发展。节能的主要目的就是缓解能源短缺，企业必须注意利用一切可能的手段节约能源。而这个时期提高能源利用效率的节能技术还十分缺乏。我国在20世纪80年代初提出了力争用20年时间使经济总量翻两番的经济发展目标，当时国家有关能源主管部门和研究单位认为能源供应能力不可能相应同步翻两番。从当时的煤炭、电力、石油等规划的投资项目测算，我国的能源供应20年间最多可以增加1倍，因此国家提出了能源翻一番支持经济翻两番的重要战略。相应制定开发与节约并重，近期把节约放在优先地位的能源发展方针。由于我国当时仍然主要延续着计划经济管理模式，在是否要从计划经济改变为市场经济方面还在进行试探和争论。所以这一阶段我国节能管理的特点是政府主导，政策和措施具有明显的行政指令特征。

1981年，节约能源正式列入1981—1985年的第六个国民经济计划；全面规范节能工作，制定了《工矿企业和城市节约能源的若干具体规定》，共58条款的详细节能管理细则，称为节能"58条"；

要求企业建立节能管理机构，加强企业节能基础工作，包括要建立能源台账，开展能源平衡分析，以发现节能潜力。企业要对重点工艺、重点设备进行能源定额管理，实行节能标准等等。国家和地方政府以及企业建立三级能源管理网，实施能耗考核制度；各省以及一些重要的城市要建立节能服务中心；制定实施节能优惠政策，加大节能资金投入。节能"58 条"对推动企业加强节能起了很好的作用。后来还在许多地方进行了落实节能"58 条"的评比活动，对节能管理搞得好，单位产品能耗达到国际或国内先进水平的企业进行奖励和表扬。

　　1986 年，国务院又发布《节约能源管理暂行条例》；建立国务院节能工作办公会议制度，研究全国重大节能问题；组织制定了主要的节能标准和节能设计规范，全面规范节能工作；制定和实施节能税收优惠政策，如对节能贷款给予利率优惠，对节能效益实行"税前还贷"，对节能产品减免产品税和增值税 3 年，引进节能设备和技术减免关税等；继续对国有企业节能措施投入节能基建和技改资金；国有企业实行节能奖，奖金可计入成本；开展国有企业节能管理升级活动，安排节能示范工程，推广节能先进技术等。

　　这一时期最主要的节能措施是实施能源定量供应、企业能源定额管理制度，国务院发布了压缩烧油、节电、节油、节煤等"节能"指令；企业只能得到定额确定的能源供应配额。大多数企业没有自己直接从煤矿或电厂得到额外供应的能力，只能在配额之内使用计划分配的煤炭、电力供应。后来随着能源市场的逐步扩大，有些大企业虽然可以争取在计划配额外得到更多的能源供应，但当时计划配额外的市场能源价格要远远高于计划配额价格。

二、探索建立适应市场经济的节能管理模式

20世纪90年代开始，邓小平同志提出"市场经济资本主义可以用、社会主义也可以用"的著名论断，明确了我国要向社会主义市场经济过渡，再次推动了我国的改革开放进程。计划经济时代的体制逐步被改变，原来单纯依靠政府能源主管部门单一掌握能源建设项目，单纯依靠中央投资搞能源建设的投资体制出现了巨大的变化。依靠多种来源进行能源投资，加快能源供应能力建设，逐渐形成了依靠中央政府、地方政府和各行各业共同建设能源项目的新机制，允许大用户参与能源建设投资并优先获得用电配额等措施，在计划市场以外又开辟了新的能源市场。企业和地方政府的能源获取渠道逐步多元化，过去基于配额和用能标准进行节能管理的模式不再适应于新的情况。

这一阶段是我国经济处于从计划经济向市场经济的转轨阶段，政府尝试建立适应市场经济体制要求的节能经济激励政策和机制。随着我国对外开放程度不断提高，我国也更多地借鉴世界各国的节能政策和促进节能的各种措施，特别是市场经济条件下的节能经验。

在20世纪80年代，我国主要是向日本学习节能管理经验，特别是日本的企业能源管理的经验。例如开展能源审计，企业设立能源管理师等基本是从日本引进的。进入90年代，更多的西方节能和能源管理理论、经验被介绍到国内。其中联合国开发署（UNDP）、世界银行等国际机构在这方面做了很大贡献。《联合国气候变化框架公约（UNFCCC）》签署后，全球环境基金（GEF）中设立了气候变化专项基金，用于支持发展中国家的温室气体减排能力建设及示范

项目，也为世行等国际机构在我国开展节能政策能力建设和示范项目提供了更多的资金来源。联合国开发署早在 90 年代中期就直接支持了我国的绿色照明工程。世界银行也发起了在我国建立节能市场服务机制的示范项目，并具体帮助我国在北京、辽宁和山东建立了第一批节能服务公司。中美建交以后，不少美国学者和专家，包括非政府组织进入中国，也带来了美国在节能和能源管理方面的经验。欧洲一些国家的政府和社会组织，例如德国的 GTZ（现在的 GIZ），也纷纷在我国开展活动推动节能，都起到了很好的作用。

　　以前中国的节能主要是通过行政方式管理计划配额，以及相对强制性地推行一些工业节能技术的应用。在国际机构的支持下，很多市场化国家的节能新理念、新政策、新方法被介绍到国内（例如能源效率、综合资源规划、电力需求侧管理等），帮助中国的节能工作从计划手段为主，逐步走上市场化的轨道。所谓能源效率（Energy Efficiency），是指节能不仅是为了解决能源短缺，更重要的是用最少的能源创造更多的产出和效益，是一个重要的经济效益问题。所谓能源综合资源规划（Integrated Resources Planning）方法，是指将节能作为能源供应方案的有机组成部分，把节能节约下来的能源视为有效的资源开发，只要节约等量能源的投入少于开发的投资，就应该优先考虑节能项目，以达到整个能源供需平衡的最低成本和资源的最优配置。所谓电力需求侧管理（Demand Side Management），是指电力供应方要把用户的节能管理作为保障电力供应的重要资源，并纳入供电能力建设的规划范围，体现节电的优先性。20 世纪 90 年代，能源综合资源规划（IRP）、需求侧管理（DSM）等方法被引入中国，并在中国推广。

　　20 世纪 90 年代以后，我国积极探索适应市场经济的节能管理方法，节能从以缓解能源短缺为目的逐渐改变为提高资源利用经济效益为主要目的。政府对节能管理手段和措施进行重大调整，取消了计划经济体制时期建立的一些节能政策和措施。1994年起，国家开展了税收、金融体制方面的改革，企业经营自主性大幅度提升。过去按计划分配能源、控制投资、规定企业工资奖金具体数量的做法逐渐改变，计划经济体制时期国家在节能方面建立的财政、税收、金融优惠政策也不再适用，逐步被取消。例如，我国的企业曾经基本上都是国有企业，工资和奖金内容和数量严格由国家规定。为了鼓励节能，国家规定企业通过节能技术改造取得的经济效益可以有少部分用于对相关职工发放奖金，称为节能奖。在工资普遍较低、奖励性收入十分有限的计划经济时代，这些奖励对促进企业职工积极想办法搞节能技术革新改造、加强能源管理起到了很大的激励作用。但随着市场经济体制的逐渐建立，国家不再对企业规定具体的奖励许可额度，企业对职工的奖金不再受国家直接控制，企业可以更多地决定奖励数量和内容，因此过去的节能奖规定失去了实际意义，政府节能管理职能部门需要探索和建立新的节能激励政策和措施。

由于政府逐渐不再具体管理企业的技术改造投资，过去直接由政府规定企业节能投资项目和数量的做法也不再适用。1994年，国家成立中国节能投资公司，安排节能专项资金，以商业投资的方式对节能基建/技改进行投资；国家还开始通过发起专项节能社会工程，推动重要的节能技术发展和推广应用，最早开始的是"中国绿色照明工程"，全面促进高效照明产品的大批量生产和全社会的普遍使用。为了探索市场经济条件下的节能机制，开展了能源服务公司试点和电力需求侧管理试点。通过能源服务公司试点，学习一些发达国家采用合同能源管理模式推动节能技术改造，同时承担节能项目筹资，并以节能技改项目的经济收益回收投资和分享效益的新机制。从那时起，国家在扶持能源服务（管理）公司方面就一直不断改进相关政策，给予多方面倾斜。2010 年中央财政专门安排了奖励资金，支持合同能源管理模式，鼓励发展节能服务公司，推动企业实施节能技术改造，并通过合同能源管理认定节能技术改造项目的节能效果。

我国加强了对节能技术改造的引导。一方面充分了解世界各国在主要工业领域、主要工艺、主要设备方面的先进技术；另一方面也加强了对国内各个领域能源利用技术现状的调查和潜力分析，在这些基础上找到差距，提出优先考虑的技术改造、设备更新的技术清单。1996 年，国家计委首次印发《中国节能技术大纲》，提出详细的节能技术路线和方向，引导企业发展和应用先进节能技术，淘汰落后技术和设备，推广节能科技成果。随着时间的推移和技术的不断进步，节能技术大纲后来还多次更新。

为了适应市场经济条件下帮助企业了解各种节能技术进展和先进技术的实际应用情况，加强节能信息传播，1997 年国家经贸委组建"节能信息传播中心"，对国内节能技改和高效节能设备的应用案例进行评估，并向国内发表公布，供各界信息共享。当时国家经贸委主要负责工业节能，还与全球环境基金 / 世界银行合作开展了"中国高效锅炉项目""中国节能促进项目"等。

三、加强节能的法制化建设进程

随着能源供应领域的体制改革，我国的能源投资不断增加，煤炭和电力建设速度大大加快，能源短缺问题基本得到缓解。当时经过了近 20 年的发展，基本实现了农业产品充分供应，一般生活消费品的供应也得到极大的改善。居住条件有很大变化，得到了初步改善，许多人开始有了比较像样的住房。城市地区彩电、冰箱、音响设备、VCD 已经基本普及，空调开始进入家庭，家用电器保有量以惊人的速度增加，人们的能源消费水平有很大提高。家电市场的扩张，促进了制造业大发展，几乎每个省都有自己的冰箱、彩电等家电制造企业，出现了几十个家电品牌，但产业重复严重。1997 年亚洲金融危机前后，国内出现了第一次明显的普遍性产能过剩和经济调整。能源出现第一次产能过剩，特别是煤炭市场供需关系逆转，产大于销一时十分严重，许多煤矿不得不停产或降低产量。节能管理已经完全不能局限于作为缓解能源短缺的辅助措施，提高经济效益、改善经济发展质量逐渐成为推动节能的主要动力。

另一方面，随着中国社会主义市场经济秩序的确立，必须依据法律才能有效进行节能管理。经过几年的反复酝酿和修改，1997 年11 月，全国人大常委会通过《中华人民共和国节约能源法》，并在1998 年 1 月 1 日开始施行，节能工作开始步入法制化轨道。节能法为我国在经济社会发展中确定节约能源的重要性、全面推进节能工作奠定了必要的法律基础。1998 年开始执行的节能法共有 6 章 50 条。在第一章总则中界定了节能法的宗旨和基本政策目标。当时的节能法第四条确定"节能是国家发展经济的一项长远战略方针"，并规定"国家制定节能政策，编制节能计划，并纳入国民经济和社会发展计划，保障能源的合理利用，并与经济发展、环境保护相协调"。第二章节能管理中对从国务院到基层政府的节能管理内容和权限进行了规定，国家应该对新建工程项目进行能效审核管理，禁止低效落后项目建设；国家制定能效标准；对落后的耗能过高的用能产品、设备实行淘汰制度；对重点用能单位进行重点管理等。在第三章合理使用能源中，对用能的主体特别是企业要如何加强节能做了规定，包括对生产产品的能效管理。第四章专门对节能技术进步进行规定，包括如何要求和鼓励节能技术进步，以及划定了重要的节能技术领域。第五章是法律责任，重点是授权对不执行节能法，浪费能源，生产落后产品设备等违法行为进行责罚处理。第六章附则规定了法律生效的日期为 1998 年 1 月 1 日。

节能法的制定和实施是我国节能政策的重要宣示和法律保障。对我国的节能政策的目的、范围、主要内容、如何实施、各方责任等进行了规定，成为后来我国推进节能的重要基础。随着我国制定和实施节能政策以及节能工作的不断深入，节能法在 2008 年和 2016 年又进行了两次修改完善。现在的节能法增加为 7 章，其中第三章从合理使用能源改为"合理使用和节约能源"，增加了新的第五章为节能"激励措施"，更加详细地规定了政府激励节能的政策范围和主要措施。节能法从最初的 50 条增加到了 87 条，许多内容更完善、更详细、更具体、更可操作。其中第四条改为"节约资源是我国的基本国策。国家实施节约与开发并举、把节约放在首位的能源发展战略"。随着我国从 2006 年起开始实施节能目标分解和责任负责制度，节能法也做了相应的调整，把这一做法法律化、制度化。具体明确"国家实行节能目标责任制和节能考核评价制度，将节能目标完成情况作为对地方人民政府及其负责人考核评价的内容"。节能法的具体内容见本章后面的附录《中华人民共和国节约能源法》（2016 年 7 月修订）"。

1998 年节能法公布后，国家依据节能法制定了一系列配套法规，包括：固定资产投资节能篇编制和评估的规定、节能产品认证管理办法、重点能源消费单位节能管理办法、关于发展热电联产的规定、节约用电管理办法、民用建筑节能管理规定等；同时进一步加强节能宏观管理，制定出台了《节能中长期专项规划》等；利用国债资金等加大对重点行业和重点企业节能的支持，实施"节约增效工程"，组织节能型、清洁型工厂示范；组织节能科研项目，科技部将节能项目纳入"科技型中小企业技术创新活动"；加强节能信息传播，继续与 GEF/ 世界银行合作开展中国节能促进项目，推广应用合同能源管理这一市场节能机制等。

四、节能成为生态文明建设的重要组成部分

进入本世纪以后，我国经济再次迎来了一个高速发展期，经济增长速度平均达到 10% 左右。工业化进程加快，制造业水平大幅度提高，能源装备制造和建设能力开始完全可以支撑大规模高速度的能源开发和过程建设。能源投资总量不断高速增长，煤炭、电力以及其他能源的建设进入了高速扩张期，能源短缺基本消除。石油以及天然气进口数量逐渐上升，加上国内油气产量的增加，国内油气供应也完全走向市场供应体制。在经济高速发展的同时，土地矿产资源的投入量也高速上升，环境压力逐渐增大，环境污染日渐严重。党中央开始全面考虑发展模式和发展路径问题，其中资源环境问题得到了更多的重视。

在 2005 年党的十六届五中全会上，党中央提出，要加快建设资源节约型、环境友好型社会，促进经济发展与人口、资源、环境相协调。胡锦涛指出，"节约能源资源，走科技含量高、经济效益好、资源消耗低、环境污染少、人力资源优势得到充分发挥的路子，是坚持和落实科学发展观的必然要求，也是关系中国经济社会可持续

发展全局的重大问题"。建设资源节约型社会，环境友好型社会成为科学发展观的重要内容。

党中央要求树立和落实以人为本、全面协调可持续的科学发展观，坚持资源开发与节约并重，把节约放在首位的方针；实现经济增长方式的根本性转变，明确了要以提高资源利用效率为核心，以节能、节水、节材、节地、资源综合利用和发展循环经济为重点，加快结构调整，推进技术进步，加强法制建设，完善政策措施，强化节约意识，尽快建立健全促进节约型社会建设的体制和机制，逐步形成节约型的增长方式和消费模式，以资源的高效和循环利用，促进经济社会可持续发展。

党中央同时强调了崇尚节约的社会道德观念的建设，提出"建立资源节约型社会，必须在全社会树立节约资源的观念，形成节约光荣、浪费可耻的社会风气，养成人人都乐于节约一张纸、一度电、一滴水、一粒米、一块煤的良好习惯"。

党中央和政府的相关决定从多方面阐述了建设节约型社会的重要意义，提出我国基本国情是人口众多、资源相对不足、环境承载能力较弱。这种基本国情，决定了我国必须走建设节约型社会的路子。加快建设节约型社会，是贯彻科学发展观的必然要求。要处理好经济建设、人口增长、资源利用、环境保护的关系，在节约资源、保护环境的前提下实现经济较快发展，促进人与自然和谐相处，提高人民生活水平和生活质量。解决我国长期发展的资源环境约束问题的根本出路在于节约资源。加快建设节约型社会，控制和降低对国外资源的依赖程度，还是保障经济安全和国家安全的重要举措。因此，加快建设节约型社会具有极端重要性和紧迫性等等。这些理论和观念的发展和深化，为我国不断加强节能，推动节能政策发展完善，提出了更高的目标和要求。

我国从第十一个五年经济社会发展规划（2006—2010年）起，开始把降低单位 GDP 能耗作为全国的重大发展目标，和环境排放总量下降目标一起成为少数定量约束性目标。这一约束性目标就是政府必须采取一切手段，必须确保实现的目标。而且约束性目标是否实现，政府要向全国人大代表大会做正式汇报，作为政府业绩的重要评价内容。"十一五"规划期间提出的能源强度（即单位 GDP 能源消费量）下降目标为五年下降 20% 左右。这是一个非常雄心勃勃的目标，五年里能源强度平均每年要下降近 4.4%，而世界多年平均能源强度下降率仅有不到 1.4%。提出这么高的目标，而且能源消费量涵盖了全部社会能源消费，不仅包括了和 GDP 总量统计直接相关的生产部门，也包括了在生产法 GDP 统计体系里和 GDP 数量没有直接关系的居民消费的能源。因此产生 GDP 统计的生产部门要有更大的能源强度下降率，才能抵销民用生活用能数量不断上升对抬高能源强度的影响。这一综合性节能目标的提出，以及各级政府、企业为了实现目标制定和采取的多方面政策和技术措施，极大地推动了节能。后来的每个五年规划期，我国都提出了相应的能源强度下降目标。而且从第十三个五年规划（2016—2020年）期间，还增加了能源消费总量控制目标。也就是说不但能源强度要持续下降，而且能源消费总量也要实行必要的控制，不能因为经济增速超过原来预期的速度，就可以相应等比例增加能源消费总量。

把提高能效作为国家经济社会发展的约束性总量控制目标，极大地推动了节能政策的加强和完善。节能和提高能效从一个能源资源利用效率的资源经济问题，被提高到体现国家发展方式转变、全面协调可持续发展程度的重要标志。要达到单位 GDP 能源消耗强度的下降目标，涉及了经济建设和社会发展的各个方面，要从经济增速、经济和产业结构调整等各能源消费领域共同付出努力。不但工业部门要承担具体的节能减排责任，所有的公共建筑、居民用能、交通运输以及主要用能设施和器具，都必须考虑相应的提高能效、降低能源消耗量的问题。这个重要的政策目标有力地动员了从中央到地方的各级政府、各行业部门和企业（特别是重点用能企业）、商业、交通运输业、建筑业以及普通居民，都来共同承担责任，从管理、技术、行为等多方面动员起来，分别推进节能减排。

2006 年至今，设立单位 GDP 能耗下降的国家约束性目标，且实行分级节能减排目标责任制为引领的制度建设，让我国建立起了比较完善的、全方位的节能管理体系，推动节能、提高能源效率进入了制度化、日常化管理阶段。主要工业企业制订年度节能减排目标已经成为正常要求，主要高能耗工业（例如冶金、化工、建材、石化等等）的主要耗能工序最低能效限额标准已经普遍推行。各种重要用能设备（例如锅炉窑炉、风机、电机、水泵等）和产品（包括空调以及主要的办公和家用电器）的能效标准以及标识制度已经比较完善，并不断升级更新。交通节能已经明确了系统节能的方向，包括实行轨道交通和公共交通优先，建立机动车燃油经济性标准，鼓励发展小型车和新能源车（以电动车为主），加强城市规划，鼓励和保留慢行系统等等。高速铁路系统已经成为城际铁路交通的核心运输系统，城市公交体系和地铁等轨道交通在城市地区得到优先和快速发展，我国也成为世界上最大的电动车销售国和拥有国。我国还在全国推行了新建居住建筑和公共建筑的节能标准，在学校、医院等公用建筑加强节能管理，并对既有居住建筑和公共建筑逐步进行节能改造。国际上各种先进的建筑节能技术都引进到国内，各种绿色、低碳、超低能耗建筑在各地进行示范，而且开始规模性建设。政府也建立和加强了各种促进节能的财政政策、税收政策、价格政策和金融政策，支持企业推进节能技术改造，还重点支持了许多高效节能产品的推广应用。

近年来，我国经济发展进入了新常态，增长速度从超高速（年均 10%）回落到中高速（年均 6%—7%），过去靠土地矿产等资源大量投入进行传统产业的扩张，更多地依靠加大投资率或依靠更多的出口一般性制成品拉动经济的方式，都难以继续支撑经济稳定发展，经济正在进行重大的结构性调整。2013 年开始，我国能源消费增长速度大幅度下降，单位 GDP 能耗下降速度超过国家预定的年度和五年规划目标。这一方面是过去长期节能政策和能力建设效果的体现，另一方面也是经济结构性变化带来的附带效果。如何在新形势下不断前进，更快地提高能源利用效率，建设节约型社会，是我们面临的新挑战，更是新机遇。

党的十八大以后，以习近平同志为核心的党中央，对绿色低碳可持续发展高度重视。习近平总书记进一步诠释和强调生态文明建设的重要意义，高度重视环境保护和治理、资源节约和保护，强调我国的发展要把经济、政治、文化、社会和生态文明这五方面的发展作为一个整体全面发展。习近平总书记还提出了创新、协调、绿色、开放和共享这五方面的发展新理念，进一步明确了绿色低碳的发展方向。2017 年 5 月习近平总书记提出"推动形成绿色发展方式和生活方式是贯彻新发展理念的必然要求，必须把生态文明建设摆在全局工作的突出地位，坚持节约资源和保护环境的基本国策，坚持节约优先、保护优先、自然恢复为主的方针，形成节约资源和保护环境的空间格局、产业结构、生产方式、生活方式，努力实现经济社会发展和生态环境保护协同共进，为人民群众创造良好生产生活环境"。习近平总书记提出"必须改变过多依赖增加物质资源消耗、过多依赖规模粗放扩张、过多依赖高能耗高排放产业的发展模式"，"要全面促进资源节约集约利用。生态环境问题，归根到底是资源过度开发、粗放利用、奢侈消费造成的。资源开发利用既要支撑当代人过上幸福生活，也要为子孙后代留下生存根基。要树立节约集约循环利用的资源观，用最少的资源环境代价取得最大的经济社会效益"，要"推动形成节约适度、绿色低碳、文明健康的生活方式和消费模式，形成全社会共同参与的良好风尚"。

我国现在正在进行一场深刻的发展方式的再革命。要实现上述全面发展的目标，我国在节能方面需要继续创新，需要尽快在各个能源消费领域达到节能和能效技术世界先进水平，而且要通过创新，进一步在节能技术方面引领世界发展潮流，同时探索和开拓绿色低碳发展和生活方式。为全球应对气候变化，实现可持续发展做出更多的贡献。

五、节能效果显著，能源效率稳步提高

经过长期努力，节能的效果显著，我国的能源强度（单位 GDP 能耗）持续下降。按 2010 年可比价格计算，我国的单位 GDP 能耗从 1980 年时的 2.63 吨标准煤 / 万元，已经下降到 2015 年的 0.72 吨标准煤 / 万元，能源强度下降了 72.6%。

在工业部门，经过多年的持续努力，我国能源效率不断改善，生产单位高耗能产品的能源消耗水平稳步下降。特别是进入 21 世纪以来，我国能源效率的改善速度明显加快。仅 21 世纪前 14 年，我国工业生产绝大多数行业的单位产品能耗下降了 15% 以上，有的行

业下降了 50% 甚至更多。许多工业领域装备运行或产品单耗的最高能源效率纪录已经达到国际领先。

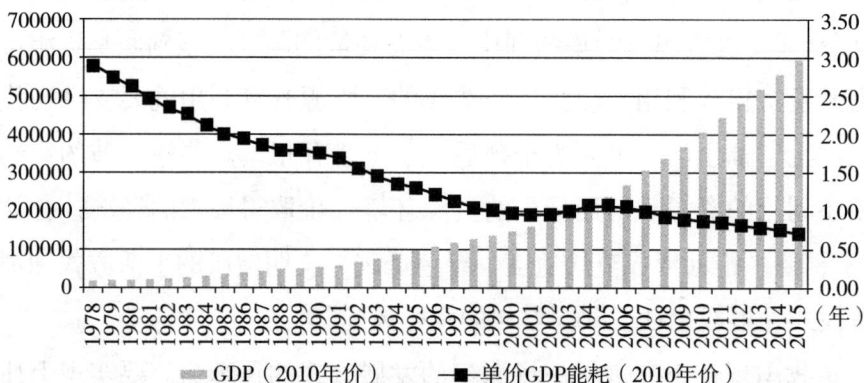

图 7-1　我国的单位 GDP 能耗

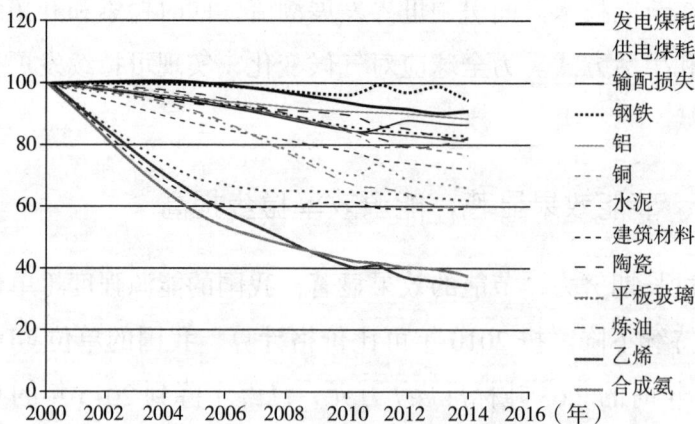

图 7-2　主要高耗能产品能效水平

　　由于积极推进建筑节能改造，新建建筑强制性能效标准提高了 50%—75%。在保障采暖舒适程度不下降的同时，我国北方地区采暖的单位面积能耗逐渐下降，从 2001 年的 22.8 公斤标准煤 / 平方米下降到 2014 年的 14.6 公斤标准煤 / 平方米，下降了 36%。我国目前的建筑物单位面积用能平均比欧洲国家低 50% 左右。

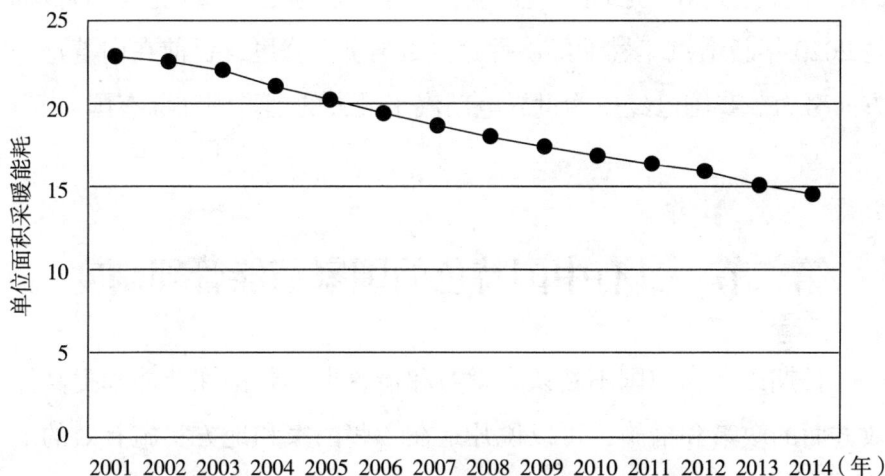

图 7-3 2001—2014 年北方采暖地区单位面积采暖能耗

数据来源：清华大学建筑节能研究中心：《中国建筑节能年度发展研究报告 2016》，建筑工业出版社 2016 年版。

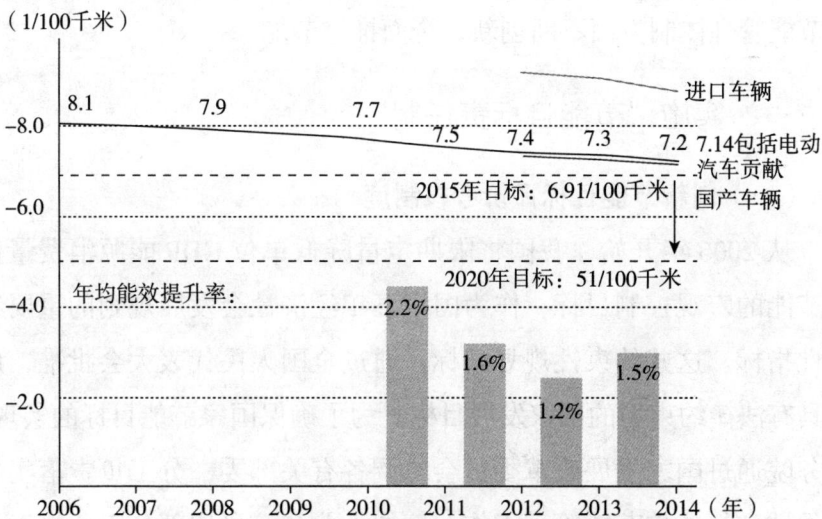

图 7-4 中国新售车辆燃油经济性水平及年均提升速度

数据来源：ICCT，2015. International Council on Clean Transportation。

我国汽车的燃油效率稳步提高。近几年新售乘用车的燃油经济性平均每年提高 1.6%。我国原定新增车辆平均燃油经济性目标是 2015 年要达到 6.9 升 / 百公里以下，这一目标已经实现。新的目标是 2020 年新增汽车燃油经济性达到 5 升 / 百公里，目前在向着这一方向努力。我国已经成为世界电动汽车最大的销售国和保有国。

第二节　具有中国特色的国家节能管理制度

长期以来，我国不断认真学习和借鉴世界各国在节能和提高能效方面的政策和措施，可以说凡是在一些国家和地方实施有效的节能经验，我国都想方设法引进并试用。早期的许多提高能效的技术路线和管理方法主要是学习引进来的。随着我国节能工作的逐渐深入，我们不得不探索更有效、更符合中国国情的政策和措施，在建立节能管理体制方面不断创新，全面推进节能。

一、实施"节能目标责任制"

（一）创新节能目标评价考核制度

从 2006 年开始，我国将限期定量降低单位 GDP 能源消费量作为节能的宏观控制目标，作为国家五年经济社会发展规划的重要约束性指标。这些约束性规划指标，通过全国人民代表大会批准，成为具有法律约束力的国家发展目标。为了确保国家节能目标的实现，国务院通过国家发展改革委员会协调各有关部委，分工负责落实各个领域和行业的节能管理工作。例如工业和信息化部分工负责工业领域的节能管理，住房城乡建设部负责建筑领域的节能管理，交通运输部负责交通领域的节能管理，国家能源局负责能源供应行业的节能管理，等等。中国还建立了从上至下的多级目标分解落实机制，将规划目标分解到各个省、自治区和直辖市。即每个地方都要承担本地方相应的五年期间单位 GDP 能耗下降目标任务，并把五年的任务进一步分解到每一年需要具体下降的年度目标。我国还为此建立了"节能目标责任评价考核制度"，由中央政府对省级政府制定和完成节能目标的情况进行定期考核，并对考核结果进行公示。相应各省也向自己所辖的下一级政府分解节能目标，并对下一级政府的节能目标完成情况进行类似的考核。成为上级政府推动和督促下级政府节能工作进展的重要制度。

节能目标责任制以契约的形式，明确了地方政府需要承担的、量化的节能责任，辅以相应的奖惩和问责措施，这种目标责任分解和分级责任制度，使国家节能政策和具体的节能综合目标，落实到全国每一个省、每一个市、每一个县，进而落实到每个主要用能单位，而且通过不同行业部门的纵向政策，影响到各种产品市场，以及大众的消费方式。

节能考核不仅是对各级政府节能目标实现与否的审核，也是对各方面节能政策的制定和实施过程及其效果的考核。这种目标责任逐级分解和考核评估制度的建立，从组织上保证了国家节能目标的落实，使促进完成国家节能目标成为各级政府的具体执政责任之一。

（二）建立具有法律效力的节能目标责任制度

我国第一次制定五年的综合节能目标是 2006—2010 年的第十一个五年规划时期。由于是第一次确定国家节能目标，各方面都没有经验。根据过去单位 GDP 下降的历史实际，出于要加强建设节约型社会，落实党中央提出的全面协调可持续的科学发展观，国家发改委在分析了"十一五"期间经济发展，能源需求变化，节能潜力等因素后，建议以单位 GDP 能耗下降 20% 左右作为五年节能目标，并得到了国务院的同意，经全国人民代表大会批准正式成为第一次的国家节能定量目标。

2006 年国家发展改革委将"十一五"期间的节能目标任务分解到各省、自治区、直辖市，省级人民政府进一步将目标逐级分解到各市、县以及重点耗能企业。目标分解一般采取上一级政府与下一级政府、企业协商的方式，在确保完成地区约束性目标任务前提下，兼顾不同地区、企业在发展阶段、技术水平上的差异，一定程度上体现了区别对待的原则，同时鼓励地方政府和企业自愿承诺更高的节能目标。国家发改委和省级地方政府签订目标责任书，对年度目标、节能量等进行书面确认。这种节能目标逐级落实的机制后来正式纳入修订的节约能源法。节能目标责任评价考核制度经过全国人大批准，写入了节能法，具有法律约束性。

由国家发改委组织各相关部委的干部，并吸收专家学者组成考核工作组，每年对各省的节能工作进展和节能目标完成情况进行考核，是节能目标责任分级负责制的重要环节。考核方法采取实地核查、量化打分的方法，分为节能目标完成情况和节能措施落实情况两类指标，满分共计 100 分。其中：节能目标完成指标为定量考核指标，根据目标完成率评分，满分为 40 分，超额完成的适当加分；节能措施落实指标为定性考核指标，满分为 60 分。节能措施落实情况的考核，主要包括节能工作组织领导、节能目标分解落实、淘汰落后生产能力、节能投入和实施重点工程、节能技术开发和推广、重点耗能企业管理、节能能力建设、基础工作和法律法规执行情况等（见表 7-1）。对于重点耗能企业，依据属地化管理原则，由各地方节能主管部门进行评价考核，操作流程和方法与省级人民政府节能评价考核类似，考核内容更加具体、细致，重点针对微观层面，企业节能措施落实情况、目标完成情况和管理制度建设情况等。此外，结合每年节能形势和工作任务，节能评价考核的具体内容、指标体系也会进行相应调整，确保其指导、督促和引导作用有效发挥。

考核评分结果不但要通告当地政府，特别是要指出那些做得不够好之处，以引起地方政府的充分重视。考核结果还向全社会公布，动员社会进行监督和促进。节能目标完成情况是地方政府官员业绩考评的重要参考依据。对考核等级为"完成"和"超额完成"的省级政府，结合全国节能表彰活动进行通报表扬、表彰奖励等；对考核等级为"未完成"的省级政府，领导干部不得参加年度评奖和不得被授予荣誉称号等，中央政府暂停对该地区新建高耗能项目的核准和审批，而且该地区应向国务院做出书面报告，提出限期整改措施。一些地方政府在中央政府上述政策基础上，进一步对节能目标责任制出台了具体规定，包括诫勉谈话、通报批评、停职检查等，督促地方政府确保完成节能目标。

表 7-1　省级人民政府节能目标责任评价考核计分表

考核指标	序号	考核内容	分值	评分标准
节能目标（40分）	1	万元 GDP 能耗降低率	40	完成年度计划目标得 40 分，完成目标的 90% 得 36 分，完成 80% 得 32 分，完成 70% 得 28 分，完成 60% 得 24 分，完成 50% 得 20 分，完成 50% 以下不得分。每超额完成 10% 加 3 分，最多加 9 分。本指标为否决性指标，只要未达到年度计划确定的目标值即为未完成等级

考核指标	序号	考核内容	分值	评分标准
节能措施（60分）	2	节能工作组织和领导情况	2	1.建立本地区的单位 GDP 能耗统计、监测、考核体系，1分； 2.建立节能工作协调机制，明确职责分工，定期召开会议，研究重大问题，1分
	3	节能目标分解和落实情况	3	1.节能目标逐级分解，1分； 2.开展节能目标完成情况检查和考核，1分； 3.定期公布能耗指标，1分
	4	调整和优化产业结构情况	20	1.第三产业增加值占地区生产总值比重上升，4分； 2.高技术产业增加值占地区工业增加值比重上升，4分； 3.制定和实施固定资产投资项目节能评估和审查办法，4分； 4.完成当年淘汰落后生产能力目标，8分
	5	节能投入和重点工程实施情况	10	1.建立节能专项资金并足额落实，3分； 2.节能专项资金占财政收入比重逐年增加，4分； 3.组织实施重点节能工程，3分
	6	节能技术开发和推广情况	9	1.把节能技术研发列入年度科技计划，2分； 2.节能技术研发资金占财政收入比重逐年增长，3分； 3.实施节能技术示范项目，2分； 4.组织推广节能产品、技术和节能服务机制，2分
	7	重点企业和行业节能工作管理情况	8	1.完成重点耗能企业（含千家企业）当年节能目标，3分； 2.实施年度节能监测计划，1分； 3.新建建筑节能强制性标准执行率完成年度目标得4分，完成80%得2分，不足70%的不得
	8	法律、法规执行情况	3	1.出台和完善节约能源法配套法规等，1分； 2.开展节能执法监督检查等，1分； 3.执行高耗能产品能耗限额标准，1分

考核指标	序号	考核内容	分值	评分标准
	9	节能基础工作落实情况	5	1. 加强节能监察队伍、机构能力建设，1分； 2. 完善能源统计制度并充实能源统计力量，1分； 3. 按要求配备能源计量器具，1分； 4. 开展节能宣传和培训工作，1分； 5. 实施节能奖励制度，1分
小计			100	

注：每年考核评价指标体系和计分办法依据当年节能工作任务和形势有调整，此处参考2007年情形。

资料来源：国务院：《国务院批转节能减排统计监测及考核实施方案和办法的通知》（国发〔2007〕36号）。

（三）设置适度从紧的国家节能目标

我国从2006年开始的第十一个五年规划期间开始制定国家节能目标，到现在为止已经是第三次制定五年规划节能目标和实施目标分解和责任制。

在"十一五"规划第一次分解省级目标时，采取的是先由地方政府自己上报本地区目标，然后国家适当调整分解目标的方法。如果某省提出的节能目标即单位GDP能耗下降率超过全国的20%目标，则按本省提出的目标予以确认；对提出的节能目标未达到全国目标的，则中央政府会与该省的省政府进行协商达成分配目标，前提是国家目标的实现需得到保障。

由于是第一次做，一些省份对本省今后五年究竟有多大的节能潜力并不很清楚，因此有几个省份自己上报了较高的节能目标，吉林省提出的"十一五"节能目标是单位GDP能耗下降30%，山西省和内蒙古自治区提出的节能目标是25%。多数省同意按国家目标承担责任，也有部分省份经过比较认真的分析，认为难以达到20%的能源强度下降幅度，这些省份或是现在能源强度明显低于平均水平，或是经济发达程度较低，估计工业增长速度较快，重化工业结构较重。由于有几个省份承诺多承担节能责任，也为少数省份留下了减负的空间。最后的责任分解结果是多数省份节能强度变化率大于或等于20%，少数省份不到20%。

"十一五"期间正好是我国经济继续扩张的时期，2006—2007年能源消费增长速度仍然很快。2006年吉林省、山西省和内蒙古自治区三个省级政府的单位 GDP 能耗指标下降速度远远低于预期，没有完成年度目标，压力很大。三个省要求调低原来过高的节能目标。考虑到当初直接提出的目标明显超过国家目标，适当回调合情合理。2007年时，中央政府同意对吉林、山西和内蒙古自治区的"十一五"节能目标分别从30%、25% 和25% 调低到22%，仍然高于其他省份和国家的20% 下降率目标。其他地区"十一五"节能目标不作调整。

表 7-2 "十一五"各省单位 GDP 能耗下降目标和实际完成情况

地区	"十一五"目标（%）	"十一五"实际（%）
北京	20.0	26.6
天津	20.0	21.0
河北	20.0	20.1
山西	22.0	22.7
内蒙古	22.0	22.6
辽宁	20.0	20.0
吉林	22.0	22.0
黑龙江	20.0	20.8
上海	20.0	20.0
江苏	20.0	20.5

续表

地区	"十一五"目标（%）	"十一五"实际（%）
浙江	20.0	20.0
安徽	20.0	20.4
福建	16.0	16.5
江西	20.0	20.0
山东	22.0	22.1
河南	20.0	20.1
湖北	20.0	21.7
湖南	20.0	20.4
广东	16.0	16.4
广西	15.0	15.2
海南	12.0	12.1
重庆	20.0	21.0
四川	20.0	20.3
贵州	20.0	20.1
云南	17.0	17.4
陕西	20.0	20.3
甘肃	20.0	20.3
青海	17.0	17.0
宁夏	20.0	20.1
新疆	20.0	8.7
全国	20.0	19.1

　　"十一五"规划期间单位 GDP 能耗下降 20% 左右的节能目标是一个很积极的目标，对全国节能工作推动作用明显。因为 2007 年末发生的全球性金融危机引发全球经济出现震荡，我国为了保持经济稳定，加大了对国内投资的刺激政策，大搞国内房屋、基本设施、以及产能扩张建设。在 2009—2010 年使钢铁水泥等高能耗产品重

新出现扩张，拉动了高耗能产业的能源消费量上升，使原来进展比较顺利的能源强度下降的进程受到严重影响，不少地方能源消费增速反弹，完成国家分配的节能目标出现困难。由于是第一次在国家发展规划中提出了约束性的节能目标，中央政府为了确保完成任务，多次召集会议，督促各行业各地方认真完成节能任务。为了完成中央下达的节能目标任务，各地都开始提前核算和估算经济总量（地方的 GDP）和能源消费总量。能源强度下降没有达到预定进度的地方，开始从高能耗产业着手，降低能源消耗量，采取限产和限制能源供应特别是电力供应的强制性措施。从 2010 年 9 月开始，广西、广东、江苏、浙江等省份开始对不符合能耗标准的钢铁生产企业，实施强制性拉闸限电或提高供电价格。广西不仅对落后产能实行限电，一些节能水平较高的钢厂也准备部分停产。河北省武安市 18 家钢厂以及一些焦化、铁矿采选企业接到政府通知，要求钢铁企业限电停产 20 天到 1 个月，涉及钢铁生产能力约 2000 万吨。个别地方甚至影响了居民的日常电力供应。2010 年 9 月 3 日起，河北安平县政府要求企事业单位、公共设施及普通百姓每隔两天停电 22 小时。2010 年 11 月，河南省信阳市下属的商城县、潢川县、光山县等地方为确保完成本地区节能目标，不区分生产用电和居民生活用电，或以区域限制供电不好区分不同用户为由，对企业生产和居民生活全部拉闸限电。个别地方政府采取的这些过于极端的措施，受到了舆论媒体的批评。

"十一五"期间的单位 GDP 能耗下降 20% 左右的国家目标，由于少数地方政府的原定目标过高不能完成，中途进行了调整。个别高能耗省份没有完成目标。明显超额完成节能任务的省份十分有限，绝大多数是刚刚完成或略有超额。全国核算下来五年间能源强度下降了 19.1%，仅是勉强完成了任务，对后来的五年规划确定相应的国家目标，以及地方政府分配节能目标产生了很大的影响。2011—2015 年的"十二五"规划期的国家节能目标就从上一个五年规划期的能源强度下降 20% 调至 16%。下降目标不但是中央政府内部的主流意见，也是和地方政府讨论时几乎所有地方政府的一致意见。各省在承担节能目标时普遍出现了"畏难情绪"。国家发改委能源研究所提出用聚类分析方法，从节能责任、节能潜力、节能能力、节能难度等方面，测算各省应承担的节能目标的方法，使目标比较顺利分解到各省。

表 7-3　"十二五"时期各省单位 GDP 能耗下降目标和考核结果

地区	"十二五"节能目标（%）	考核结果
北京	17	超额完成
天津	18	完成
河北	17	超额完成
山西	16	完成
内蒙古	15	完成
辽宁	17	完成
吉林	16	完成
黑龙江	16	完成
上海	18	超额完成
江苏	18	超额完成
浙江	18	超额完成
安徽	16	超额完成
福建	16	完成
江西	16	完成
山东	17	完成

续表

地区	"十二五"节能目标（%）	考核结果
河南	16	超额完成
湖北	16	超额完成
湖南	16	完成
广东	18	超额完成
广西	15	完成
海南	10	完成
重庆	16	完成
四川	16	完成
贵州	15	超额完成
云南	15	完成
西藏	10	完成
陕西	16	完成
甘肃	15	完成
青海	10	完成
宁夏	15	完成
新疆	10	基本完成

　　然而，从 2013 年开始，我国经济发展进入了深入结构调整期。经济增长速度开始明显回落，能源消费增速更是明显下降。所以"十二五"规划期间，全国各地都比较轻松地完成了节能任务。全国单位 GDP 能源消费量五年之内下降了 18.2%，超过了原定 16% 的目标。有 10 个省明显超额完成节能任务，得到了国家表彰。有一些省的能源强度下降超过了 20%。

　　制定国家五年和年度节能目标，向各级政府分配节能目标责任，并定期进行督促、考核和问责，是我国实施的节能管理制度创新。是目前中国政府自上而下推动节能降耗，建设节约型社会的有效做法。从 2016 年开始的第十三个五年规划期间，除了确定了单位 GDP 能耗下降 15% 的目标以外，还确定了将 2020 年全国能源消耗总量控制在 50 亿吨以内的能源总量控制目标作为新增的约束性指标，以进一步强化节能。

偏紧的节能定量目标，对提高能效，推动节能的作用十分明显。因此"十一五"期间节能管理的能力建设得到了全面加强。而如果国家的节能目标比较宽松，这种目标约束的节能管理方法效果就相对较弱。长期坚持制定国家的节能目标，对全社会更加重视节能，建设节约型社会，形成了很好的战略引导。

二、开展重点用能企业节能行动

工业是我国主要的能源消费部门，消耗了全国能源消费总量的 70% 左右。其中高能耗企业又占了工业能源消费的 70% 左右。我国一直重视重点用能企业的节能。

（一）"十一五"时期的"千家企业节能行动"

为了完成国家的节能目标，除了动员各级政府实行目标分解和责任考核以外，我国在 2006 年还启动了"千家企业节能行动"。2004 年国家发展改革委在钢铁、有色金属、煤炭、电力、石油石化、化工、建材、纺织、造纸等 9 个重点耗能行业中，对综合能源消费量达到 18 万吨标准煤以上的 1008 家独立核算企业开展了"千家企业节能行动"。这 1000 多家企业 2004 年综合能源消费量为 6.7 亿吨标准煤，占全国能源消费总量的 33%，占工业能源消费量的 47%。国家发展改革委与千家企业签订了节能目标责任书，明确了"十一五"期间这些企业各自的节能目标和责任。千家企业节能行动的主要目标是：能源利用效率大幅度提高，主要产品单位能耗达到国内同行业先进水平，部分企业达到国际先进水平或行业领先水平，"十一五"期间千家重点耗能企业节能 1 亿吨标准煤左右。

"千家企业节能行动"具体活动包括：

1. 千家企业都要进行能源审计和编制节能规划。政府邀请专家审核能源审计报告，不合格的企业进行整改。

2. 千家企业每年报送能源利用状况报告，并由国家节能主管部门发布《千家企业能源利用状况公报》。

3. 国家印发《重点耗能企业能效水平对标活动实施方案》，指导钢铁、化工、水泥三个高耗能行业积极开展能效对标。

4. 国家支持千家企业积极实施节能技术改造，确保企业单位产品综合能耗指标大幅度下降。

5. 强化企业节能管理。千家企业 95% 以上建立了专门的能源管理机构，配备了相关能源管理人员，完善三级计量仪器、仪表配备，在部分企业开展了能源管理师试点。

各级政府举办了能源计量、能源审计、节能规划、先进适用节能技术等一系列培训，帮助企业提高节能能力。

2010 年时，我国对"十一五"期间千家企业节能目标完成情况和节能措施落实情况进行了评价考核。2006 年签订节能目标协议的千家企业中先后有 127 家企业关停、兼并或转产，可以考核的企业还有 881 家，其中 866 家企业完成了"十一五"节能目标，占可考核企业的 98.3%；有 15 家未完成"十一五"节能目标。"十一五"期间，这些企业共实现节能量 1.6549 亿吨标准煤，超额完成"十一五"原定 1 亿吨标准煤的节能目标。

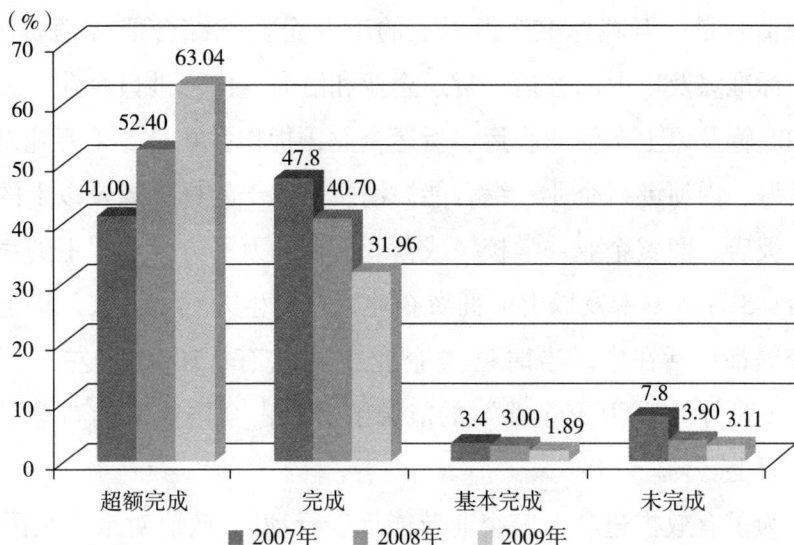

图 7-5　千家企业节能目标完成情况（2007—2009 年）

　　除了和中央政府直接签署节能协议的千家大型企业，各地方政府也纷纷效法，对本地的重点能源消耗企业开展节能行动，涉及企业上万家。

（二）"十二五"时期实施"万家企业节能低碳行动"

　　"十一五"时期开展的"千家企业节能行动"成效显著，我国于2011年启动了"十二五"期间的"万家企业节能低碳行动"，除了重点能源消费企业以外，还将宾馆、商厦、学校、医院、交通运输企业等大型能源用户纳入重点推动的范围中，促进更多的行业提高节能意识、强化节能知识，提高节能能力，采取节能行动。

　　"十二五"时期选择的"万家企业"降低了能源消费量的门槛，把年综合能源消费量1万吨标准煤以上以及部分年综合能源消费量5000吨标准煤以上的重点用能单位都纳入节能行动。2010年综合能源消费量 1 万吨标准煤及以上的工业企业，综合能源消费量 1 万吨标准煤及以上的客运、货运企业和沿海、内河港口企业，或拥有 600 辆及以上车辆的客运、货运企业，货物吞吐量 5 千万吨以上的沿海、内河港口企业；综合能源消费量 5 千吨标准煤及以上的宾馆、饭店、商贸企业、学校，或营业面积 8 万平方米及以上的宾馆饭店、5 万平方米及以上的商贸企业、在校生人数 1 万人及以上的学校等都包括在内。当时这类企业全国共有 17000 家左右（如图 7-6 所示）。"万家企业"的能源消费量占全国能源消费总量的 60% 以上。

为了有效推进"万家企业节能低碳行动"，政府对来自全国 31 个省市自治区的专家进行了培训，这些专家作为教师再对本地的企业开展节能知识的培训。

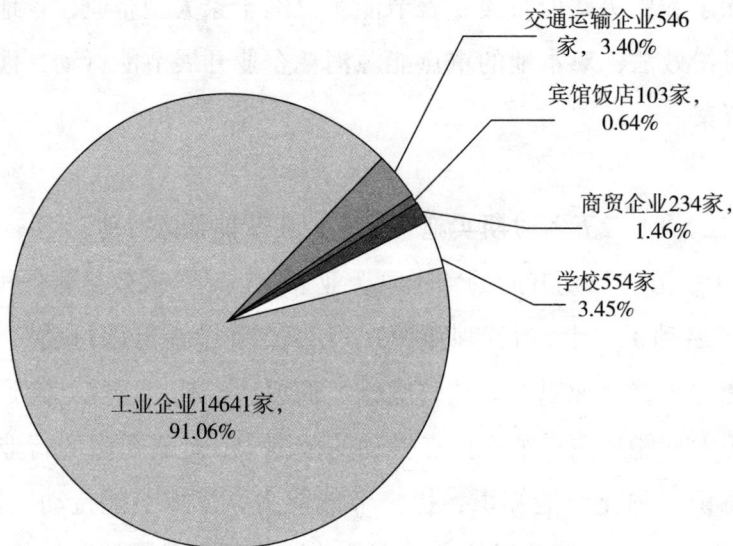

图 7-6　万家企业的分领域构成

2014年，我国对"万家企业"进行了考核评估。一共有13328家企业参加考核，另外的2750家企业因业务重组、关停等原因未参加考核。参加考核企业中，4126家考核结果为"超额完成"，占30.96%；6814家考核结果为"完成"，占51.13%；1440家考核结果为"基本完成"，占10.80%；948家考核结果为"未完成"，占7.11%（见表2-4）。2011—2014年，万家企业累计实现节能量3.09亿吨标准煤，超额完成"十二五"万家企业原定2.55亿吨的节能量目标。

表7-4　2014年各地区万家企业节能目标完成情况汇总表

地区	企业数量（家）		企业节能目标考核情况（家）				未完成企业比例（％）	"十二五"节能量目标（万吨标准煤）	2011—2014年累计完成节能量（万吨标煤）	节能量目标完成进度
	国家公告万家企业数量	实际考核企业数量	超额完成企业数量	完成企业数量	基本完成企业数量	未完成企业数量				
北京	241	225	8	115	90	12	5.33	224	586	262%
天津	211	180	55	116	6	3	1.67	486	650	134%
河北	803	653	229	338	64	22	3.37	2175	1912	88%
山西	638	499	49	208	165	77	15.43	1395	1570	113%
内蒙古	697	570	127	307	91	45	7.89	1160	1344	116%
辽宁	524	473	93	272	36	72	15.22	1402	1152	82%
吉林	247	219	81	97	20	21	9.59	437	659	151%
黑龙江	489	366	143	122	38	63	17.21	626	618	99%
上海	269	248	106	88	16	38	15.32	685	1121	164%
江苏	1221	1021	397	567	34	23	2.25	2205	2426	110%
浙江	1220	1116	294	653	98	71	6.36	1006	1370	136%

地区	企业数量（家）		企业节能目标考核情况（家）				未完成企业比例（%）	"十二五"节能量目标（万吨标准煤）	2011—2014年累计完成节能量（万吨标煤）	节能量目标完成进度
	国家公告万家企业数量	实际考核企业数量	超额完成企业数量	完成企业数量	基本完成企业数量	未完成企业数量				
安徽	349	319	98	167	25	29	9.09	840	937	112%
福建	458	371	64	248	41	18	4.85	525	713	136%
江西	297	228	106	104	2	16	7.02	620	764	123%
山东	1188	1016	576	414	8	18	1.77	2530	3548	140%
河南	1032	707	155	395	72	85	12.02	1584	1547	98%
湖北	812	726	314	340	70	2	0.28	996	1131	114%
湖南	552	410	191	148	29	42	10.24	619	792	128%
广东	970	894	87	578	210	19	2.13	1563	1430	91%
广西	440	413	131	239	32	11	2.66	446	655	147%
海南	45	44	10	27	2	5	11.36	37	84	227%
重庆	221	158	16	100	33	9	5.70	306	330	108%
四川	989	784	289	353	89	53	6.76	1009	1122	111%
贵州	275	180	36	134	3	7	3.89	391	433	111%
云南	399	324	134	165	11	14	4.32	502	760	151%
西藏	8	7	1	2	3	1	14.29	3	22	733%
陕西	516	394	96	234	10	54	13.71	667	1218	183%
甘肃	245	177	31	91	34	21	11.86	370	965	261%
青海	115	128	40	60	3	25	19.53	83	75	90%
宁夏	269	224	29	71	88	36	16.07	305	395	130%
新疆	278	204	129	36	16	23	11.27	267	474	178%
新疆建设兵团	60	50	11	25	1	13	26.00	48	100	208%

"千家企业"和"万家企业"节能行动的开展，推动了大型工业企业率先开展节能工作。重点企业节能行动显著提高了企业的节能能力，培育了一批企业节能骨干，为在更大范围内推动企业节能工作起到了良好的示范作用。

三、淘汰落后产能

淘汰落后产能是我国推动节能、提高能效的重要措施，也是我国过去十几年里能源转换和利用技术迅速提高的重要原因。

进入21世纪以后，我国制造业迎来新的扩张高潮，高耗能产品产量迅速增长。各地经济增长速度、投资数量增速很快。国家集中投资大型项目，地方也尽可能多地上投资项目，但多数是中小型项目，产能迅速扩张。由于各地竞相争取投资项目，重复建设也比较普遍。一方面出现了比较普遍的产能过剩，市场竞争日趋激烈；另一方面各地的技术差距很大，最先进的技术和设备不断引进，具备规模竞争力的大型设备不断建成，但落后的技术装备也在重复建设，不少新建的设施达不到高效规模，能源利用效率低。一些落后的高能耗和高污染设备在各种地方保护政策下仍然不愿退出市场，许多行业的集中度偏低。例如，2008年我国粗钢产能达到6.6亿吨，超出当时实际需求约1亿吨，而粗钢生产企业平均规模不足100万吨，大量低能效中小型高炉还在运转，排名前5位企业的钢产量仅占全国总量的28.5%行业[1]。淘汰落后产能不但可以明显提高能效，还可以抑制产能过剩，防止盲目竞争和劣币驱逐良币。

从2006年开始，我国把淘汰落后产能作为实现国家节能目标

---

[1] 国务院：《钢铁产业调整和振兴规划》，2009年3月20日。

的重要措施，以电力、煤炭、钢铁、水泥、有色金属、焦炭、造纸、制革、印染等行业为重点，综合采取法律、经济、技术和必要的行政手段，推动淘汰落后产能。中央政府先后发布了《国务院关于发布实施〈促进产业结构调整暂行规定〉的决定》（国发〔2005〕40号）、《国务院关于印发节能减排综合性工作方案的通知》（国发〔2007〕15号）、《国务院批转发展改革委等部门关于抑制部分行业产能过剩和重复建设引导产业健康发展若干意见的通知》（国发〔2009〕38号）、《产业结构调整指导目录》、《国务院关于进一步加强淘汰落后产能工作的通知》（国发〔2010〕7号）等指导文件，具体制订了钢铁、有色金属、轻工、纺织等产业调整和振兴规划等行动方案，明确规定了哪些低能效高污染的技术或设备属于必须淘汰的落后产能，要求各地区按期淘汰。同时，鼓励地方政府根据当地产业发展实际，制定范围更宽、标准更高的淘汰落后产能目标任务。

对一些重点行业，国家提出要求淘汰落后产能的具体定量目标，并将每年定量目标分解到各地。中央财政设立专项资金对淘汰落后产能进行部分补偿，或用于解决关停落后企业后的职工就业问题，对经济欠发达地区淘汰落后产能给予奖励。对未按期完成淘汰落后产能任务的地区，暂停对该地区投资建设项目的环评、核准和审批；对未按要求淘汰落后产能的企业，依据有关法律法规责令停产或予以关闭。

能源利用效率和环境排放是确定落后产能定量目标的主要指标。国家对各个行业的主要高能耗设备、工艺、技术路线等制定产品能耗限额标准，对达不到能耗限额标准的落后产能坚决予以淘汰。表7-5是"十一五"期间部分具体落后产能（装备）的淘汰内容和定量目标。

除了行政性的强制淘汰落后产能以外，各地政府还采取了各种经济性手段，推动产业升级和技术进步。其中，实行差别电价，提高差别电价差价差额，对超过能效限额标准的，实行惩罚性价格政策，促使企业更新设备，加快技术改造进度。

我国超额完成了"十一五"时期淘汰落后产能各项目标，共关停小火电机组 7682.5 万千瓦，淘汰落后炼铁产能 12000 万吨、炼钢产能 7200 万吨、水泥产能 3.7 亿吨等。在关闭造纸、化工、纺织、印染、酒精、味精、柠檬酸等重污染企业方面都取得积极进展，产业结构明显优化，生产技术水平显著提升（见表 7–5）。

表 7–5　"十一五"期间重点耗能行业淘汰落后产能情况

行业	淘汰落后产能内容	单位	"十一五"淘汰目标	"十一五"实际淘汰	目标超额完成率
电力	实施"上大压小"关停小火电机组	万千瓦	5000	7682.5	53.7%
炼铁	300 立方米以下高炉	万吨	10000	12272	22.7%
炼钢	年产 20 万吨及以下的小转炉、小电炉	万吨	5500	7224	31.3%
电解铝	小型预焙槽	万吨	65	84	29.2%
铁合金	6300 千伏安以下矿热炉	万吨	400	663	65.8%
电石	6300 千伏安以下炉型电石产能	万吨	200	305	52.5%
焦炭	炭化室高炉 4.3 米以下的小机焦	万吨	8000	10700	33.8%
水泥	等量替代机立窑水泥熟料	万吨	25000	37000	48.0%
玻璃	落后平板玻璃	万重量箱	3000	6000	100.0%
造纸	年产 3.4 万吨以下草浆生产装置、年产 1.7 万吨以下化学制浆生产线、排放不达标的年产 1 万吨以下以废纸为原料的纸厂	万吨	650	1130	73.8%

数据来源：1.《国务院关于印发节能减排综合性工作方案的通知》，2007 年；2. 工业节能"十二五"规划、钢铁工业、有色金属工业、建材工业、石油和化学工业、造纸工业等高耗能工业"十二五"规划。

淘汰落后产能要克服很多阻力。落后产能是一些地方的重要经济组成部分，也牵涉到不少企业的生存。各地的资源条件差别较大，能源价格特别是煤炭和电力价格也有比较大的差距。完全依靠市场竞争淘汰低能效的设备和产能需要很长的恶性竞争期，因此国家有必要进行干预。国家节能目标和分级责任制缩短了落后产能的淘汰和技术进步周期。例如"十一五"期间，山西提出的节能目标比较高，为了完成目标，山西省政府与各市政府逐一签订了淘汰落后钢铁产能责任书，各市必须按照责任书的要求组织实施本地区的关停工作。山西省政府要求，在关停淘汰名单公布1个月内，各部门和各地级市政府要确保将对关停钢铁企业（或高炉、转炉）实施停水、停电、停运强制措施。在关停淘汰名单公布3个月内，强制吊销关停企业工商营业执照、收回钢铁生产许可证。当年的10月30日前全面完成年关停淘汰任务，拆除淘汰高炉、转炉炉体及风机、烧结、烟囱等设施，平整生产场地。

实现节能目标和强化环境污染治理互相支持。例如山西吕梁市当时存在大批落后的高能耗、高污染企业，环境污染十分严重，各种污染物排放都严重超标，国家环保总局对该市所有的新投资项目都一律不予环评批准。淘汰落后产能成为节能降耗和污染减排的重要手段，2007年该市关停取缔191户能耗高、污染重的企业，炸毁烟囱208根，明显改善了空气质量，降低了能源强度。

淘汰落后产能一直是我国实现节能目标的重要方法。随着经济发展和技术进步，各种设备、产品的能效和环保标准也在不断提高，不断有一些设备、工艺、产品进入新的"落后"范围。在2011—2015年的第十二个五年规划期间，淘汰新的"落后"产能仍然是《节能减排"十二五"规划》的重要内容之一。

"十二五"时期，国家提出的淘汰目标包括小火电2000万千瓦、炼铁产能4800万吨、炼钢产能4800万吨、水泥产能3.7亿吨、焦炭产能4200万吨、造纸产能1500万吨等（见表7-6）。国家继续鼓励各地区制定更严格的能耗和排放标准，加大淘汰落后产能力度。

表7-6 "十二五"时期淘汰落后产能一览表

行业	主要内容	单位	淘汰产能目标
电力	大电网覆盖范围内，单机容量在10万千瓦及以下的常规燃煤火电机组，单机容量在5万千瓦及以下的常规小火电机组，以发电为主的燃油锅炉及发电机组（5万千瓦及以下）；大电网覆盖范围内，设计寿命期满的单机容量在20万千瓦及以下的常规燃煤火电机组	万千瓦	2000
炼铁	400立方米及以下炼铁高炉等	万吨	4800
炼钢	30吨及以下转炉、电炉等	万吨	4800
铁合金	6300千伏安以下铁合金矿热电炉，3000千伏安以下铁合金半封闭直流电炉、铁合金精炼电炉等	万吨	740
电石	单台炉容量小于12500千伏安电石炉及开放式电石炉	万吨	380
铜（含再生铜）冶炼	鼓风炉、电炉、反射炉炼铜工艺及设备等	万吨	80
电解铝	100千安及以下预焙槽等	万吨	90
铅（含再生铅）冶炼	采用烧结锅、烧结盘、简易高炉等落后方式炼铅工艺及设备，未配套建设制酸及尾气吸收系统的烧结机炼铅工艺等	万吨	130
锌（含再生锌）冶炼	采用马弗炉、马槽炉、横罐、小竖罐等进行焙烧、简易冷凝设施进行收尘等落后方式炼锌或生产氧化锌工艺装备等	万吨	65
焦炭	土法炼焦（含改良焦炉），单炉产能7.5万吨/年以下的半焦（兰炭)生产装置，炭化室高度小于4.3米焦炉（3.8米及以上捣固焦炉除外）	万吨	4200

行业	主要内容	单位	淘汰产能目标
水泥（含熟料及磨机）	立窑，干法中空窑，直径 3 米以下水泥粉磨设备等	万吨	37000
平板玻璃	平拉工艺平板玻璃生产线（含格法）	万重量箱	9000
造纸	无碱回收的碱法（硫酸盐法）制浆生产线，单条产能小于 3.4 万吨的非木浆生产线，单条产能小于 1 万吨的废纸浆生产线，年生产能力 5.1 万吨以下的化学木浆生产线等	万吨	1500
化纤	2 万吨 / 年及以下粘胶常规短纤维生产线，湿法氨纶工艺生产线，二甲基酰胺溶剂法氨纶及腈纶工艺生产线，硝酸法腈纶常规纤维生产线等	万吨	59
印染	未经改造的 74 型染整生产线，使用年限超过 15 年的国产和使用年限超过 20 年的进口前处理设备、拉幅和定形设备、圆网和平网印花机、连续染色机，使用年限超过 15 年的浴比大于 1：10 的棉及化纤间歇式染色设备等	亿米	55.8
制革	年加工生皮能力 5 万标张牛皮、年加工蓝湿皮能力 3 万标张牛皮以下的制革生产线	万标张	1100
酒精	3 万吨 / 年以下酒精生产线（废糖蜜制酒精除外）	万吨	100
味精	3 万吨 / 年以下味精生产线	万吨	18.2
柠檬酸	2 万吨 / 年及以下柠檬酸生产线	万吨	4.75
铅蓄电池（含极板及组装）	开口式普通铅蓄电池生产线，含镉高于 0.002% 的铅蓄电池生产线，20 万千伏安时 / 年规模以下的铅蓄电池生产线	万千伏安时	746
白炽灯	60 瓦以上普通照明用白炽灯	亿只	6

截至 2014 年末，全国累计淘汰炼钢、炼铁、水泥、平板玻璃落后产能分别达到 7500 万吨、6900 万吨、5.7 亿吨和 1.52 亿重量箱，提前一年完成了"十二五"淘汰落后产能目标任务。

　　淘汰落后产能的政策一直实施到现在。由于我国多年以来维持了很高的经济增长速度，保持了很高的固定资产投资率，固定资产投资总量逐年高速增长，2016 当年投资额已经达到 60.6 万亿元，约合 9.3 万亿美元左右。制造业的投资数量大，新建产能多，各地重复性建设仍然很普遍，产能过剩已成为一种痼疾。淘汰落后产能，不但是节能降耗的需要，也是我国特有的平衡市场供需的调节手段。此外，淘汰落后产能是我国促进产业升级、加快技术创新和进步、调整产能结构的重要手段。

　　以不断提高能效和环境标准推动淘汰落后产能，客观上大大加快了我国制造业的装备更新和技术进步，使我国用很短的时间实现了多数产业部门的技术和装备现代化，而且这个进程还在加快。能源装备的更新周期也大幅度缩短，许多设备和工业设施的传统技术经济寿命可能是 25 年、30 年甚至是 40 年或更长，但在我国这种高速大规模扩张、很短时间形成超大规模生产能力，且很快进入产能过剩的状态下，实际的经济寿命可能缩短为 15 年甚至更短，资本有效回报周期缩短，沉没损失提前。我国电力行业过去 15 年大规模高速扩张，现有的发电设备都很新，平均年龄不到 10 年，加快淘汰落后产能也是造成这一状况的重大因素。所以我国的发电设备技术水平在短时间内成为世界最新最好的，供电煤耗从 20 世纪每千瓦时 400 多克标煤，下降到 2016 年的 315 克。

　　通过对旧设备加快淘汰、对存量设备实施节能技术改造、严控新增生产能力的能源效率水平，我国高耗能企业的整体技术水平和企业管理水平得到明显提升。仅仅是 2011—2015 年，我国火电供电煤耗从 2010 年的 333 克标准煤 / 千瓦时下降到 2015 年的 315 克标准煤 / 千瓦时，下降 5.4%；铝锭综合交流电耗从 2010 年的 14013

标准煤／吨下降到 2015 年的 13500 克标准煤／吨，下降 3.7%；吨水泥熟料综合能耗从 2010 年的 115 公斤标准煤／吨下降到 2015 年的 110 公斤标准煤／吨，下降 4.4%；乙烯综合能耗从 2010 年的 886 公斤标准煤／吨下降到 2015 年的 835 公斤标准煤／吨，下降 5.7%……高耗能工业的能源利用效率持续提高。目前我国电解铝交流电耗、燃煤发电供电煤耗等能效指标已达到国际先进水平，企业的现代化程度和管理人员的素质比 10 年前大幅度提升。

四、实施国家级重大节能工程——以中国绿色照明工程为例

抓住有重大节能效果的先进技术、先进产品、先进装备，积极组织全国性重大节能工程。通过有目标、有计划地引进先进技术，加快国产化进程，对关键技术组织攻关，扩大先进节能装备、产品生产能力，在试点示范的基础上，进行全国范围的推广应用，从而形成巨大的节能效果，这就是中国的国家节能工程。中国绿色照明工程是国家节能工程中的一个成功案例。

中国绿色照明工程自 1996 年 5 月启动，截至 2010 年的 15 年间，节约照明用电 1289 亿千瓦时，相当于减少二氧化碳排放 1.16 亿—1.25 亿吨。高效照明产品之一的荧光灯（包括直管型荧光灯、紧凑型荧光灯 CFL 等）产量从 1995 年的 4.1 亿只增长到 2013 年的 69.6 亿只，白炽灯与荧光灯的生产比例由 1995 年的 6.25∶1 转变为 2013 年的 1.28∶1。我国已成为世界上最大的高效照明产品生产国，2016 年荧光灯出口量达到 32.8 亿只[①]。

---

① 中国轻工业联合会数据。

　　截至 2013 年，高效照明产品的居民用户市场占有率已达78.1%，其中大中城市为 90.93%；工业用户市场占有率达 90.12%，包括商厦、酒店、学校和办公楼在内的商业用户的市场占有率高达94.96%[①]。

　　21 世纪初，在直管型荧光灯、CFL、高强度气体放电灯（HID，如高压钠灯、金属卤化物灯）等高效照明产品的设计、材料、工艺和生产等方面，我国已稳居世界前列。现在正在向第四代绿色照明的发光二极管光源（LED）发展。LED 灯的市场占有率大幅度上升，已经成为普遍使用的新一代通用型高效照明光源。我国以 LED 光源发展为基础，正积极探索、研发智能光源前沿技术，已取得突破性进展。例如：长春应化所的研究成果创新性地发明了发光寿命可调并与交流供电频率匹配的稀土 LED 发光材料，在国际上首创新一代交流 LED 白光照明光源技术，解决了交流 LED 发光频闪的世界性难题。该技术产品与传统直流电源驱动的 LED 相比，具有散热好、能量转换效率高、体积小等优势，可提高寿命 1 倍以上，能耗和成本分别降低 15% 和 20% 以上。复旦大学计算机科学技术学院研制出一种利用屋内可见光传输网络信号的国际前沿通信技术，将网络信号接入一盏 1 瓦的 LED 灯珠，灯光下的 4 台电脑即可上网，最高速率可达 3.25G，平均上网速率达到 150M，堪称世界最快的"灯光上网"。

　　我国生产的高效照明产品曾经多数是国外知名品牌的贴牌产品。经过绿色照明工程长时间的支持和引导，中国自主品牌产品形成质量好且更具价格优势，在市场上逐渐占据更大比例。2015 年在世界需求趋缓，我国多数产业出口下降的状态下，中国的照明产品出口

---

① 中国照明学会和北京华通人商业信息有限公司的市场调查数据。

继续保持接近两位数的增长速率，充分体现了中国照明在世界的产业优势。

中国绿色照明工程的实施历程就是中国高效照明产业快速发展、高效照明产品占领市场的过程。绿色照明的概念是在 20 世纪 90 年代从欧美国家引入中国，比西方国家晚了 10 年左右。绿色照明概念很快受到中国政府的高度重视，也得到了联合国等机构的大力支持。1996 年、2001 年和 2008 年中国的绿色照明工程先后得到联合国开发计划署（UNDP）、全球环境基金（GEF）共计 2312.5 万美元的技术援助支持。

1996 年 5 月，国家经济贸易委员会（简称国家经贸委）牵头组织成立了"中国绿色照明工程"协调领导小组、工程实施办公室和专家组。1996 年 9 月，国家经贸委发布了《中国绿色照明工程实施方案》。绿色照明工程当时把可以直接替代白炽灯的紧凑型荧光灯作为重点，从加强科普宣传节能灯的节电效果开始，普及节能灯的节能知识。并且从大型公共建筑开始推广节能灯的应用。1996 年 10 月，"中国绿色照明工程北京展示中心"开业，成为国内第一家集科普、教育、宣传、推广和销售为一体的宣传展示场所。在 1996 年"中国绿色照明工程"启动时，进口的少数紧凑型荧光灯泡价格高达 160 元一只，是普通白炽灯泡的七八十倍，一般消费者根本买不起。国内生产的节能灯泡要便宜得多，但质量不高，价格也要几十元一只。市场上还有一些价格只有一二十元的产品，质量就更差，不但光通量衰减快，使用寿命也短。照明工程把提高质量作为主要目标，推动材料、工艺、设备的提高升级。由于节能灯生产的技术门槛较低，在政府大力宣传绿色照明、推广节能灯的形势下，生产节能灯的企业如雨后春笋般出现。20 世纪 90 年代后期，全国节能灯生产企业达到 8000 多家。大量小企业用低质量廉价部件粗制滥造，以次充好。价格的恶性竞争还导致部分大企业不得不生产价格便宜的低档产品，质量也无法得到保证。这些劣质节能灯充斥市场，影响了消费者的信心。

中国绿色照明工程推动绿色照明产品标准的制定，先后于 1997 年、1998 年、2003 年、2009 年分别制订和发布了高效照明电器产品能效标准和照明设计节能标准，还开展了"照明产品质量承诺制"试点工作，在严格产品测试的基础上，选择了一批质量好、生产稳定的企业，给予重点宣传，培养市场。1998 年，在北京、上海、南京、郑州等大城市的知名大型商厦或灯具专卖店，设立了"中国绿色照明工程质量承诺制"柜台，推介专卖优质产品。商厦和企业签订所售产品的质量承诺协议，凡商厦在承诺柜台销售出去的照明产品，如出现质量问题，将向消费者提供 8 个月至 1 年包退换承诺。质量承诺活动实施一年，取得了很好的效果，选择的北京等 8 个城市的示范点高效照明产品销售量分别比上年同期增长了 30%—75%，产品退换率不到万分之一。2003—2004 年又进一步扩大了质量承诺示范活动。逐步建立起高效照明产品的诚信市场，促进了高效照明产品生产企业提高产品质量和服务，消除消费者购买高效照明产品的风险。

中国绿色照明工程还开展了照明产品节能认证工作。通过节能认证的产品相当于经过质量和节能效果的检验，先后有 46 家照明企业的 600 多种型号的照明产品获得了节能认证。消费者只要在市场上看到标有节能产品认证标志的产品，就可放心购买。

为了鼓励企业和事业单位购买和使用高效照明产品，中国绿色照明工程办公室还组织开展了高效照明产品大宗采购示范活动。第一期选择北京等 8 个省市和铁道部为示范地区和行业，采用政府招投标方式，安排示范用户 65 家，批量采购安装高效照明产品超过 60 万只。既降低了约 20% 单位采购成本，也保证了产品质量，形成了产品寿期内节电 9700 万千瓦时的能力。同时，还组织开展需求侧管理照明节电示范活动，为 78 个用户安装了 68 万只高效照明产品。经专家评估，项目寿期节电量可达 1.2 亿千瓦时，削减电网峰荷 1.4 万千瓦。

通过上述多方面的努力，高效照明产品质量提升，市场需求明显增加，高效照明产品国内销售量大幅度增长，照明节电成效显著。紧凑型荧光灯国内销售量 2003 年达到 3.56 亿只；T8 直管荧光灯销售量达到 2.86 亿只。2003 年，家庭用户高效照明产品使用普及率为 72.8%；工矿企业高效照明产品使用普及率为 73.7%；高效照明产品占全社会照明产品使用的比例达 43%。绿色照明在我国已家喻户晓，购买和使用节能灯成为时尚潮流。

由于生产技术装备工艺的不断改进，生产规模和集中度也不断提高。紧凑型荧光灯的价格迅速下降，没有几年的时间，我国市场上质量很好的节能灯价格下降到 10 元左右一只，市场也迅速扩大。

我国在建筑物节能中把推广应用节能灯作为基础性节能措施，利用各种机会扩大节能灯的社会认知度，中国绿色照明工程先后参与"希望工程"、北京奥运会场馆建设以及多个地区的扶贫活动，推广节能灯市场影响。2005 年 5 月与国际高效照明协会（IAEEL）联合，首次在发展中国家召开"2005 年中国绿色照明国际会议暨 Right Light 6"，对世界节能界、照明界和我国的节能与照明事业产生深远的影响，进一步推动全球照明领域的合作。2008 年联合国秘书长潘基文在参加了 UNDP/GEF 支持的"逐步淘汰白炽灯　加快推广节能灯"项目启动仪式，向全球发出"通过更换一个灯泡、改变我们的思维方式，就可以改变世界"的倡议，掀起了全球绿色照明的新浪潮。2010 年我国率先研究制定并发布了中国逐步淘汰白炽灯路线图，向全世界宣告中国淘汰白炽灯的决心和时间表。2012 年联合国气候变化国际谈判多哈会议期间组织召开了绿色照明主题边会，助力中国作为有责任的排放大国向全球表明中国在减排二氧化碳上的不懈努力。

经过中国绿色照明工程的持续推动，中国照明电器行业规模和技术水平大幅度提升。我国成为荧光灯的最大生产国，生产全球 1/3 以上的荧光灯。2006—2013 年我国荧光灯产量由 37.1 亿只增长到 69.6 亿只，年均增速达 9.4%（图 7-7）。

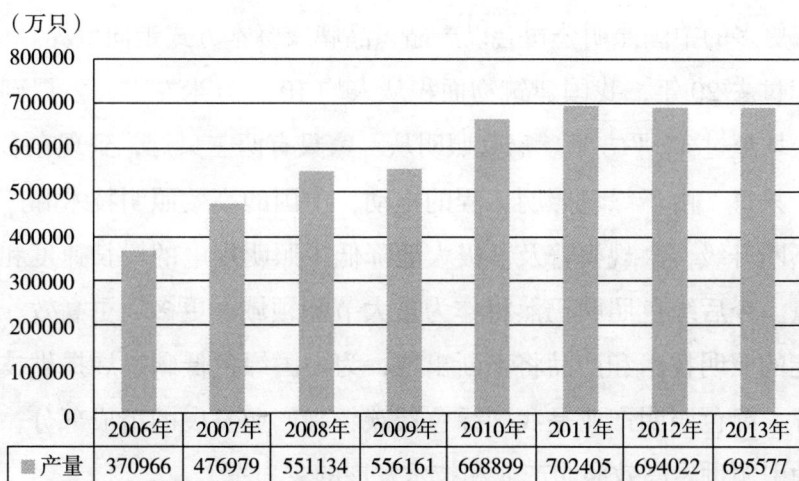

（万只）

	2006年	2007年	2008年	2009年	2010年	2011年	2012年	2013年
产量	370966	476979	551134	556161	668899	702405	694022	695577

图 7-7　2006—2013 年中国荧光灯产量

资料来源：中国照明电器协会，2014 年 9 月。

中国曾是白炽灯等传统照明产品生产大国，年白炽灯产量也曾达到 40 亿只以上，占世界总产量的 1/3 以上。2011 年成为中国普通照明用白炽灯产品总产量峰值年，达到 41.7 亿只，出口量也创下峰值，达到 31.8 亿只。随着全球逐步淘汰白炽灯活动的推进，一些国际公司逐渐关停了海外工厂，把生产和订单转移到中国。中国开展白炽灯生产转型活动，大幅度减少白炽灯产量，转而生产节能灯。绿色照明工程帮助大型白炽灯生产企业进行转型，选取了转型意愿相对较高的 10 家大型白炽灯生产企业，帮助它们制订转型方案，组织包括上述企业在内的 31 家企业共 1200 人进行转型培训，支持企业进行转型。2010—2012 年间这 10 家企业将累计减少白炽灯产能 22.6 亿只，占 2012 年全国总产量的 58%。年增产高效照明产品 8.76 亿只，每年可节电 495 亿度。

近年国内多家公司已在国际上以自主品牌进行市场拓展，今后会有更多的中国照明公司会以产品、品牌或资本方式走向世界。

过去 20 年，我国建筑物面积从人均 10 平方米左右，发展到现在人均超过 45 平方米。家庭照明从一家只有两三只灯，到现在多到几十只灯。由于绿色照明工程的推动，中国的高效照明技术和产品也不断升级，大规模普及。极大地降低了照明用电的增长速度和增长量。今后绿色照明仍然将作为重大节能领域，更多、更高效、更节能的照明技术和产品将不断出现，为中国绿色低碳发展提供技术支撑。绿色照明产业是我国绿色低碳新兴产业发展的组成部分，将成为引领世界高效照明产业和技术发展的主力军。

五、提高全民节能低碳意识——以同济大学节能为例

我国现在每年大学毕业生有 700 万人，教育是培养接班人的重

地，绿色低碳发展理念正在许多大学扎根，一些大学也成为绿色发展的开拓地。位于上海的同济大学是我国知名大学，也是培养绿色低碳发展人才和理念的开拓者，其校园文化的第一条即是"绿色校园"。其不仅肩负着培养人才、科学研究和社会服务、文化引领等多重功能的高等教育院校，更应在应对气候变化、建设资源节约型、环境友好型社会进程中，成为引领社会的先行者。

同济大学积极倡导可持续发展，全面建设"节约型校园"，鼓励节能技术创新和实地应用，强化节能监管、引导全校师生员工共同参与，建设节约型校园文化，形成科技节能、管理节能和宣传教育节能"三位一体"的节约型校园建设体系，将可持续发展的理念渗透到校园建设及管理的每一个环节。

同济大学的绿色校园建设目标是将学校建设成为环境保护和可持续发展教育的示范基地，成为环境保护和能源节约方面的科学研究和技术创新的共同平台，成为环境保护和可持续发展理念传播的前沿阵地；为可持续发展不断提供新的科技支撑。

同济大学的绿色校园建设，依托科学技术，积极实施可再生能源利用和资源循环利用；节约管理显成效，节能运行管理经济效益显著；建立起多层次节能教科基地，开放示范技术、普及节能科技、提高节约意识、支持和引导学生的节能主题活动。

同济大学重视建立节约意识，从一些细微之处树立节约资源，保护环境的理念和习惯。节约能源，从点点滴滴的小事做起。学校图书馆副馆长章回波老师，每天下班后都会巡查一遍楼道乃至角落，关掉不必要的灯，拧紧滴水的龙头……每当夕阳的余晖落在图书馆的大楼上，总能见到章老师巡查楼面的身影。"早些年，在国内倡导低碳生活和学校建设节约型校园那会儿，我与能源中心的负责老师有过一次交流。听到我们学校水电等能耗费用的数额，我心里的触动蛮大的。当时我想，我们图书馆能不能为校园节能做出一份贡献？"章回波回忆说，早在 2007 年，图书馆就制定出台了《同济大学图书馆节能管理细则》，这其中包括空调、阅览室照明、安全通道和走廊照明、地下室除湿机、电梯、南北侧房、地下书库照明的节能管理等。明确规定了许多具体措施，例如"在白天自然光源充足的情况下，尤其在夏季天气晴好时，阅览室室内的照明灯可减少开启或不开。阅览室管理员根据当天的天气情况，在满足读者阅读要求的前提下进行动态调节，适当调整室内照明灯的开启数量，并适度调节百叶窗帘的高度，尽量以自然光代替灯光照明"。细则执行一年之后，图书馆的耗电量有了明显降低，而这一细则至今都在不断地修订和完善之中。章老师介绍说，"久而久之，在图书馆内形成节能的共识，在个人身上养成节约的习惯"。当办公室有人出差时，其他人员到岗后，不会打开办公室所有的灯，会自觉让出差同事办公区域内的照明保持关闭状态。

学校综合教学楼也是长期实施严格的节能管理，包括建立细致的节能巡查，"保安、维修、保洁人员错时巡逻，全员全天检查有无跑冒漏现象"。连夜晚学生自修时的保安巡逻，都要进行自修教室的节能管理。当头一间教室内的上座率不足 50% 时，保安不会打开第二间教室。"节能如果不从点滴做起，不从小处加以控制，那更多的资源就会从不经意间流失掉。""做好节能管理工作，也不能单靠物管人员，还需要物业与师生的共同努力，需要师生们的积极配合支持。"刚进校的新生，进入教室后一般会把所有的照明都打开，物业管理员就会和学生沟通，讲解这栋楼的节能传统，学生也欣然同意关掉不必要的灯。"通常过了一学期后，新生的节能意识就会加强，养成用电用水的好习惯。"

同济大学以"节约是美德，节约是智慧，节约是品质，节约是责任"为主题，广泛开展宣传教育活动。通过主题班会、组织生活、报告会、座谈会、征文、展览、媒体、网络等多种形式、多种途径，开展宣传教育活动，在全校开展浪费现象和节约典型的征集活动，有近千名学生参与了征集活动。同时，还开展了"节约水电周""节粮周""绿色环保周""节支周""书籍循环使用"等主题活动周系列活动，提倡节约，反对浪费，提高节约认同感，增强节约责任感。

在 2011 年公用建筑的节能审计中综合楼成为全校唯一被审计为 3A 的节能管理大楼，第三方审计报告依据《国家机关办公建筑和大型公共建筑能源审计导则》评价标准，认为综合楼"……从所有权人、管理者直到普通用户都很重视建筑节能，有完整的建筑节能规章、采取一系列的节能措施。"符合 A 类等级标准。

2013 年，同济大学共青团向全体团员和同学发出建设绿色校园的倡议，动员同学们行动起来，投身到厉行节约、宣传环保的行列中。

专栏 7-1　倡议书
——彰显同济青年推进"绿色校园建设"新作为

"静以修身，俭以养德"，勤俭节约是中华民族的传统美德。学校第十次党代会提出了建设"以可持续发展为导向的世界一流大学"的目标，要求将可持续发展的理念"渗透"到我们学习、生活的各个环节。作为青年一代的我们，更应该走在时代的前列，努力推进绿色校园建设，倡导节约低碳的理念。

在此，我们通过大会向全校青年发出倡议：提倡使用新媒体的手段开展活动，通过网站、微博、微信代替海报、展板、横幅、喷绘，用新媒体技术让绿色低碳成为青年一代的时尚；提倡珍惜资源、减少浪费，节约每一粒粮食、每一滴水、每一度电，回收利用单面打印纸张，让绿色环保成为青年一代的责任；提倡教材循环使用、回收代表证件外壳、用记事贴分辨已开封的饮用水，用绿色节约的方式展现青年一代的智慧。

各位代表、全体同济的青年朋友们，让我们一起携手，倡导节约、环保、低碳，倡导可持续发展的绿色校园生活，在推进绿色校园的建设中，彰显同济青年新作为。

共青团同济大学第二十次代表大会

2013 年 10 月

10 月 31 日是世界勤俭日，同济大学开展了"珍惜有限资源，抵制过度消费"主题活动，包括"勤俭知识我知道""动手一起来节约""我有妙招我自豪"三个部分，动员同学们提出如何在学习生活中做到勤俭节约的好点子。同学们提出的"制定时间表，每天固定开关宿舍的电热水器，节约用电""在教育超市购物时尽量自备购物袋，减少白色污染""将平时收到的活动传单用夹子夹起来，写作业时利用背面空白处打草稿"等建议，虽然细微，但使节俭的理念再一次深入人心。

"让你的垃圾不再孤单！"也是一项建设绿色校园的活动——"绿色寝室"垃圾分类推广计划的活动帮助同学们提高对垃圾分类的重视，并在寝室中积极践行垃圾分类，使资源能够最大限度的重复利用。学校印制了垃圾分类科普知识手册，分发分类垃圾袋，在宿舍楼相应的分类垃圾桶，鼓励垃圾分类。

同济大学还开展了"绿色同济，青春同行"行动计划，正在推进"绿色达人挑战赛""节约型校园海报设计大赛""书香嘉园，图书漂流"等系列活动。同学们提出了"无纸化办公"建议，建议学校的各类文件和通知尽可能实行"无纸化办公"，尽可能利用电子化、信息化的办公方式，在会议中多使用 PPT、投影播放文件，发放电子版会议文件。数学系、化学系的同学还对学校各种宣传活动的传单、海报、喷绘、横幅重复浪费提出批评，建议建立传单用后集中回收制，方便回收和再利用，他们还建议增加校园电子屏的数量，取代纸板传单、海报，减少浪费。同学们还提议建立校园新生和毕业生的"自行车漂流"活动，将毕业生的自行车转让给新生，减少自行车浪费。类似的还有新老学生教材循环使用的建议，节省了课本资源。学生们还提出了倡导寝室节约用水，建立水循环系统；倡导食堂节约粮食，推进"光盘行动"；倡导教学楼、图书馆节约用电；倡导节约教学用品，留下未用完的粉笔等，越来越多的师生参与了建设节约型校园的实践。

从节能改造开始建设绿色校园。同济大学对校园教学楼、大礼堂等建筑物进行节能改造，用现代科技实现节能减排。同济大学的文远楼建于 1953 年，曾经是"中国的第一栋现代主义建筑"，是入选《世界建筑史》和《中国建筑史》的经典建筑，也是上海市级保护建筑。同济大学就是要在保护历史建筑的基础上对建筑进行现代生态节能技术改造。同济大学与德国生态节能建筑技术专家合作，组建了包括建筑、结构、机电、水暖、智控等强大的专业技术梯队，运用国际最先进的节能建筑设计方法，确立"节能、环保而舒适"

的改造理念，把这座文远楼改造为展示最新的生态节能技术和产品的平台。

文远楼改造采用了许多节能低碳技术包括地源热泵、内保温系统、节能窗及 LOW-E 玻璃、太阳能发电、雨水收集利用系统、高效 LED 灯具、屋顶花园、冷辐射吊顶与多元通风等。现在文远楼已经成为老建筑节能改造的示范建筑物。

同济大学的绿色校园建设，还加入了联合国环境计划署（UNEP）领导的气候平衡网络，在 2009 年 9 月出版的《自然》杂志"你的校园有多绿色"的专题报道得到好评。2009 年 12 月在丹麦首都哥本哈根《联合国气候变化框架公约》第 15 次缔约方会议上，同济大学在边会上介绍了自己的绿色校园建设成果，得到各国专家的一致赞赏。

第八章　能源国际合作：从"参与融入"到"走近世界舞台中央"不断助推我国能源发展与转型

改革开放 40 年来，我国参与能源国际合作进程与国内经济社会发展阶段密不可分，从最初的"引进来"提升国内能源供应水平，缓解国内能源短缺局面；到之后的"走出去"积极参与国际能源合作，充分利用"两种资源、两个市场"；再到 21 世纪初全面参与国际能源合作，提倡"互利合作、多元发展、协同保障"的新能源安全观；直到党的十八大以来形成以"一带一路"能源合作为引领的全方位能源合作，构建人类命运共同体，都具有明显的时代特征。回顾过去，我国国际能源合作经历了初步探索、迈开步子、全面铺开、走进新时代四个阶段，实现了从"引进来"初步融入国际能源市场到目前走近世界舞台中央，成为能源国际合作的重要参与者、贡献者、引领者。开展国际能源合作的 40 年，不仅促进了资金、技术、资源在更大范围的优化配置，更为保障我国能源供应、推动能源转型、加快能源革命做出了重要支撑，有力地促进了国内经济社会发展，同时也对稳定国际能源市场与全球能源发展做出了重要贡献。

第一节 "引进来"助力国内发展，能源国际合作初步探索（1978—1992 年）

1978 年党的十一届三中全会上，党中央决定将工作重点转移到社会主义现代化建设上来，并指出在自力更生基础上积极发展与世界各国的互利合作关系[①]。改革开放从根本上解放了生产力，国民经济和人民生活水平快速提高，生产和生活用能持续增加，为了解决煤炭、电力供应能力不足，难以满足国民经济社会发展的需要的问题，20 世纪 80 年代初中期我国能源发展主要围绕煤炭开发进行，到 80 年代后期开始围绕打破电力投资瓶颈而开展进行。在此期间，能源合作成为大力引进国家建设急需资金、技术和管理经验的重要抓手。在国内煤炭供不应求的状况下，煤炭与石油仍是当时我国出口换汇的重要产品，特别是第二次石油危机爆发导致全球能源供应趋紧，能源价格上涨，石油价格由每桶十几美元快速增长至三十几美元，客观上刺激了我国增加煤炭、石油产量和出口量，换取更多外汇；与此同时，能源行业，特别是电力行业开放市场，逐步探索引进外资的多种路径，极大提升了自身供给能力，这一时期我国能源合作主要以能源出口和市场开放换取资金、技术、设备和服务的"引进来"，增强国内能源供应能力，加速国民经济的现代化进程[②]。

[①]《中国共产党第十一届中央委员会第三次全体会议公报》，1978 年 12 月。
[②]《关于第六个五年计划的报告》，1982 年 11 月。

一、煤炭行业积极引进国外技术和设备，煤炭开发能力显著提高

党的十一届三中全会后，为了缓解经济发展提速带来的煤炭供求紧张局面，煤炭领域按照"发挥中央和地方两个积极性，大中小一起上"的"有水快流"精神，积极引入非国有经济，较早地放开了煤炭市场准入的所有制限制和部门限制[①]。

在这一背景下，煤炭领域积极引入国外设备，加快发展机械化采煤。早在 1974 年，我国就从英国、德国、波兰、苏联等国引进了 50 套综采设备，在此基础上，1978 年我国再次从英国、法国、德国、日本等国引进 100 套综采设备，并将其广泛应用在国内大型煤矿上。这些设备的引进不仅在短期内提升了我国煤炭产量，同时也对国内综采设备及其零部件的研究、生产起到了很好的推动作用。这一时期，我国煤矿技术装备水平大幅提高，机械化开采逐渐实现普及，国有重点煤矿开采机械化水平由 1978 年的 32.5% 提高至 1992 年的 72.3%。

与此同时，我国还积极引进外资和国外先进经验，不断提升煤矿开发管理水平。1984 年 4 月，中国煤炭开发总公司与美国西文石油公司签订合作开发平朔安太堡一号露天煤矿的协议，中美两国企业通过合资方式共同开发煤炭资源，同时煤矿全部采用美国 CAT、日本小松、英国 P&H 等欧美国家进口设备，全方位实施现代化管理。安太堡煤矿成为我国首座引进外资、设备、技术、管理的现代化露天煤矿，其所在的平朔矿区日后成为我国最大的单一煤炭生产矿区、最

[①] 中国煤炭工业协会：《2009 中国煤炭工业发展研究报告》，中国矿业大学出版社 2010 年版。

大的电煤生产基地，也是首座实现露井联采的亿吨级矿区[①]。

国外资金、技术、设备以及相关管理经验的引入，大大促进了我国煤炭产业发展，全国煤炭产量由 1978 年的 6.18 亿吨增加到 1992 年的 11.16 亿吨，年均增幅约为 4.3%。不仅解决了煤炭供应紧张问题，而且煤炭还实现了规模化出口，出口量从 1980 年的 630 万吨增加到 1991—1992 年的 2000 万吨，1992 年煤炭出口额约为 7.4 亿美元，成为出口创汇的重要品种。

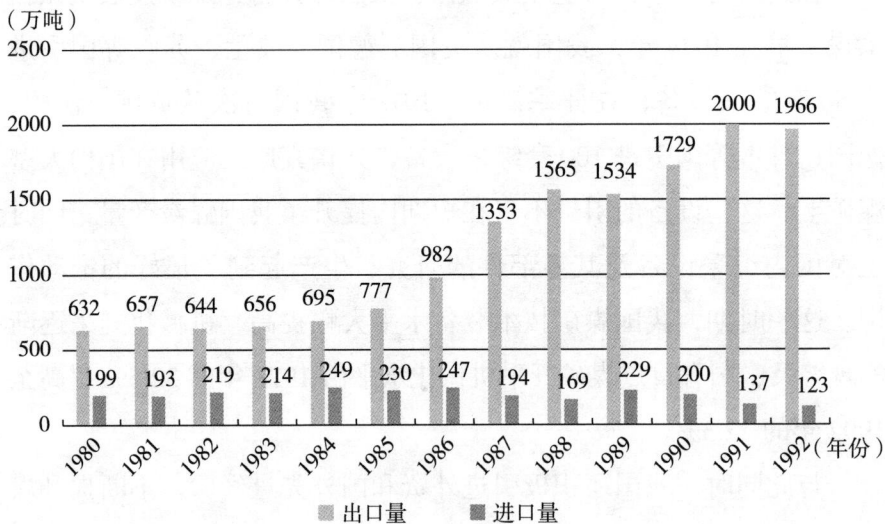

图 8-1　1980—1992 年我国煤炭进出口量

数据来源：中国能源统计年鉴。

二、积极引进外资打破电力建设投资瓶颈，供电能力不断提升

1985 年前，我国电力行业一直实行中央纵向管理体制，政企合

[①] 高鹏：《改革开放 30 年，煤炭工业越走路越宽》，《中国煤炭工业》2018 年 12 月刊，第 66—68 页。

一，电力工业的投资和运营费用由中央财政拨款（或贷款），收入上缴国家。但由于中央财政投资有限，生产建设资金不足导致我国电力严重短缺。自 20 世纪 60 年代起，我国进入电力短缺周期，至 1985 年，电力短缺量约为总发电量的 20%。1985 年以后，国家出台了一系列有关鼓励电力建设投资的政策措施，提出了"电厂大家办、电网国家管"的集资办电方针，并于 1987 年 9 月进一步提出"政企分开、省为实体、联合电网、统一调度、集资办电"的"20 字方针"，推动形成了多家办电、多渠道投资办电的新格局[1][2]。

　　电力投融资体制改革极大调动了中央、地方、企业办电的积极性，也吸引了大量外资投入国内电站建设，极大地改善了我国电力供应短缺的状况。1984 年 3 月，世界银行向云南省鲁布革水电站提供贷款 1.454 亿美元用于电站建设，鲁布革成为我国第一个利用外资兴建的水电站。1985 年 1 月，广东核电投资有限公司和香港核电投资有限公司签署合资建设、经营广东大亚湾核电站合同。1986 年 7 月，利用世界银行贷款的福建水口水电站实行国际招投标，引来中、日、意、法、美等国的 10 家厂商参加投标。水口电站建成后在全国百万千瓦水电站质量评比中名列前茅，达到国际水平，同时建设过程中形成的诸多与国际接轨的做法，不仅为后续电站建设提供了很好的借鉴，也提升了我国能源建设企业利用国际规则参与国际竞争的能力。

　　在国外资金的支持下，我国电力供应能力快速增长，初步扭转了缺电的局面，基本满足了国内经济社会用电需求。1978 年，全国

[1] 林伯强：《中国电力工业发展：改革进程与配套改革》，《管理世界》2005 年 8 月刊，第 65—79 页。
[2] 史丹：《能源工业改革开放 30 年回顾与评述》，《中国能源》2008 年第 30 期，第 5—12 页。

发电装机容量为 5712 万千瓦，1992 年增加至 1.67 亿千瓦，年均增幅为 7.9%，其中 1985—1992 年发电装机年均增幅约为 10%。

三、放开油田对外合作限制，石油产量持续增加

1978 年 3 月，我国提出放开指定海域石油开采对外合作，可直接与外国石油公司建立合作关系，购买国外先进设备，雇用国外的技术人员[①]。这一时期，中国海洋石油总公司（以下简称中海油）代表我国政府与欧美国家签署了大量海上合作开发合同，仅 1982—1992 年 11 年间，中海油同 16 个国家的 59 家石油公司签署了 100 多项石油勘探开发合同。1985 年 2 月，我国又放开了南方 11 个省区陆上石油资源勘探对外合作，推动了陆上石油合作开发[②][③]。

1978 年，我国原油产量突破 1 亿吨，成为世界石油生产大国。但由于资金投入不足，之后几年原油产量基本没有增加。1981 年，国务院提出实行"1 亿吨原油产量包干"机制，即石油工业部承包生产原油 1 亿吨指标，超产部分允许委托外贸部门代理出口或在国内按国际价格销售，国际价格与国内价格的价差收入，85% 作为石油勘探开发基金，15% 作为职工福利和奖励基金。1983 年起，石油部用"1 亿吨原油包干"留成外汇，引进大型计算机、数字地震仪、测井仪等先进勘探装备，并雇佣法国和美国地震队和测井队，加强国内油气勘探开发。通过引进国外先进技术和设备，实现了塔里木、

---

① 王才良、周珊：《世界石油大事记》，石油工业出版社 2008 年版。

② 余建华：《中国国际能源合作若干问题论析》，《同济大学学报》（社会科学版），2011 年第 2 期。

③ 陈耕：《石油工业改革开放 30 年回顾与思考》，《国际石油经济》2008 年第 11 期，第 1—11 页。

大庆、胜利等一批油田的成功勘探开发[1] [2]。

政策调整极大地促进了国内石油产量以及出口量。1980 年我国石油产量为 1.06 亿吨，1985 年增加至 1.25 亿吨，1992 年进一步增加至 1.42 亿吨。1980 年我国石油出口量为 1800 万吨，1985 年升至 3600 万吨，并且 1985—1990 年连续 6 年石油出口量保持在 3000 万吨以上，石油成为我国重要的出口创汇资源，1990 年石油出口额约为 34 亿美元，占当年全国出口总额的 5%。1985 年以后，随着我国经济建设速度加快，石油消费量也逐渐增加，导致在出口量逐年下降的同时，进口量不断增加。1985 年我国石油进口量约为 90 万吨，1989 年超过 1000 万吨，1992 年迅速增到 2100 万吨以上，石油净出口量不断减少。

（万吨）

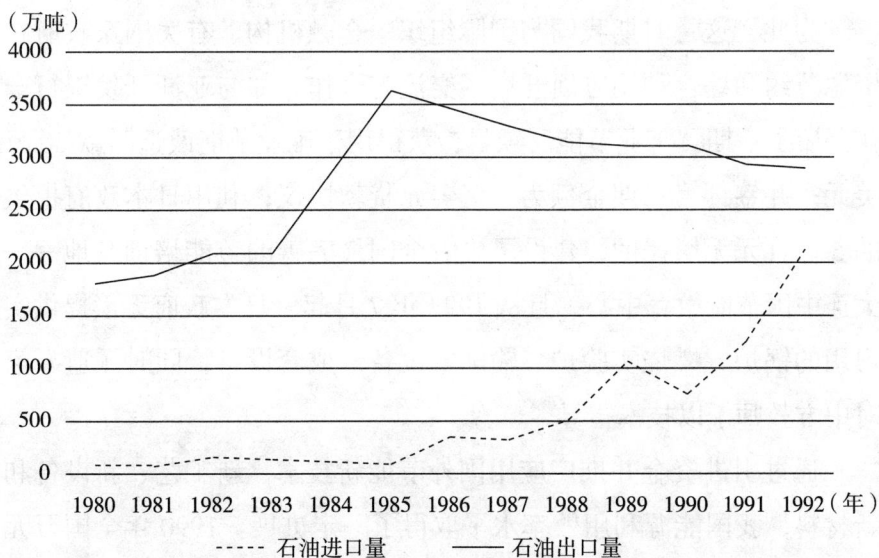

图 8-2　1980—1992 年我国石油进出口情况

数据来源：能源统计年鉴。

---

[1] 中国国际经济交流中心课题组：《加强能源国际合作研究》，中国经济出版社 2018 年版。

[2] 张姣：《对外依赖性"和"战略自主性"：中国国际能源合作探析》，外交学院博士论文，2016 年。

这一时期石油行业通过对外输出资源换取了一定规模外汇，同时又利用这些外汇购买了国外先进技术和设备反过来促进了国内石油勘探开发水平，为我国石油产业大发展奠定了良好基础。

四、逐步加大节能领域的国际交流与能效投资，合作成效初见端倪

1982 年，党的十二大提出了"2000 年总产值在 1980 年基础上翻两番"的发展目标，为了保障能源对经济的支撑作用，中央提出了"能源开发与节约并重，把节约放在优先位置"的方针，努力实现"一番保两番"[1][2]。

为此，这一时期我国与国际组织、金融机构、有关国家政府在资源节约和综合利用方面开启了交流与合作。如与亚洲开发银行合作开展了一期"工业节能"项目，获得用于工业节能改造赠款 60 万美元；并签订第二期金额为 1 亿美元贷款协议；利用日本政府提供的 5 亿日元无偿援助，建设了当时全国最完善的节能培训基地——大连中国节能教育中心，且从 1992 年 7 月起，日本政府无偿提供实习用的锅炉、燃烧实验炉、输配电设备等成套设备，同时派遣专家对中方教师予以技术指导[3]。

通过引进资金并推广应用国外节能新技术、新工艺、新设备和新材料，我国能源利用效率水平取得了一定进展。1990 年全国万元 GDP 能耗为 9.28 吨标准煤（按 1980 年可比价格计算），比 1980 年

---

[1]《胡耀邦在中国共产党第十二次全国代表大会上的报告》，1982 年 9 月。

[2] 徐寿波：《改革开放 30 年中国能源发展战略的变革》，《北京交通大学学报》（社会科学版）2008 年第 3 期。

[3] 国家经贸委：《"九五"资源节约综合利用工作纲要》，1996 年 7 月。

的 13.36 吨标准煤下降 30.5%，年平均节能率为 3.6%。按环比计算，10 年间共节约和少用能源 2.8 亿吨标准煤，平均每年节约 2800 万吨标准煤。

五、引进先进管理理念，国际通行管理体制能源企业孕育而生

1978 年后，国企改革进入起步探索阶段，并以"扩权让利""两权分离"为重点，逐步扩大企业自主权、推进政企分开，使企业成为独立经营、自负盈亏的商品生产者和经营者[①]。与此同时，随着开放的深入，一批长期在国际市场经营的外国企业进入我国，通过合资、入股、共同开发、贸易等多种方式与国内企业开展合作。在此背景下，我国能源企业也开始转变计划经济思维，在所有制结构、经营机制、管理水平、经营理念、企业组织结构以及企业制度等方面向国外企业学习，逐渐提升与国外企业合作、开展国际项目的能力。

中海油就是这一时期我国打造的国际通行管理体制能源企业的代表。1982 年 1 月 31 日，国务院颁布了《中华人民共和国对外合作开采海洋石油资源条例》。8 天后，国务院批准成立中国海洋石油总公司（以下简称中海油），由其全面负责中国海洋石油对外合作业务。可以说，中海油自成立之日起就是一家瞄准对外合作的企业。而且中海油的对外合作不仅仅是技术层面的提升过程，同时也是管理理念、运行机制不断更新、不断提升的过程。通过对外合作，中

---

① 纪念改革开放 40 周年系列选题研究中心：《重点领域改革节点研判：供给侧与需求侧》，《改革》2016 年第 1 期。

海油不断引进欧美能源企业的理念与机制，逐步打造成一个现代化的按照国际标准运作的国际能源企业[①]。

除中海油之外，我国很多能源企业也通过与国外能源企业合作，或是参与重大项目的招投标，提升了其国际化经营能力，同时也培养了一大批熟悉国际项目运营规则、具备现代化企业管理能力的国际化人才，为后续我国开展"走出去"能源合作打下了坚实基础。

1978—1992年，我国能源产业从自给自足的封闭模式逐渐向全面参与国际能源合作过渡，是我国参与国际能源合作的"探索期"。这一时期，我国通过开放市场，引入欧美发达国家资金、技术、设备以及先进管理经验，不断提升能源开发利用水平，有效地支撑了经济发展。同时，通过涉外项目的历练，我国能源企业国际合作能力不断增强，为后续走上了国际化经营道路打下了基础。但是，这一时期的合作仍具有"以资源换市场"特点，在全球能源合作中缺乏主动性。随着我国综合国力的提高，特别是能源领域勘探、开发、利用过程中的技术、设备、经验的提升，我国将改变单纯依靠"引进来"的国际合作模式，更加主动地开展"走出去"合作。此外，这一时期，我国虽然开始参与全球能源治理合作，如1983年我国成为世界能源理事会（WEC）成员，1991年我国加入亚太经济合作组织能源工作组，开始接触并熟悉国际能源规则，并开展了区域性的能源机制合作，但总体看，这一时期我国对国际能源治理的影响力依然较弱。

[①] 惊蛰：《中国海洋石油工业发展回眸》，《世界知识》2009年第20期，第62—65页。

第二节　"走出去"参与国际市场，能源国际合作迈开步子（1992—2002 年）

　　1992 年初邓小平同志南方谈话提出："市场经济不等于资本主义，社会主义也有市场，计划和市场都是经济手段"，对政府（计划）和市场关系有了新的认识[①]。随后党的十四大明确提出："我国经济体制改革的目标是建立社会主义市场经济体制"，"要使市场在社会主义国家宏观调控下对资源配置起基础性作用"[②]。经济体制改革推动我国经济进入新一轮的高速增长期，能源消费量也随之走高，特别是从 1993 年我国成为石油净进口国后，石油对外依存度不断增加。这一时期，我国也加快了对外开放步伐，积极开展以"走出去"为主的对外合作。党的十四大报告中明确指出，要"积极扩大我国企业的对外投资和跨国经营"[③]。党的十五大进一步提出："更好地利用国内国外两个市场、两种资源，积极参与区域经济合作和全球多边贸易体系，鼓励能够发挥我国比较优势的对外投资。"[④]在此背景下，我国能源企业积极拓展海外能源市场，不断深化与相关国家能源合作。

---

① 林兆木：《使市场在资源配置中起决定性作用》，《人民日报》2013 年 12 月 4 日。
② 江泽民在中国共产党第十四次全国代表大会上的报告，1992 年 10 月。
③ 江泽民在中国共产党第十四次全国代表大会上的报告，1992 年 10 月。
④ 江泽民在中国共产党第十五次全国代表大会上的报告，1997 年 9 月。

一、利用国际能源市场，满足国内石油快速增长需求

经济体制改革推动我国经济进入新一轮的高速增长期，1993—2001 年，我国年均 GDP 增速超过 9.9%，即使受亚洲金融危机冲击，1998 年和 1999 年两年我国 GDP 增速仍然保持在 7.5% 以上。这一时期，我国工业化进程也开始由发展轻纺工业为主转向以重化工业为主，"九五"计划提出振兴电子机械、石油化工、汽车制造和建筑业四大支柱产业[①]。由于经济持续增长以及转向重化工业路线，这阶段初期我国能源消费总量高速增长，1993—1996 年我国年均能源消费增速约为 6.3%，受亚洲金融危机影响，我国能源消费总量出现下滑，1999 年之后维持在低增长水平，扣除亚洲金融危机因素，这一阶段我国年均能源消费增速保持在 6% 左右，且油气等优质能源国内供应不足的矛盾日趋凸显。

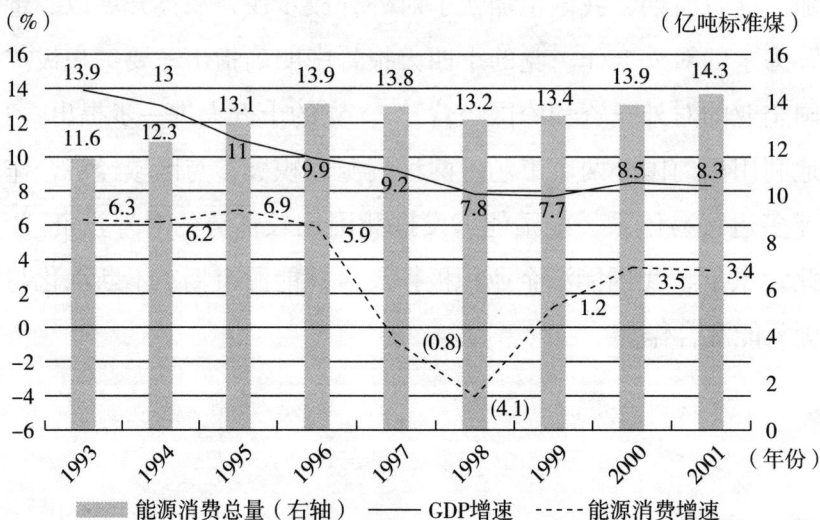

图 8-3　1993—2001 年我国能源消费总量及增速与 GDP 增速关系
数据来源：中国能源统计年鉴。

---

① 郑新立：《新中国 60 年的经济奇迹》，《中国经济周刊》2009 年第 Z2 期，第 3—5 页。

这一时期，我国石油消费逐年攀升，1993—2001 年石油年均消费增速约为 5.8%，石油消费量每年增加约 1200 万吨。特别是 1993 年我国成为石油净进口国，此后石油净进口量持续增加。1993 年我国石油净进口量约为 180 万吨，而当年国内石油生产量为 1.44 亿吨，且这一时期国内石油产量每年增加量仅为 300 万吨左右，为此，石油净进口量每年增加约 900 万吨。2001 年我国石油需求量达到 2.3 亿吨，石油净进口量达到 6400 万吨，对外依存度上升到了 28%，我国与国际能源市场的联系越来越紧密。

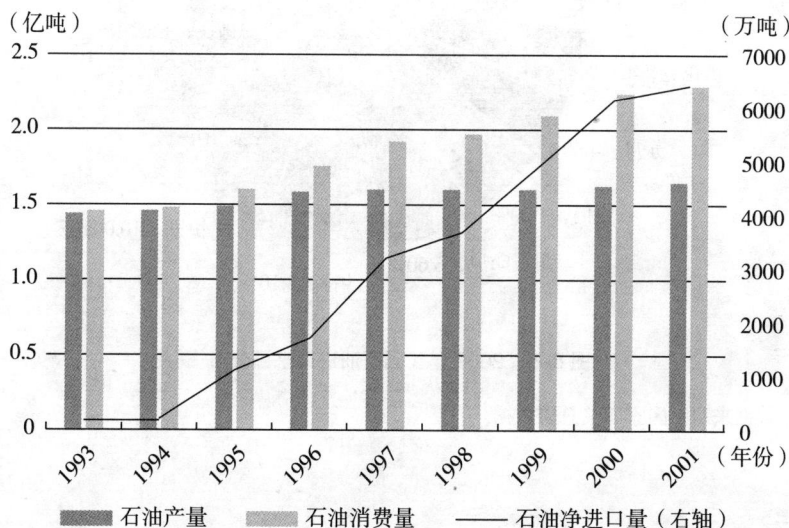

图 8-4　1993—2001 年我国石油产量、消费量和净进口量

数据来源：BP 能源统计年鉴。

为了应对国内石油供应无法满足经济社会发展需求且石油净进口量不断增加的局面，我国开始与国际市场接轨，主动利用国外资源，弥补了国内石油供应不足。通过努力，我国与中东、非洲、东

盟主要油气出口国建立了较为稳定的石油贸易关系，其中每年从中东进口石油量超过我国进口石油总量的一半，从中东和非洲两个地区石油进口量占比接近70%。

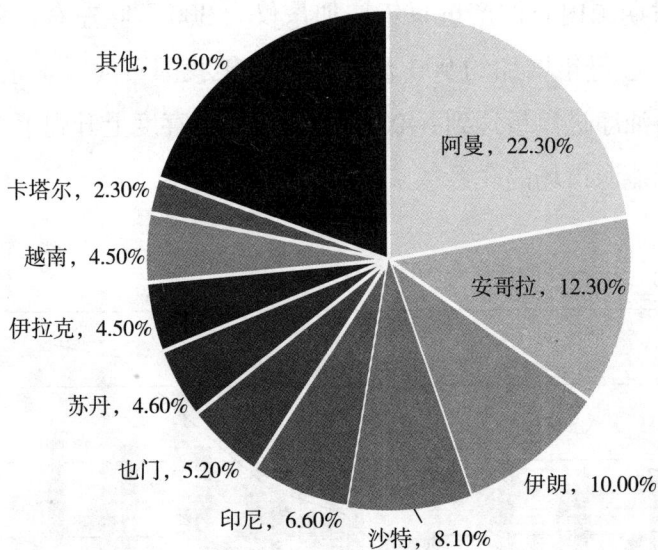

图8-5　2000年我国石油进口来源分布

数据来源：国家海关总署数据。

二、践行"走出去"，提升我国能源企业参与国外能源开发能力

1993年12月，时任国家主席江泽民在中央财经领导小组会议上提出了"稳定东部，发展西部，国内为主，国外补充，油气并举，节约开发并重"的能源发展方针。1996年，江泽民访问非洲六国后明确提出要加紧研究"走出去"的问题，做好利用国际市场和国外

资源这两篇大文章[①]。

　　我国能源企业积极践行"走出去"，主动开拓国际市场，一方面通过国际合作建立可靠稳定的石油生产和供应基地，应对石油对外依存度不断提高带来的供应安全隐患，另一方面积极参与全球能源开发，提升我国能源企业经营能力。在这一时期，我国能源企业，特别是油气和电力企业，"走出去"取得了重要进展。

　　在油气领域，我国企业通过收购、投资、共同开发等模式逐步在海外开展投资，合作项目由小及大，不断拓展。前期合作以老油田提高采油率的项目为主，如 1993 年中国石油天然气集团公司（简称中石油）进军秘鲁石油市场，迈出中国石油走向国际市场、开始国际化经营的第一步。1994 年出资 1600 万美元收购印度尼西亚马六甲油田 32.85% 的股份。通过投资少、风险低的国际能源合作，逐渐积累了海外石油生产运营、生产成本控制机制等经验。此后，我国能源企业逐步涉足大中型油气项目，逐渐参与风险较大的海外油气勘探项目。1996 年 11 月，中石油与马来西亚、加拿大、苏丹的三家石油公司共同组成的联合作业公司中标了苏丹 1/2/4 项目，这是我国石油企业首次与外国石油公司联合投资 10 亿美元以上共同作业项目。这一时期，我国油气企业"走出去"取得显著成果，1999 年我国取得海外份额油约为 300 万吨，2000 年增加到 500 万吨，2001 年进一步增加为 830 万吨。以中石油、中石化、中海油和中化四大集团为核心的我国石油企业，在世界 30 多个国家参与了 65 个油气项目的勘探和开发项目，

---

① 陈扬勇：《江泽民"走出去"战略的形成及其重要意义》，《党的文献》2009 年第 1 期，第 63—69 页。

累计投资达 70 亿美元[①]。

在电力领域，1993 年 4 月，中国水电总公司的前身——中国水利水电工程总公司取得对外承包工程施工和劳务合作的许可，正式开展国际经营业务。我国水电企业通过参与国内电站建设增强了专业技术以及与国外企业合作能力，在"走出去"初期，采取从国外跨国公司承包的水电施工项目中进行专业技术承包或业务分包的"借船出海"模式进入国际市场。在市场不断拓展后，通过运用 EPC、BOT、BOOT 等承包方式开始独立经营。到 2010 年底，中国水电总公司国际经营在建项目达到 27 个，合同总额超过 4000 万美元，初步实现了巩固亚洲市场，发展非洲市场，进军独联体国家和美洲市场的战略目标[②][③]。

通过积极开展"走出去"，我国能源企业打响了在全球能源开发市场的品牌，获取了一定的市场份额，自身国际化经营能力也得到了极大的提升。

三、深化"引进来"，持续增强国内能源供应能力

党的十四大以后，国内体制改革加速。1994 年，我国开始实行以分税制为核心的财税体制改革，逐步建立了较为规范的政府间财政转移支付体系。同时，按照党的十四届三中全会的精神，加快转换国有企业经营机制，建立适应市场经济要求，产权清晰、权责明

---

① 张姣：《"对外依赖性"和"战略自主性"：中国国际能源合作探析》，外交学院博士论文，2016 年。

② 黄家哲、刘晶：《水电总公司"走出去"之路越走越宽》，《中国电力报》2000 年 12 月 28 日。

③ 孙立新：《中国水电施工企业"走出去"战略探讨》，《四川水利》2013 年第 6 期，第 2—5 页。

确、政企分开、管理科学的现代企业制度。一系列改革充分调动了地方和企业积极性，也提升了能源领域"引进来"水平。

煤炭领域，1993 年国家放开了部分行业、部分地区的煤炭价格，市场调节比重达到 70% 左右。1994 年，国家取消了统一的煤炭计划价格，除电煤实行政府指导价外，其他煤炭全部放开，由企业根据市场需要自主定价。1995 年，煤炭业开始企业化改制试点。兖州、邢台、郑州、盘江、平顶山矿务局以及平朔煤矿等煤矿企业被列入 100 个试点单位，我国煤炭企业开始了建立现代企业制度的探索[1]。这一时期，我国煤炭企业加强了与国外企业的设备引进和技术合作，大大促进了国内煤炭产量。但是随着煤炭产量增加、供大于求，煤炭行业一些深层次矛盾开始显现。特别是 1997 年受亚洲金融

（万吨）

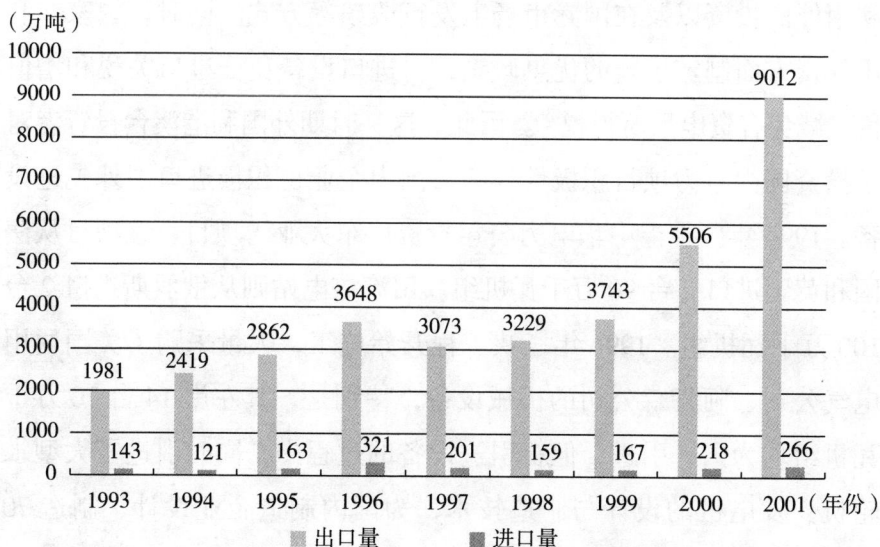

图 8-6 1993—2001 年我国煤炭进出口量

数据来源：中国能源统计年鉴。

———————

[1] 中国煤炭工业协会：《2009 中国煤炭工业发展研究报告》，中国矿业大学出版社 2010 年版。

危机影响，1997 年和 1998 年两年煤炭出口量大幅下降，煤炭市场严重供大于求，全行业陷入困境，国务院不得不采取关井压产的强力措施。1999 年，国家出台一系列鼓励煤炭出口的煤炭贸易政策后，煤炭出口量快速增加，2001 年煤炭出口量超过了 9000 万吨，占当年我国能源出口总量的 80% 以上，2001 年下半年国内煤炭行业也随之逐渐好转[①]。

电力领域，1996 年颁布实施《电力法》，赋予电力企业作为商业实体的法律地位。1997 年国家电力公司成立，负责电力行业商业运行的管理，逐步实现由部门管理向行业管理转变。这一时期，电力行业利用外资在规模、领域和方式上都有许多新的发展，除继续利用世界银行、亚洲开发银行和外国政府贷款外，还积极拓展直接利用外商投资以及在国际市场上发行股票等方式。同时，国家在利用外资方面制定了新的优惠政策，对进口设备免征进口关税和增值税，减免合资电厂所得税[②]。因此，这一时期外国和港澳台投资者对于投资国内电力项目积极性较高，国内企业也积极进口国外先进设备。1994 年，香港中华电力公司投资广东大亚湾项目，该项目从法国和英国进口 2 台 90 万千瓦机组。田湾核电站则从俄罗斯进口 2 台 100 万千瓦机组。1994 年三峡工程开始施工，大量采购了美国通用电气公司、阿肯森公司的机械设备，特别是，其左岸 14 台 70 万千瓦机组均为国外引进，但在引进设备的过程中，同时引进了大型水轮机、发电机的设计与制造技术，为国内制造企业设计、制造 70

---

① 高鹏：《改革开放 30 年煤炭工业越走路越宽》，《中国煤炭工业》2008 年第 12 期，第 66—68 页。

② 林伯强：《中国电力工业发展：改革进程与配套改革》，《管理世界》2005 年第 8 期，第 65—79 页。

万千瓦及以上的机组奠定了良好基础。

油气领域，1993年1月，国务院批准陆上石油对外开放扩大到我国北方10个省、自治区、直辖市的部分区域，陆上石油对外开放进入新阶段，合作项目从单一的风险勘探，扩展到老油田提高采收率和新油气田合作开发。同年2月，中国石油天然气勘探开发公司与美国陆安中国公司签订了中国北方陆上第一个勘探开发对外合作合同《中华人民共和国渤海湾盆地赵东区块勘探开发生产合同》，打开了中国石油南方北方全面对外合作的新局面[①]。1998年，中国石油天然气集团公司成立后，进一步扩大油气勘探开发对外合作领域，分期分批开放有吸引力的区块，加快以油气勘探开发、老油田提高采收率为主的油田开发技术合作。

四、节能和可再生能源成为重要合作领域，助力可持续发展

我国经济持续高速增长，也带来了严重的环境污染。"九五"时期，加强污染治理、保护环境、转变经济增长方式成为政府关注的焦点，并将"开发与节约并重，把节约放在首位"作为这一时期的能源发展方针[②]。

这一时期，我国积极与欧美发达国家开展节能及能效相关工作。1993年国家发改委能源研究所、美国贝特尔太平洋西北国家实验室、劳伦斯伯克利实验室、世界自然基金会共同发起成立北京能源效率中心，旨在综合研究中国节能和能源效率问题。1998年，中

---

① 韩学功：《"引进来""走出去"开创国际石油合作新局面》,《中国石油和化工经济分析》2008年第11期，第40—46页。

② 刘显法：《我国节能政策的回顾与展望》,《第七届全国电技术节能学术会议论文集》, 2003年。

美合作在北京建设了一座用于节能技术示范场地的商用楼，这也实现了在《联合国气候变化框架公约》规定的义务下中美之间第一次实质性的合作。此外，我国与美国在中国能效标准制定过程中也开展了广泛的合作。中日在节能环保领域合作也逐渐增多，涉及钢铁、建材、石油石化、电力、造纸等诸多行业，如 1999 年在日本政府的委托下新日铁公司帮助首钢实施了"干熄焦设备示范项目"。1997 年，中欧建立能源工作组会议机制，通过联合举办培训班、考察、研讨会、软课题研究和技术示范等活动，学习了解欧洲在节能、能源管理、提高能源利用效率的思想、法规、政策和技术，同时借鉴欧洲的经验和教训，为我国的能源发展服务。

1994 年，我国正式加入全球环境基金（GEF），到 2001 年底，共获得 GEF 赠款约 3 亿美元，涉及 50 多个项目。其中由世界银行和 GEF 联合资助的通过示范和推广"合同能源管理"节能机制，扩大我国节能投资规模的项目，不仅得到了很好的实施，而且帮助我国形成了一个规模庞大的节能服务产业。同时，GEF 支持的加速可再生能源商业化能力建设项目，支持组建了中国可再生能源产业协会，实施沼气、风／光互补发电以及蔗渣热电联产等技术，制定可再生能源技术国家标准和太阳能热水器认证体系。这些项目对我国后续可再生能源发展提供了很好的支持[1]。

五、探索参与全球能源治理，与国际组织接触互动增加

随着在全球能源市场份额的增加，我国开始注重参与多边能源

---

[1] 柯边:《开展国际合作，发展环保事业——我国与全球环境基金开展有效合作》，《经济日报》2002 年 10 月 14 日。

合作，探索加强与国际能源组织和机构的对话。主要是由于成为石油净进口国后，对供应稳定、价格平稳的能源市场需求增加，因而需要以融入国际组织的方式参与维护全球能源市场，以确保我国正当的能源利益。

1994 年，我国参与亚太经合组织能源对话，并积极承办亚太经合组织能源工作组大会以及其下属专家小组会议。1996 年，我国与国际能源署（IEA）签订《关于在能源领域里进行合作的政策性谅解备忘录》，加强双方在能源节约与效率、能源开发与利用、能源行业的外围投资和贸易、能源供应保障、环境保护等方面的合作，同年12 月双方共同举办了能源研讨会，随后启动了各种层面、各个领域的讨论。1997 年，我国被邀请参加 IEA 部长理事会会议，第一次以观察员身份参与 IEA 活动。与欧盟方面，1994 年第一次中欧能源合作大会在布鲁塞尔召开、1996 年在北京成立中欧能源工作组机制，每 2—3 年在欧盟和中国轮流举办中欧能源合作大会，逐渐发展为一种成熟稳定的机制，推动着中欧双方在能源领域的深入合作，同年中国举办了第十五届世界石油大会。2000 年，我国参加国际能源论坛（IEF）。2001 年，我国成为能源宪章（EC）代表大会观察员。在双边机制上，我国与美国、日本、印度、英国等能源消费大国建立了能源双边对话机制[1][2][3]。

此外，这一时期，我国也开始参与全球应对气候变化的一致行动。

---

[1] 张姣：《"对外依赖性"和"战略自主性"：中国国际能源合作探析》，外交学院博士论文，2016 年。

[2] 吕福俊：《中国参与国际能源安全合作机制及其能源战略》，内蒙古大学硕士论文，2010 年。

[3] 张敏：《改革开放 40 年来我国对国际能源治理的理念认知与行动参与》，《中国能源》2018 年第 40 期，第 16—20 页。

1992 年，我国签署《联合国气候变化框架公约》，成为该公约最早的 10 个缔约方之一。1998 年 5 月，我国签署《京都议定书》，成为其第 37 个签约国，主动承担与我国发展水平相适应的国际责任与义务。

1993 年至 2001 年，我国开启"走出去"征程，积极参与全球能源合作，在合作内容上和领域上都有所拓展，是我国主动参与国际能源合作"起步期"。这一时期，我国开始发挥市场和技术的优势，在立足国内能源资源的基础上，积极引导能源企业参与国外能源资源开发并优化配置国外资源，提高我国企业国际化经营水平，同时逐步构建稳定的石油进口渠道，降低能源安全风险。但由于我国作为国际能源市场的后进者，与欧美发达国家进入国际能源市场时间较早、拥有先进的技术设备以及雄厚的资金支持等优势相比，我国能源企业往往只能在资源禀赋较差或地缘政治风险较大的国家开展合作，参与项目规模仍然较小，且石油进口来源高度集中在中东、非洲地区，不利于分散风险。此外，受当时国际市场上通行的国际规范和标准绝大多数由欧美发达国家制定影响，我国能源企业在国际合作中，容易被扣上"招投标不符合流程""施工存在安全隐患""破坏生态环境"的帽子，能源国际合作的深度和广度也受到一定限制。

第三节 "走出去"和"引进来"更好结合，能源国际合作全面铺开（2002—2012 年）

2001 年，我国加入世界贸易组织，这也成为我国改革开放里程碑式的节点，自此，我国从新的战略高度推进"走出去"和"引进来"

更好结合。党的十六大提出，坚持"引进来"和"走出去"相结合。"十二五"规划进一步提出，加快实施"走出去"战略，统筹"引进来"与"走出去"。在新的战略引领下，我国乘着加入世贸组织的东风，充分利用自身的比较优势，积极承接国际产业转移，全面参与国际分工，加工贸易和一般贸易并驾齐驱迅猛发展，逐渐成为"世界工厂"和"制造大国"。从国内看，这一时期我国工业化和城镇化快速推进，房地产基建投资提速，重化工业等高耗能行业快速发展，再加上"十五"计划鼓励汽车消费等因素，我国经济进入新一轮高速增长期，经济增速重回两位数。与经济快速增长相对应，我国能源需求也快速增长，尤其石油需求日益增长，进口量持续增加，石油对外依存度不断攀升。再加上国际油价波动走高，我国面临能源安全的压力日益增大，既需要确保多元化进口来源，同时需要相对稳定的世界能源市场。另外，受亚洲金融危机影响，我国能源供求出现了短暂缓和期，随着经济快速增长，国内能源资源状况决定了煤炭再次成为短期内满足需求的主力军，这又加剧了日趋恶化的环境问题，这一阶段，加大节能和可再生能源的合作力度也成为当时的必然选择。

一、能源合作理念升级，积极探索参与多边能源治理

随着能源需求快速增长，国际油价不断走高，保障能源多元化供应，维护全球能源市场稳定和全球能源安全，迫切需要加强能源出口国和消费国之间、能源消费大国之间的对话与合作。这一时期，我国能源国际合作理念从过去以自我为主的满足供应安全向更加注重多元的协同保障能源安全转变，从单纯的能源合作向积极探索参与全球能源治理迈进。尤其是 2006 年在圣彼得堡举行的八国集团同

中国、印度、巴西、南非、墨西哥、刚果（布）六个发展中国家领导人对话会议上，时任国家主席胡锦涛提出了"互利合作、多元发展、协同保障"的新能源安全观，并明确提出，加强能源开发利用的互利合作，形成先进能源技术的研发推广体系，维护能源安全稳定的良好政治环境。这为我国能源国际合作明确了指导思想。

能源合作理念升级的另一个体现是，我国更加注重探索参与多边能源治理，重视多边能源合作机制。譬如，我国推动成立上海合作组织框架下设立"能源合作国家间专门工作组"，举办了上海合作组织投资与发展能源专题论坛、中俄哈石油论坛。在中阿合作论坛框架下，启动了两年一届的中阿能源合作大会，推进与阿拉伯国家联盟、阿拉伯石油输出国组织、阿盟各成员国及能源企业间的合作。利用东盟 10+3（中日韩）能源部长会议，加强与东盟各国能源对话与合作。积极参与大湄公河次区域（GMS）能源合作，推进电网互联、电力贸易等方面的区域能源合作。探索在 G20 框架下的能源治理合作，2012 年，温家宝在阿布扎比举行的第五届世界未来能源峰会上，建议可考虑在 G20 的框架下，本着互利共赢的原则，建立一个包括能源供应国、消费国、中转国在内的全球能源市场治理机制。着眼全球能源安全问题，与八国集团开展对话合作。为推进主要能源消费国之间的合作，在我国的倡议下，2006 年召开了中国、印度、日本、韩国、美国五国能源部长会议，并发表联合声明，将在能源结构多元化、节能提效、战略石油储备、信息共享等领域加强合作。另外，我国与国际能源宪章组织、国际能源论坛（IEF）、石油输出国组织（OPEC）等能源国际组织也积极接触和开展对话互动。

此外，面对全球性应对气候变化，我国不断参与并发挥重要作用。继 2002 年核准《京都议定书》，我国于 2005 年参与发起成立"亚太清洁发展与气候新伙伴计划（APP）"，在 2009 年哥本哈根会议上，与各方沟通协调，弥合分歧，扩大共识，以"基础四国"机制，加强与发展中大国的磋商和协调。

二、加强重点区域布局，满足国内能源强劲需求

加入世贸组织后，我国经济进入快车道，经济增速重回两位数时代，驱动能源需求快速增长，同时，这一时期国际油价不断走高，我国面临石油对外依存度不断攀升和国际油价持续走高的双重叠加局面。

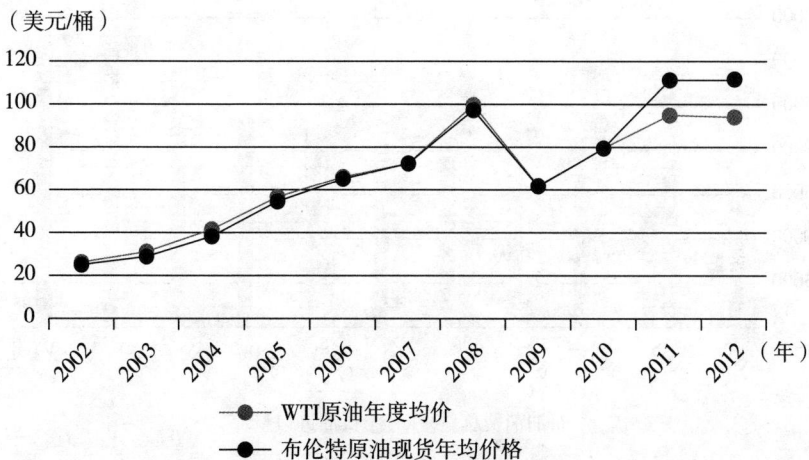

图 8-7　2002—2012 年国际原油价格

数据来源：EIA。

为满足国内强劲增长的能源需求，保障能源安全，我国能源领域积极实施"走出去"战略。其中，"十五"计划提出"支持到境外合作开发国内短缺资源，积极利用国外资源，建立海外石油、天然

气供应基地，实行石油进口多元化"。"十一五"规划提出"坚持平等合作、互利共赢，扩大境外油气资源合作开发"。"十二五"规划提出"坚持'引进来'和'走出去'相结合，利用外资和对外投资并重，提高安全高效地利用两个市场、两种资源的能力"。党的十七大提出"积极开展国际能源资源互利合作"。由此可见，国家对能源领域"走出去"的高度重视。

（万吨）

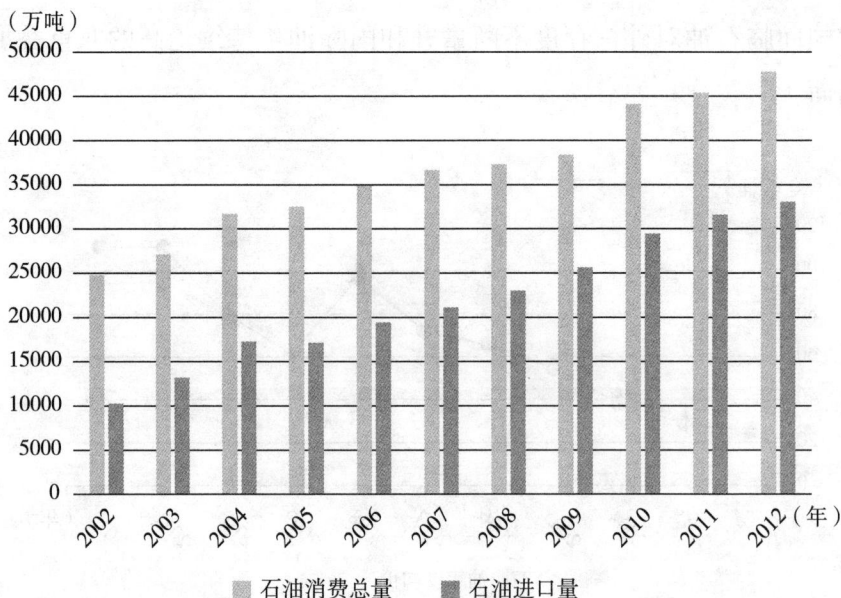

图 8-8　2002—2012 年我国石油消费及进口情况

数据来源：国家统计局。

出于石油战略安全的考虑，我国石油企业坚定实施"走出去"战略，积极获取海外油气资源，介入石油生产的上游，参与油田的勘探和开发工作。2004 年，中国石油业已经在海外建成了三个战略选取区，它们分别是以苏丹为主的北非战略区，以哈萨克斯坦为主的中亚战略区和以委内瑞拉为主的南美战略区[①]。选择上述区域作为重点，主要是基于当时特定的环境，全球金融危机前，世界经济快速发展，全球范围对能源尤其是油气的需求增长迅速，西方各大国对全球石油资源争夺已进入白热化状态，中东等主要产油区面临激烈的竞争。我国对中东石油进口高度依赖，2002年我国自中东进口原油已占我国总进口的49.6%。出于多元化和竞争激烈程度考虑，我国将非洲、中亚、南美等地作为重点拓展区。

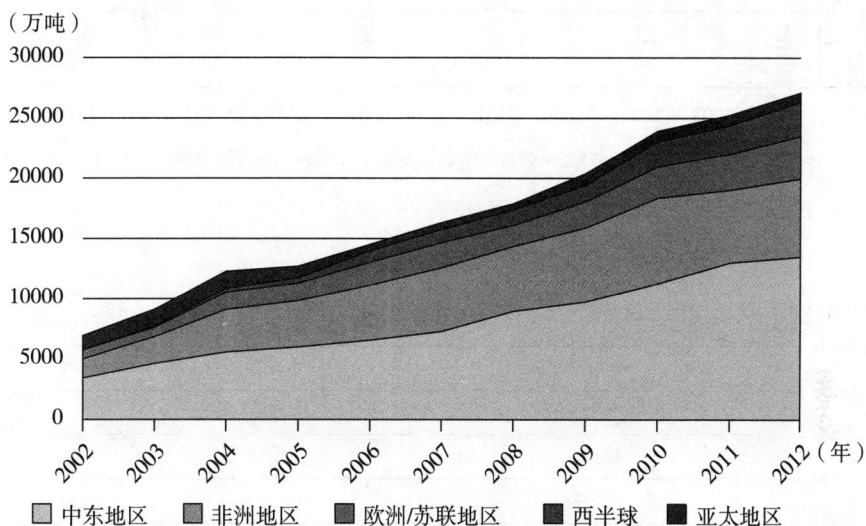

图8-9 2002—2012年我国原油进口来源分布

数据来源：国家海关总署数据。

另外，考虑到我国对中东石油的高度依赖，中国石油企业逐渐进入中东。譬如，2002年，沙特决定对外资开放天然气工业上游领

---

① 尤康：《中国石化进军伊朗，中国石油全球战略布局更合理》，《财经时报》2004年11月15日。

（%）

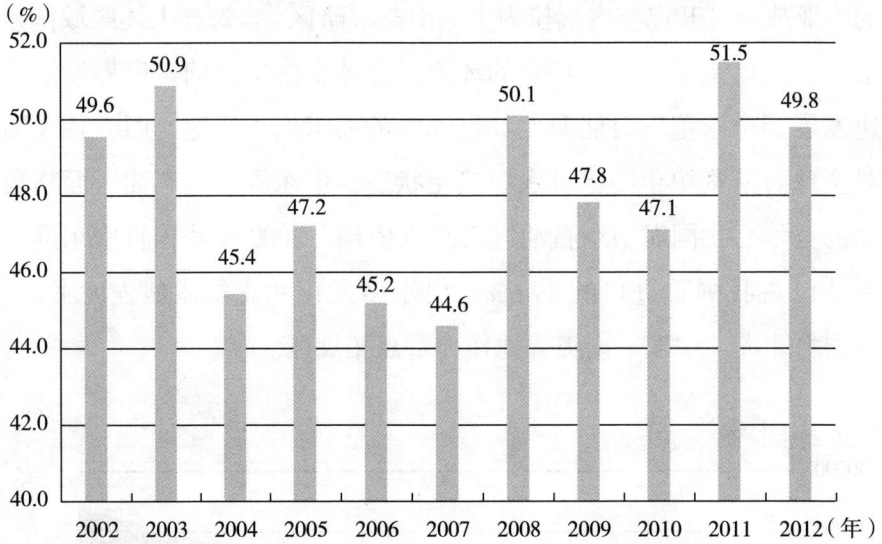

图 8-10　2002—2012 年我国原油进口对中东的依存度

数据来源：基于海关总署数据计算。

（万吨）

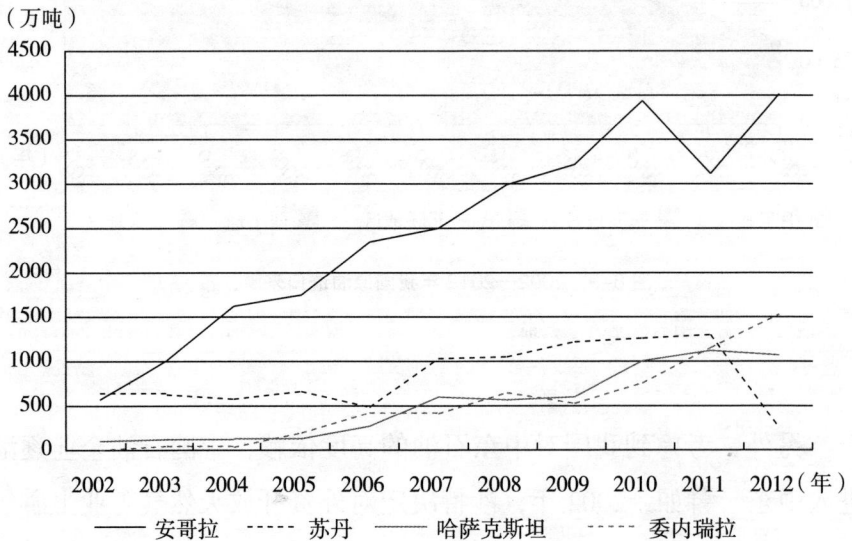

——— 安哥拉　-------- 苏丹　——— 哈萨克斯坦　-------- 委内瑞拉

图 8-11　2002—2012 年我国从安、苏、哈、委四国原油进口情况

数据来源：海关总署。

域，2004 年，中石化旋即进入沙特，中标了沙特 25 年来第一次对外开放的三份天然气合同中的一份，之后又与沙特阿美石油公司及沙特石油部签署了鲁卜哈利盆地 B 区块上游协议。2008 年，中石油参与伊拉克战后第一个对外石油合作项目——艾哈代布油田项目，此后通过伊拉克第一轮、第二轮国际招标以及股权收购，中国石油先后参与了鲁迈拉项目、哈法亚项目、西古尔纳项目。2009 年 12 月 11 日，在伊拉克第二轮油田国际招标中，由中石油牵头，与法国道达尔和马来西亚国家石油公司组成投标联合体，成功中标伊拉克大型油田——哈法亚油田开发生产服务项目。截至 2012 年 12 月 31 日，中石油在中东地区的三大项目均超额实现产量目标，其中，伊拉克公司的原油作业产量突破 3500 万吨。

随着我国石油公司不断"走出去"，我国石油企业海外权益产量也不断提升，2003 年中国各石油公司在国外的石油权益产量已经超过 3000 万吨，天然气的权益产量超过 50 亿立方米[1]。2007 年中国石油石化企业的海外权益原油产量达到 4052 万吨，权益天然气产量 60 亿立方米。2012 年，中国石油公司海外石油权益产量达到了 9200 万吨。

三、谋划打造能源进口战略通道，提高供应保障能力

保障我国能源安全，推进油气进口多元化，不仅包含供应渠道的多元化，还包括运输路线的多元化。这一时期，我国着手布局打造能源进口战略通道，从西北方向、西南方向、东北方向、海上四

---

[1] 童晓光：《实施"走出去"战略，充分利用国外油气资源》，《国土资源》2004 年第 2 期。

个维度全面推进，保障我国能源供应安全。

一是推进中俄原油管道，打造东北方向战略通道。中俄原油管道项目，历经数年艰苦谈判和高层推动，2008年，中俄两国签署了《关于在石油领域合作的谅解备忘录》，中石油与俄罗斯管道运输公司签署了《关于建设和运营斯科沃罗季诺至中国边境原油管道的原则协议》。2009年4月，中俄两国政府签署《中俄石油领域合作政府间协议》，同意建设中俄原油管道。按照双方协定，俄罗斯将通过中俄原油管道每年向中国供应1500万吨原油，合同期20年。中俄原油管道工程2010年9月27日竣工。胡锦涛主席和俄罗斯总统梅德韦杰夫共同出席竣工仪式。中俄原油管道工程竣工，标志着中俄能源合作进入新阶段。

二是推进中哈原油管道和中国—中亚天然气管道，打造西北战略进口通道。始自2004年9月动工的中哈原油管道，年输油能力为2000万吨，是中国的第一条战略级跨国原油陆路进口管道，一期工程和二期工程分别于2006年和2009年实现全线通油，成为中国最重要的跨国输油管道之一。为满足我国东部地区用气需求，我国积极与中亚国家合作推进中国—中亚天然气管道项目，A、B线分别于2009年和2010年建成投产，我国每年可从土库曼斯坦引进300亿立方米天然气。另外，设计能力250亿立方米的C线则于2012年9月开工建设。

三是推进中缅油气管道建设，打造西南方向进口通道。中缅油气管道是继中哈原油管道、中亚天然气管道、中俄原油管道之后的又一能源进口线路。该管道对于完善中国油气管网布局均衡，分散海上输入渠道风险，确保能源战略安全，以及提升西南地区经济建设水平具有重大意义。中缅油气管道计划2004年首次提出，2009

年中缅两国政府签署《关于建设中缅原油管道和天然气管道的政府间协议》等一系列能源合作备忘录和协议。2010 年，正式开工建设。按设计能力，建成后每年能向国内输送 120 亿立方米天然气，每年输送原油 2200 万吨。

四是确保海上战略通道安全。海上通道包括经马六甲海峡、中国南海运往中国的原油和液化天然气（LNG）海运通道。为确保海上运输通道安全，我国一方面派出海军护航，另一方面与国际社会加强合作，切实保障我国石油海上战略通道安全。

四、加大"引进来"力度，切实提高节能增效和绿色发展能力

面对快速增长的能源需求，为保障能源安全，除了"走出去"加强能源国际合作，从供应端满足国内能源需求外，这一时期，我国注重引进国外先进的经验和技术，开展节能环保、可再生能源等领域的国际合作，提高我国节能增效和可再生能源发展能力。

总体上，这一时期，我国在节能和环保领域的国际合作主要从三个层面推进。一是中日层面，自 2006 年起，由中国国家发展改革委、商务部、日本经济产业省、中日经济协会等主办的中日节能环保综合论坛每年一次分别在日本和中国举行。利用这一平台，中日围绕节油节电、火电能效提高、节能政策、建筑节能、节能环保技术、中小企业节能、节能标准制度建设、半导体照明标准化、新能源、循环经济和资源综合利用等领域开展合作。在举行的前七届论坛上，中日累计达成 218 个合作项目[1]。二是中美层面，2008 年 6 月，

---

[1] 第七届中日节能环保综合论坛新闻稿，新华社，2012 年 8 月 6 日。

中美签署了《中美能源和环境十年合作框架文件》，正式启动了这一由中美战略经济对话（SED）产生的重要双边合作机制，"清洁、高效和有保障的电力生产和运输""清洁和高效的交通""能源效率"成为十年框架下的重点合作领域。在十年合作框架下，中美双方推出了"绿色合作伙伴计划"，作为中美两国有关地方政府和机构之间开展具体结对合作的一个平台，该计划旨在鼓励中美两国各级地方政府之间，企业之间，学术、研究、管理、培训机构之间，以及其他机构之间自愿结成绿色合作伙伴关系，依托有特色、创新型的具体项目开展技术合作、经验交流及能力建设等形式的合作活动，包括对能源环境领域的创新政策和做法的试点示范，以及创新技术的开发、试验及推广。另外，2011年，中美两国政府推动成立了中美清洁能源联合研究中心，联合研究中心首批优先领域包括节能建筑、清洁煤、清洁能源汽车等，并成立了清洁煤、清洁能源汽车、建筑能效技术三个领域的产学研联盟。三是中欧层面，2003年，在欧盟"第六研究与技术开发框架计划"启动后，中国政府随即发表了《中国对欧盟政策文件》，强调要扩大中欧在能源结构、清洁能源、可再生能源、提高能效和节能等领域的合作，促进能源发展政策交流，推动能源技术的推广和转移。2005年9月，中欧峰会期间，中国和欧盟领导人共同发表了《中欧气候变化联合宣言》，双方同意开展碳捕集与封存CCS技术研发合作。2005年12月，中国科技部同欧洲委员会签署了关于利用碳捕集与封存技术实现煤炭利用近零排放合作的谅解备忘录。随后开展中欧煤炭利用近零排放（NZEC）合作项目，第一阶段实施了中英煤炭利用近零排放合作（China–UK NZEC）项目、中欧碳捕集与封存合作（COACH）项目以及中欧碳捕集与封存支撑（STRACO2）项目。2010年，中欧清洁能源中心在北京启动，这是中国和欧盟在清洁能源方面加强研究和发展的一个标志性合作项目。此外，中国—欧盟能源合作大会、中国—欧盟能源对话等平台机制有力地促进了中欧双方在能效、清洁能源开发利用、能源科技等领域的务实合作。

与此同时，这一时期我国煤炭消费占比过高，环境污染和碳排放压力日益增大，为了促进可再生能源的开发利用，增加国内优质能源供应，改善能源结构，保障能源安全和保护环境，我国积极借鉴引进国外在可再生能源领域的法律法规、政策措施和管理经验，进而促进我国可再生能源发展。通过借鉴引进发达国家可再生能源配额制（RPS）、碳排放市场交易机制、可再生能源立法等方面的举措，结合我国国情实际，2005年，我国立法通过了《中华人民共和国可再生能源法》，于2011年起，先后在北京市、天津市、上海市、重庆市、广东省、湖北省、深圳市启动7个碳交易试点。另外，这一时期我国也积极引进国外可再生能源领域的技术，开展联合研发与项目投资合作，助力我国可再生能源产业发展，提高了我国绿色发展水平。

五、重点行业"走出去"步伐加快，提升国际化水平

这一时期，由于我国积极引进国外先进技术、装备，极大地促进了我国能源行业快速发展，满足国内能源需求。与此同时，以电力行业为代表的能源企业结合自主创新和改革累积下来的资金、管理等各方面的综合实力，在全球化快速发展的时代，积极"走出去"，国际化水平得到显著提升。

电网方面，国家电网公司凭借自身技术和运营经验优势，开启了我国电网企业国际化道路的大门，与多个国家和地区开展了合作。

譬如，2007 年，国家电网公司组成联合体收购获得了菲律宾国家输电公司长达 25 年的特许经营权，这是我国电网企业首次获得境外国家级电网的运营权。2011 年，国家电网公司又成功购得巴西 7 家输电公司及其输电资产 30 年经营特许权。国家电网公司还与美国电力公司签署协议共同推进特高压、智能电网和新能源建设。与西班牙、葡萄牙、罗马尼亚等欧洲电网企业商谈投资项目，同时积极推进中欧在新能源、电网技术设备、特高压交直流输电等领域的合作[①]。

电源方面，随着综合实力不断增强，已经从最初的引进国外技术、装备、资金、管理，发展到向国外输出资本、人员、技术、服务等。同时，随着电力体制改革的推进，国内发电企业竞争激烈，进一步推动发电企业"走出去"。总体来看，这一时期，发电企业"走出去"具有形式多样、资源导向、项目多元、专业开发等特征。譬如，2003 年底，华能成功收购了澳大利亚昆士兰州两大发电厂 50% 的股权，迈出了华能国际化战略实质性的第一步；2008 年 3 月，华能又成功收购新加坡大士能源公司 100% 股权，拥有了新加坡电力市场超过 25% 的市场份额。2007 年，中电投拿下了缅甸三大水系恩梅开江、迈立开江及伊洛瓦底江交界处 7 座梯级电站的开发权。2011 年胡锦涛主席访美期间，国电与美国 UPC 管理集团签署了《风电领域战略合作框架协议》。双方共同开发、建设及运营 7 个合作风电项目，投资总额超过人民币 100 亿元[②]。

电建方面，我国电建企业也积极践行"走出去"战略，从工程承包、劳务输出到不断扩大对外投资，其中，中国水利水电建设集

---

① 网联天下海阔天空，中国电力企业联合会网站，电力企业"走出去"进军海外市场。
② 开门办电各显神通，中国电力企业联合会网站。

团、中国葛洲坝集团、山东电力建设总公司作为践行"走出去"战略的先锋，经历了国际市场订单从无到有、国际市场竞争力从弱到强的历程。

装备方面，以风电为例，由于中国风电整机制造企业急剧扩张，造成一定程度的产能过剩，因而争取出口成为必然选择。这一时期，我国风电企业主要以装备出口为主，产品出口市场包括德国、英国、丹麦、意大利、荷兰、西班牙、美国、澳大利亚、埃塞俄比亚、土耳其、巴基斯坦、保加利亚、智利等国家和地区。当然，为增强国际竞争力，以金风科技为代表的风电企业，一方面，通过收购增强技术实力。2008 年，金风科技收购了全球最早研发直驱永磁风力发电技术之一的德国 VENSYS 能源公司 70％的股权。另一方面，积极到海外建设生产基地。金风科技在德国建立了自己的工厂和研发中心，在美国设立了分支机构。

这一时期，我国能源领域"走出去"和"引进来"方面取得了巨大的成就，一方面，我国坚定实施能源"走出去"战略，通过加强区域能源合作，满足国内能源需求，保障我国能源安全，尤其是与非洲的区域能源合作成为这一时期我国能源国际合作的亮点。我国成功打造了能源合作的"安哥拉"模式。同时，我国通过积极引进来，从节能增效、发展可再生能源等方面发力，也对我国快速增长能源需求起到了巨大的支撑。这一时期，我国电力行业快速发展，凭借自身的优势也践行"走出去"战略，开展国际化经营，提升国际化水平。但是由于我国能源企业在"走出去"的过程中经验欠缺，个别企业社会责任和环境保护意识淡薄，或不太注重改善当地民生，在西方舆论肆意放大和歪曲渲染下，对我国能源国际合作带来了一定程度的负面干扰。

第四节　统筹国内国际两个大局、提出中国方案，能源国际合作走进新时代（2013年至今）

经过30多年的改革开放，我国经济持续快速发展，取得了举世瞩目的成就。但是也带来了资源过度消耗，环境污染严重，生态系统退化等问题，传统的粗放式增长方式已难以为继。习近平总书记深刻把握经济发展规律和我国所处的发展阶段，做出了我国经济进入新常态的科学论断。党的十八大将生态文明建设纳入"五位一体"总布局，党的十九大进一步明确"我国经济已由高速增长阶段转向高质量发展阶段"。显然，生态文明建设和经济高质量发展对我国能源发展和国际合作提出了新的要求。另外，随着我国开放型经济水平不断提高，综合国力不断增强，我国日益走近世界舞台中央，在迈向中华民族伟大复兴中国梦的征程中，我国已具有从韬光养晦向更加积极有为迈进的条件。"一带一路"倡议提出，打造人类命运共同体的时代呼唤，则体现了我国负责任大国的担当。服务于统筹国内国际两个大局，这一时期，我国能源国际合作以更宏大的视野不断推进。

一、树立新时代能源合作大局观，打造命运共同体

顺应和平、发展、合作、共赢的时代潮流，深刻把握历史机遇，党的十八大以来，以习近平同志为核心的党中央，审时度势，高瞻远瞩，提出了一系列宏伟倡议和重要战略思想，形成了与新时代相适应的能源合作大局观。

一是能源国际合作以构建人类命运共同体为最高目标。顺应时代潮流，主动担当作为，2013 年，习近平主席以大国视野和广阔胸襟提出"一带一路"宏伟倡议，旨在构建开放包容、合作共赢的平台，打造利益共同体、命运共同体和责任共同体。随后，在 2015 年联合国成立 70 周年系列峰会上，习近平主席全面阐述了打造人类命运共同体的主要内涵并提出，打造人类命运共同体，构筑尊崇自然、绿色发展的生态体系。党的十九大进一步明确"坚持推动构建人类命运共同体"。习近平主席在全国生态环境保护大会上强调，"要实施积极应对气候变化国家战略，推动和引导建立公平合理、合作共赢的全球气候治理体系，彰显我国负责任大国形象，推动构建人类命运共同体"。共同应对气候变化，携手保护生态环境，合作推进能源转型等举措，既是构建人类命运共同体的需要，更是打造人类命运共同体的主要抓手。显然，无论是"一带一路"倡议，还是构建人类命运共同体，对能源国际合作提出了新的时代要求，擘画了更宏大的全球视野。

二是提出"中国义利观"，打造能源共同体。2013 年，习近平主席首次出访非洲提出了正确的义利观，此后习近平主席在不同场合就正确义利观作出精辟论述。2015 年，习近平主席在出席气候变化巴黎大会开幕式的讲话中明确提出"讲信义、重情义、扬正义、树道义"的"中国义利观"。并指出，巴黎协议不是终点，而是新的起点。2016 年，习近平主席访问中东沙特、埃及和伊朗三国，首次提出打造稳定的能源共同体，习近平主席在阿拉伯国家联盟总部发表重要讲话时提出，"要推进'油气+'合作新模式，挖掘合作新潜力，构建互惠互利、安全可靠、长期友好的中阿能源战略合作关系"。实际上，习近平主席在出席中国—阿拉伯国家合作论坛

第六届部长级会议开幕式上就提出，打造中阿利益共同体和命运共同体，建议中阿共建"一带一路"，既要登高望远、也要脚踏实地。登高望远，就是要做好顶层设计，规划好方向和目标，构建"1+2+3"合作格局，即以能源合作为主轴，以基础设施建设、贸易和投资便利化为两翼，以核能、航天卫星、新能源三大高新领域为新的突破口。毫无疑问，习近平主席倡导的中国义利观和打造能源共同体思想，为我国能源国际合作指明了新的发展方向。

三是倡导共同能源安全，综合统筹国家安全。其一，倡导共建亚太能源安全新体系。基于亚太经济体共同面临全球能源格局调整、能源市场波动、气候环境变化带来的新挑战，为了提升亚太能源务实合作水平，2014年，北京APEC会议上，中国提出共建亚太能源安全新体系的主张，倡导开放、包容、合作和可持续的亚太能源安全观，共同致力于共建亚太地区能源安全新体系。为夯实亚太能源安全观，我国提议，建立多边合作安全和地区安全机制，维护能源供应多元化和能源通道安全，推动合理的价格形成机制；建立公平开放的可再生能源市场，安全高效发展核电，推动清洁能源技术创新合作等，为亚太可持续能源发展营造良好环境。其二，提出了综合统筹的能源安全观。党的十九大报告明确提出"坚持总体国家安全观"，强调统筹外部安全和内部安全、传统安全和非传统安全、自身安全和共同安全。能源安全关乎经济安全和国家安全。当今，能源安全既包括外部供应安全，也包括内部消费安全；既包括传统安全因素，也包括非传统安全因素；既包括自身能源安全，也包括共同能源安全。开展能源国际合作，保障能源安全，同样需要做好上述三个方面的统筹。

二、积极参与和引领全球能源治理，提升国际话语权

党的十八大以来，我国积极参与全球能源治理，逐渐从全球能源治理体系的域外走向域内，从跟随参与到积极有为发挥重要影响力，我国在能源领域的国际话语权和影响力不断提升。

一是不断深入参与既有框架下能源治理合作。一方面，我国成为国际能源宪章组织签约观察员国，国际能源署（IEA）的联盟国，国际燃气联盟（IGU）主席国，中国人首次当选国际能源论坛（IEF）的新任秘书长，与相关国际能源组织的交流与合作日益深化，我国在深度参与全球能源治理的道路上迈出了坚实的步伐。另一方面，我国在二十国集团（G20）、金砖国家、亚太经合组织和上海合作组织等框架下就能源问题发挥关键作用，对全球能源治理影响力逐步增强。譬如，在吉尔吉斯斯坦首都比什凯克举行的上海合作组织成员国元首理事会第十三次会议上，习近平主席提议成立能源俱乐部，协调本组织框架内能源合作，建立稳定供求关系，确保能源安全，在提高能效和开发新能源等领域开展广泛合作。2014 年，北京 APEC 会议上，在我国的主张和推动下，致力于加强 APEC 成员国在能源领域的战略合作，APEC 经济体能源部长会议同意成立 APEC 可持续能源中心（APSEC）。在 G20 布里斯班峰会上，习近平主席就能源议题做主题发言时强调，要参与国际能源规则制定，推进能源技术革命，保障能源市场良好运行，并代表中国与美国、澳大利亚牵头发布《二十国集团能源合作原则》。在 G20 杭州峰会上，习近平主席提出"共同构建绿色低碳的全球能源治理格局，推动全球绿色发展合作"，作为 G20 主席国，我国提出了全球能源治理的"中国方案"，并就能源可及性、可再生能源、能效等领域共同制订了行动

计划。

二是锐意创新搭建能源治理平台。其一，在"一带一路"框架下推进能源治理合作，为区域和全球能源治理变革注入强大能量。自"一带一路"倡议提出以来，能源治理合作也从无到有不断推进，"一带一路"已成为开放包容的国际能源合作平台。作为"一带一路"国际合作高峰论坛的重要成果，我国制定发布了《推动"一带一路"能源合作的愿景与行动》，明确提出了以"一带一路"能源合作为基础，凝聚各国力量，共同构建绿色低碳的全球能源治理格局，推动全球绿色发展合作。强调依托多双边能源合作机制，促进"一带一路"能源合作向更深更广发展，通过共建"一带一路"能源合作俱乐部，为更多国家和地区参与"一带一路"能源合作提供平台。其二，发起成立全球能源互联网发展合作组织。这是首个由我国发起成立的国际能源组织，我国提出的全球能源互联网倡议为推进全球能源转型提供了重要解决方案。其三，积极参与能源资源定价权。2013年11月22日，上海国际能源交易中心揭牌成立。经过多年周密的筹备部署，2018年3月26日，中国版原油期货正式推出，原油期货的"国际平台、人民币计价"模式，将有助于形成反映中国乃至亚太地区市场供需关系的原油定价基准，进一步完善国际原油定价体系，提升我国在国际原油市场的话语权。

三是积极主动引领气候治理国际合作。我国积极参与和引导应对气候变化国际合作，已成为全球生态文明建设的重要参与者、贡献者、引领者。在多边进程中，中国积极地参加全球气候治理，特别是在《巴黎协定》这份开启全球气候治理新阶段的历史性协定的达成、签署、生效的过程中，中国发挥了重要作用。习近平主席在气候变化巴黎大会上发表题为《携手构建合作共赢、公平合理的气候变化治理机制》的重要讲话，提出气候治理"四个有利于"主张，为全球气候治理注入新活力；在《巴黎协定》谈判过程中，中国与各方密切沟通，为推动解决谈判中的若干重大问题发挥了重要作用；签署《巴黎协定》后，中国不仅自身积极完成国内法律程序，同时向 G20 成员发出倡议，推动协定尽早生效。美国宣布退出《巴黎协定》后，我国明确表示将继续做好应对气候变化各项工作，积极参与气候变化多边进程，彰显了我国与国际社会共同应对气候变化的坚定决心和担当。在 2017 年 11 月的波恩气候大会谈判中，中国代表团积极贡献中国智慧，在处理分歧时提出"搭桥方案"，通过寻找"最大公约数"，有效推动了谈判进程。

此外，继在党的十九大明确提出"引导应对气候变化国际合作，成为全球生态文明建设的重要参与者、贡献者、引领者"。习近平总书记在全国生态环境保护大会上明确强调，共谋全球生态文明建设，深度参与全球环境治理，形成世界环境保护和可持续发展的解决方案，引导应对气候变化国际合作。推动和引导建立公平合理、合作共赢的全球气候治理体系。

三、加强能源国际合作顶层设计，形成全方位合作新局面

深刻把握世界能源发展大势，结合我国能源发展实际，习近平总书记在中央财经领导小组第六次会议上提出了能源"四个革命，一个合作"战略思想，强调"全方位加强国际合作，实现开放条件下能源安全。在主要立足国内的前提条件下，在能源生产和消费革命所涉及的各个方面加强国际合作，有效利用国际资源"。能源"四个革命，一个合作"战略思想成为新时代我国能源发展和能源国际合作顶层设计的核心。

基于能源"四个革命，一个合作"战略思想，国家推出了一系列政策举措。其中，2014年11月，国务院发布《能源发展战略行动计划（2014—2020年）》明确提出，拓展能源国际合作，统筹利用国内国际两种资源、两个市场，坚持投资与贸易并举、陆海通道并举，加快制定利用海外能源资源中长期规划。着力拓展进口通道，着力建设丝绸之路经济带、21世纪海上丝绸之路、孟中印缅经济走廊和中巴经济走廊，积极支持能源技术、装备和工程队伍"走出去"。2016年12月，国家发展改革委和国家能源局发布的《能源生产和消费革命战略（2016—2030年）》明确提出，按照立足长远、总体谋划、多元合作、互利共赢的方针，加强能源宽领域、多层次、全产业链合作，构筑连接我国与世界的能源合作网，打造能源合作的利益共同体和命运共同体。2017年5月，在"一带一路"国际合作高峰论坛上发布了《推动"一带一路"能源合作的愿景与行动》。

在新时期能源国际合作顶层设计和具体行动计划的引领下，我国不断拓展能源国际合作的广度和深度，打造全球能源投资、生产、贸易、运营等多元网络化合作体系，形成了全方位能源合作新局面。一是合作对象不断丰富，与俄罗斯中亚、中东、非洲、美洲和亚太五大重点能源合作区域建设不断加强，中俄、中亚、中巴、中英、中法、中美能源合作取得新突破。二是能源合作领域不断深入，已从传统的油气等化石能源为主，向水电、风能、太阳能、核电等新能源和可再生能源全面拓展；产业链层面从单一的上游环节逐步发展到上下游一体化合作，油气领域从油气贸易延伸到油气投资、开采、炼制、加工、储备基地建设等全产业链的深度合作；新能源和可再生能源领域，已从产品出口为主向能源装备、技术、标准、服务"四位一体"输出转变；电力领域"走出去"步伐加快，投资并购、装备、技术、标准、工程承包、运营服务等不断进入亚洲、欧洲、南美洲、非洲市场并取得新突破，核电"走出去"取得新突破，通过创新合作方式，英国欣克利角 C 核电站成为中英法三国能源合作的旗舰项目。总体上，我国能源领域已形成了多方位合作新格局和全领域发展新势头。

四、充分发挥能源外交积极作用，推动建立稳定的能源伙伴关系

尽管我国经济进入增速放缓的新常态，能源总体需求增速相应放缓，但油气对外依存度不断提高，且短期内难以改变这一局面。再加上天然气作为重要的过渡能源，将在支撑我国经济高质量发展和我国能源转型中扮演极其重要的角色。确保外部油气稳定供应仍然是我国能源对外合作的重要内容，需要继续巩固和拓展中亚—俄罗斯、中东、美洲、非洲等油气主要进口来源。为此，我国能源外交也着力从这些方向发力。

俄罗斯方面，能源外交是中俄全面战略协作伙伴关系的重要组成部分，也是两国务实合作的重点。近几年，在两国领导人亲自推动和大力支持下，中俄关系大踏步发展，两国能源合作提速前行，中俄能源合作也逐渐成为两国务实合作的"压舱石"和"稳定器"。习近平当选国家主席以来，已 6 次访问俄罗斯，普京总统也多次访问中国，两国元首对能源合作的政治意愿与实质推动，使得能源合作迅速驶向"快车道"，不断结出"元首项目""世纪大单""世纪工程"等新成果。譬如，2014 年 5 月，在中俄两国元首的共同见证下，中国石油与俄罗斯天然气工业股份公司签署《中俄东线供气购销合同》，中俄东线天然气管道建成后将结束中俄能源管道"有油管无气

管"的历史，每年将对华输气高达 380 亿立方米，将极大提升我国天然气供应能力。

中亚方面，拥有中哈原油管道和中国—中亚天然气管道等基础设施。作为我国重要的能源合作伙伴，习近平主席多次访问中亚诸国，其中，2013 年 9 月，习近平主席访问哈萨克斯坦，首次提出共同构建"丝绸之路经济带"的宏伟倡议，推进务实合作。在首脑外交的大力推动下，中国—中亚天然气管道 C 线于 2014 年建成通气。此外，习近平主席在访问塔吉克斯坦时，出席了中国—中亚天然气管道 D 线塔吉克斯坦段开工仪式。中国—中亚天然气 C 线和 D 线能源大动脉的建设建成，有利于满足国内对清洁能源的需求。

中东方面，中东地区是我国油气进口主要来源方，长期以来，我国自中东进口原油占我国总进口量的 40% 以上。中东特殊的地缘形势，促使我国更加重视中东这一重要油气来源地，并从能源外交方面积极推进。其中，2016 年习近平主席访问沙特、埃及、伊朗三国时首次提出打造能源合作共同体。在习近平主席访问期间，中国分别同三国签署了关于共建"一带一路"的谅解备忘录，探索一揽子合作模式，签署了包括能源领域在内的多项合作文件。

美洲方面，2013 年 6 月，习近平就任国家主席后的第二次出访选择了拉美。2014 年 7 月，习近平主席再次踏上访问拉美的旅程。访问巴西期间，在中方倡议下，中国—拉美和加勒比国家领导人会晤成功举行，习近平主席全面阐述中国对拉美的政策主张。创新提出了"1+3+6"合作新框架，其中，能源资源是六大合作领域之一。在能源外交的推动下，巴西已成为我国原油进口重要的新增来源地，2017 年我国从巴西原油进口占我国总进口量的 5.5%，而 2012 年仅占我国进口总量的 2.2%。

五、紧扣"一带一路"建设重点，能源合作务实深入

"一带一路"倡议，以共商共建共享为原则，以"五通"建设为重点，为促进沿线区域深化能源国际合作提供了新机遇，注入了新动力。考虑到能源政策沟通、能源基础设施互联互通、能源贸易畅通、能源产融结合及资金融通、能源合作惠及民生促进民心相通等直接与"一带一路"倡议的"五通"紧密相扣，同时"一带一路"连接了全球最大的能源资源富集区和全球最具潜力的能源消费市场，而能源又具有投资和贸易体量大、细分领域广、带动作用强的优势。能源合作因此成为"一带一路"建设的优先领域和重中之重。

随着"一带一路"朋友圈不断扩大，合作不断务实深入，5 年来，能源合作已成为"一带一路"建设的亮点，取得了显著成绩。能源政策沟通方面，我国面向全球发布"一带一路"能源合作倡议文件，建立了 56 个双边能源合作机制，参与了 29 个多边能源合作机制，签署了 100 多份合作协议，与多个国家开展了联合规划研究。能源基础设施联通方面，中俄原油管道、中哈原油管道、中缅油气管道等一批标志性的能源重大项目建成投运，中国—中亚 D 线、中俄东线天然气管道项目进展顺利，我国能源进口战略通道格局进一步加强。与蒙古、俄罗斯、老挝、缅甸、越南等周边国家开展跨境电网互联，中巴经济走廊、大湄公河次区域等区域能源合作取得积极进展，中、老、越三国四方共同签署了《中国经老挝向越南特高压送电项目谅解备忘录》。能源贸易和投资畅通方面，与沿线国家大力推动能源贸易和投资便利化，我国与沿线国家的能源贸易与投资呈上涨趋势，既包括传统的油气领域，也包括新能源和可再生能源领域。

我国从"一带一路"相关国家的石油进口不断创历史新高，2017年，我国原油进口前十大来源国全部在"一带一路"沿线。我国企业在"一带一路"沿线国家承建了一大批水电站、火电站、核电站和电网工程项目，有效带动了我国能源装备、技术、标准和服务全面"走出去"。其中，亚马尔项目是中国提出"一带一路"倡议后实施的首个海外特大型能源项目，也是中俄在北极圈合作的首个全产业链合作项目，项目全部建成后每年可生产1650万吨液化天然气，该项目是中俄联手打造"冰上丝绸之路"的重要支点。能源资金融通和民心相通方面，积极探索"能源＋金融"合作新模式，依托亚洲基础设施投资银行、新开发银行、丝路基金及国家开发银行、中国进出口银行等我国主导的金融机构，为"一带一路"沿线区域能源合作提供资金融通支持。能源合作促进民心相通方面，通过提升能源基础设施互联互通水平，推进沿线区域绿色转型，促进当地经济社会发展和增加就业等方面，实实在在地增进了沿线国家人民的获得感，为民心相通架起了新桥梁。

六、深入推进绿色低碳能源合作，引领全球能源转型

党的十八大将生态文明建设纳入"五位一体"总布局。为破解发展难题，厚植发展优势，党的十八届五中全会提出了创新、协调、绿色、开放、共享五大发展理念。"五位一体"总布局和"五大发展理念"对我国能源发展和国际合作提出了新要求。为此，一方面，我国通过自主创新和"引进来"相结合加快自身清洁能源开发利用；另一方面，依托我国优势，以低成本的新能源和可再生能源技术、产品、装备和服务"走出去"，助力全球能源转型。譬如，风电和太阳能方面，随着技术不断进步，我国在风电和太阳能领域已走在世

界前列，我国已成为太阳能和风电投资开发利用大国。同时，我国利用自身优势，新能源相关领域的产品也不断对外出口，为其他国家利用清洁能源贡献中国力量。截至 2017 年底，共有金风科技、联合动力、远景能源、明阳智能、中国海装、东方风电等 17 家企业向 33 个国家和地区出口了 1707 台机组，累计装机 320.5 万千瓦[①]。2017 年，我国光伏产品（包括硅片、电池片、组件及光伏逆变器）出口总额达到 157.77 亿美元。

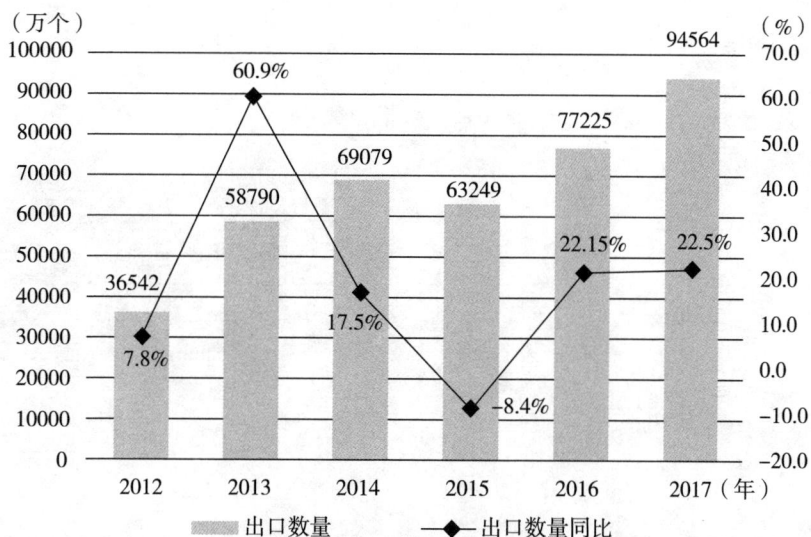

图 8-12　2012—2017 年中国太阳能电池出口数量统计图

资料来源：国家海关总署数据。

核电领域，中国核电从技术"引进来"到"走出去"，已实现"引进来"和"走出去"紧密结合的新格局。总体上，中国核电"走出去"步伐明显加快，尤其是与"一带一路"相关国家和地区的合作

---

① 夏云峰、张雪伟：《中国风电行业走出去》，《风电》，2018 年。

进展顺利。中国核电企业与巴基斯坦、阿根廷、沙特、美国、英国、加纳等国的核电合作已取得一系列新进展。譬如,中核集团与巴基斯坦签署恰希玛核电 5 号机组商务合同;与阿根廷核电公司签署了重水堆和华龙一号总合同;与沙特签署了铀钍资源合作协议,正式启动两国核能全产业链合作;行波堆中美合资公司成立,中美两国核能合作迈入新阶段[2]。

---

[2]《中国核电"走出去"前景广阔》,《人民日报(海外版)》2018 年 3 月 14 日。

结　语

　　面向新时代，党的十九大为我国改革开放和现代化建设擘画了新的宏伟蓝图，在推动经济高质量发展，建设美丽中国；在推动形成全面开放新格局，与世界深入互利交融；在统筹把握国内国际两个大局，日益走近世界舞台中央；在实现中华民族伟大复兴的中国梦和构建人类命运共同体的世界梦背景下，我国能源国际合作被赋予了新的时代内涵和责任担当。

　　能源国际合作承载着为我国经济高质量发展保驾护航的重托，同时能源国际合作也肩负着负责任大国的历史担当，秉持共商共建共享的全球治理观，深入推进"一带一路"能源合作，以能源合作助力构建人类命运共同体。特别是当今世界不确定不稳定因素增多，全球能源格局正在发生深刻调整，我国参与能源国际合作面临的机遇和挑战并存，未来国际能源合作需要在习近平外交思想指引下，登高望远，处理好国际能源合作布局、推动全球能源治理体系改革的方式和方法、突破"一带一路"能源合作瓶颈等几个重点问题，同时，补齐我国在能源国际合作中存在的不足和短板，进一步加大能源科技创新、优质能源开发利用等方面国际合作的力度，进一步提升我国在全球能源治理中的话语权和影响力，进一步增强能源国际合作服务整个对外战略大局的能力，攻坚克难，砥砺前行。

参考文献

1. 中共中央：《关于完善社会主义市场经济体制若干问题的决定》，2003年10月21日。

2. 中共中央：《关于全面深化改革若干重大问题的决定》，新华社，2013年11月15日。

3. 国务院：《国务院批转煤炭部关于加快发展小煤矿八项措施的报告的通知》，1983年4月22日。

4. 国务院：《关于关闭非法和布局不合理煤矿有关问题的通知》（国发〔1998〕43号），1998年12月5日。

5. 国务院：《关于促进煤炭工业健康发展的意见》（国发〔2005〕18号），2005年6月7日。

6. 国务院：《关于同意在山西省开展煤炭工业可持续发展政策措施试点意见的批复》（国函〔2006〕52号），2006年6月15日。

7. 国务院：《关于同意深化煤炭资源有偿使用制度改革试点实施方案的批复》（国函〔2006〕102号），2006年9月30日。

8. 国务院：《关于煤炭行业化解过剩产能实现脱困发展的意见》（国发〔2016〕7号），2016年2月5日。

9. 国家发展改革委、国家能源局：《能源生产和消费革命战略（2016—2030年）》（发改基础〔2016〕2795号），2016年12月29日。

10. 国家发改委：《关于进一步推进煤炭企业兼并重组转型升级的意见》（发改运行〔2017〕2118 号），2017 年 12 月 19 日。

11. 国土资源部：《全国矿产资源储量通报（2016）》（内部资料）。

12. 国家统计局：《中国能源统计年鉴》（历年），中国统计出版社。

13. 国家统计局，国家数据库，http://data.stats.gov.cn。

14. 煤炭工业部：《中国煤炭工业年鉴（1992）》，煤炭工业出版社。

15. 国家海关总署，海关统计快讯，http://www.customs.gov.cn/publish/portal0。

16. 中国煤炭运销协会：《2017 年 11 月份煤炭月度综述》，2017 年 12 月 17 日（内部资料）。

17. 山西省经济和信息化委员会：《山西推进煤电一体化深度融合实施方案》（晋经信电力字〔2015〕225 号），2015 年 9 月 25 日。

18. 安邦智库：《2018 世界将进入大危机时代》，2018 年 1 月 7 日（安邦智库微信公众号）。

19. 黄毅、白海金、马占平：《2009，中国煤炭工业 60 年》（1949—2009），经济日报出版社。

20. 李小鹏：《山西省人民政府 2015 年工作报告》，2015 年 1 月 28 日。

21. 刘世锦：《2017 年经济触底是大概率事件》，《经济参考报》2017 年 1 月 26 日。

22. 肖新建、张有生：《新时代煤炭行业发展思考与建议，调查研究建议》，2017 年 12 月 29 日（国家发改委宏观院内部资料）。

23. 谢和平、刘虹、吴刚：《2012，煤炭对国民经济发展贡献的定量分析》，《中国能源》2012 年第 4 期。

24. 刘小丽：《党的十八大以来我国石油天然气行业改革回顾与评价》，《中国能源》2018 年第 2 期。

25. 李莉：《中国共产党领导中国石油工业发展历程研究（1949—1978）》，东北石油大学，2016 年。

26. 王玉生、王莉：《中国石油海外管道发展历程及启示》，《石油规划设计》2010 年第 4 期。

27. 乌力吉：《中国石油化学工业发展历程及其思考》，《化工大学学报》（社会科学版）2003 年第 1 期。

28. 刘雯林、张颖：《"科技发展启示录"系列之二石油地球物理发展历程回顾、启示及对策建议》，《石油科技论坛》2003 年第 5 期。

29. 夏献民：《中国石油化工环境保护发展历程及启示》，《当代石油石化》2013 年第 8 期。

30. 潘兴国、甄鹏、何艳青、王晶玫：《"石油科技发展启示录"系列报导之四——中国陆上石油气田开发技术发展历程的回顾》，《石油科技论坛》2004 年第 1 期。

31. 胡杰：《从"贫油国"到石油大国的巨变——中国石油勘探开发 60 年发展历程》，《中国石油和化工经济分析》2009 年第 10 期。

32. 汪波：《1949 年以前台湾石油工业的发展历程与特点》，《中共福建省委党校学报》2000 年第 12 期。

33. 晓晓：《民营石油企业曲折的发展历程》，《中国改革报》2007 年 9 月 5 日。

34. 李宁、曾恒一、李清平：《海洋石油工业的现状与挑战》，《中国科学技术协会、国防科学技术工业委员会 2005 年中国船舶工业发展论坛论文集》，中国科学技术协会、国防科学技术工业委员会，2005 年。

35. 李志传：《中国民营石油企业发展状况和前景展望》，《国际石油经济》2012 年第 4 期。

36. 李勇武：《坚定不移地推进改革开放伟大事业　为建设石油和化学工业强国而奋斗——纪念石油和化学工业改革开放 30 周年》，《化学工业》2008 年第 11 期。

37. 陈耕：《石油工业改革开放 30 年回顾与思考》，《国际石油经济》2008 年第 11 期。

38. 杨朝红：《沧桑巨变　任重道远——专家谈中国石油工业改革开放 30 周年》，《国际石油经济》2008 年第 11 期。

39. 《中国石油和化学工业协会伟大的历史跨越——中国石油和化学工业改革开放 30 年》，《中国石化》2008 年第 12 期。

40. 赵振智、姚文俊：《中国石油工业的国际化经营之路》，《石油教育》2008 年第 2 期。

41. 李玉琪、惠荣：《延长油田发展历程述评》，《西安石油大学学报》（社会科学版）2014 年第 2 期。

42. 陈新华、邱宝林、严绪朝、冯世良、海鹏：《石油强国之路的历史脚步》，《中国石油报》2008 年 12 月。

43. 张家茂、王志明：《艰难的历程　辉煌的成就》，《中国石油报》2009 年 9 月。

44. 朱和、单洪青：《全球石油石化工业的世纪回顾与展望》，《当代石油石化》2001 年第 1 期。

45. 王天普：《全球及中国石油石化工业发展展望》，《当代石油石化》2007 年第 1 期。

46. 李润生、刘克雨：《中国石油天然气行业改革回顾与评价》，

《中国能源报》2015 年 10 月第 26 期。

47. 李润生、刘克雨、朱建军：《中国石油天然气行业改革探讨》，《中国石油和化工经济分析》2015 年第 8 期。

48. 国务院：《我国"十五"能源发展重点专项规划（全文）》，http://www.people.com.cn/GB/jinji/31/179/20010813/533877.html，2001-08-13。

49. 裴建军：《我国建立国家石油储备工作全面启动》，《国际石油经济》2003 年第 1 期。

50. 海松：《最大原油储备库一期工程注油投用　中国完善综合石油储备体系》，《国际石油经济》2009 年第 1 期。

51. 海松：《中国成立国家能源委员会　加强能源战略决策和统筹协调》，《国际石油经济》2010 年第 1 期。

52. 雪桐：《国务院"新 36 条"颁布　油气投资主体有望逐步多元》，《国际石油经济》2010 年第 1 期。

53. 刘倩如：《国家能源局正式运作　中国能源行业统筹管理值得期待》，《国际石油经济》2009 年第 1 期。

54. 胡锦涛：《坚定不移沿着中国特色社会主义道路前进　为全面建成小康社会而奋斗——在中国共产党第十八次全国代表大会上的报告》，人民出版社 2012 年版。

55. 国家改革发展委：《国家能源局·石油发展"十三五"规划》。

56. 新华网：《我国油气勘查开采体制改革试点启动》，见 http://www.xinhuanet.com/fortune/2015-07-07/c_1115847199.htm，2015-07-07。

57. 国家改革发展委：《国家能源局·天然气发展"十三五"规划》。

58. 夏丽洪：《"十二五"规划发布、第二轮招标完成　助力我国页岩气发展驶入快车道》，《国际石油经济》2013 年第 1 期。

59. 田磊、苏铭：《能源生产和消费革命战略（2016—2030）等政策出台，推动油气行业拥抱能源革命》，《国际石油经济》2018 年第 1 期。

60. 徐东：《"深化石油天然气体制改革意见"出台石油企业全面贯彻深入推进》，《国际石油经济》2018 年第 1 期。

61. 蒲明、雪桐：《中缅管道开工、"川气东送"投运进口通道格局和国内骨干管》，《国际石油经济》2010 年 1 月。

62. 人民画报：《"一带一路"上的标本项目——中缅油气管道》，见 http://www.rmhb.com.cn/zt/ydyl/201708/t20170803_800101667.html，2017-08-03。

63. 杨莹：《中国海洋石油勘探开发史简析》，中国地质大学（北京），2016 年。

64. 金焕东：《亚马尔 LNG 等海外项目成功运作"一带一路"油气合作在全面推进中开拓新模式》，《国际石油经济》2018 年第 1 期。

65. 冉永平：《科技创新支撑中国石油稳健发展"十二五"时期依靠技术创新创造效益超 1000 亿元》，《人民日报》2016 年。

66. 国家科技部：《国家科学技术进步奖一等奖——"涪陵大型海相页岩气田高效勘探开发》，见 http://www.most.gov.cn/ztzl/gjkxjsjldh/jldh2017/jldh17hjxmjj/201801/t20180103_137345.htm，2018-01-08。

67. 国家发展和改革委员会：《可再生能源发展"十一五"规划，2008》，见 http://www.ndrc.gov.cn/zcfb/zcfbghwb/200803/t20080318_579693.html。

68.《国家发展和改革委员会，可再生能源中长期发展规划，2007》，见 www.ndrc.gov.cn http://www.ndrc.gov.cn/zcfb/zcfbghwb/200709/t20070904_579685.html。

69. 国家发展和改革委员会、国家能源局:《可再生能源发展"十二五"规划，2012》，见 http://www.nea.gov.cn/2012–08/08/c_131767651.htm。

70. 国家发展和改革委员会、国家能源局:《可再生能源发展"十三五"规划，2016》，见 http://bgt.ndrc.gov.cn/zcfb/201612/t20161216_830268.html

71. 中国电力企业联合会:《我国电力统计快报》2011，2012，2013，2014，2015，2016。

72. 李俊峰:《风力12在中国》，化学工业出版社2005年版。

73. 王仲颖、任东明、高虎:《加速中国可再生能源商业化能力建设发展战略》，化学工业出版社2009年版。

74. 高虎、赵勇强:《送电到乡项目用户电力消费和需求调查分析》，《可再生能源》2006年第1期。

75. 李俊峰、高虎:《中国风电发展年度报告2008》，中国环境出版社2008年版。

76. 李俊峰:《风电发展年度报告2016》，中国环境出版社2016年版。

77. 国家发改委能源研究所:《中国可再生能源产业发展报告（2009）》，化学工业出版社2011年版。

78. 时璟丽:《可再生能源电力价格形成机制研究》，中国环境出版社2008年版。

79. 中国风能协会:《中国风电装机容量统计2016》，见 http://

www.cwea.org.cn/industry_data.html。

80. 中国工程院：《中国可再生能源发展战略》，中国科学出版社 2009 年版。

81. 全球风能理事会：《GWEC，全球风电市场报告 2009》，www. gwec.net。

82.《"21 世纪可再生能源政策网络"，全球可再生能源发展形势报告 2009，2010，2011，2012，2013，2014，2015，2016，2017》，www. ren21.net。

83. 杜效鹄：《新中国水电发展历程，北极星电力网新闻中心》，http://news.bjx.com.cn/html/20180611/904781-2.shtml。

84. 李雨思：《建国 60 年：水电开发规模不断迈上新台阶》，《中国水能及电气化》2009 年。

85. 工业和信息化部：《2017 年我国光伏产业运行情况》，见 http://www.miit.gov.cn/n1146290/n1146402/n1146455/c6032015/content. html。

责任编辑:高晓璐

图书在版编目(CIP)数据

伟大的飞跃:中国能源发展40年/国家发展改革委宏观经济研究院能源
　研究所 著. —北京:人民出版社,2018.12
(改革开放40年:中国经济发展系列丛书)
ISBN 978-7-01-009787-9

Ⅰ.①伟… Ⅱ.①国… Ⅲ.①能源发展-研究-中国 Ⅳ.①F426.2

中国版本图书馆 CIP 数据核字(2018)第 277757 号

伟大的飞跃:中国能源发展40年
WEIDA DE FEIYUE ZHONGGUO NENGYUAN FAZHAN 40 NIAN

国家发展改革委宏观经济研究院能源研究所　著

人民出版社 出版发行
(100706　北京市东城区隆福寺街99号)

山东鸿君杰文化发展有限公司印刷　新华书店经销

2018 年 12 月第 1 版　2018 年 12 月北京第 1 次印刷
开本:710 毫米×1000 毫米 1/16　印张:20.25
字数:318 千字

ISBN 978-7-01-009787-9　定价:66.00 元

邮购地址 100706　北京市东城区隆福寺街 99 号
人民东方图书销售中心　电话 (010)65250042　65289539